Wie lerne ich ZEICHNEN

Ein Lehr- und Studienbuch

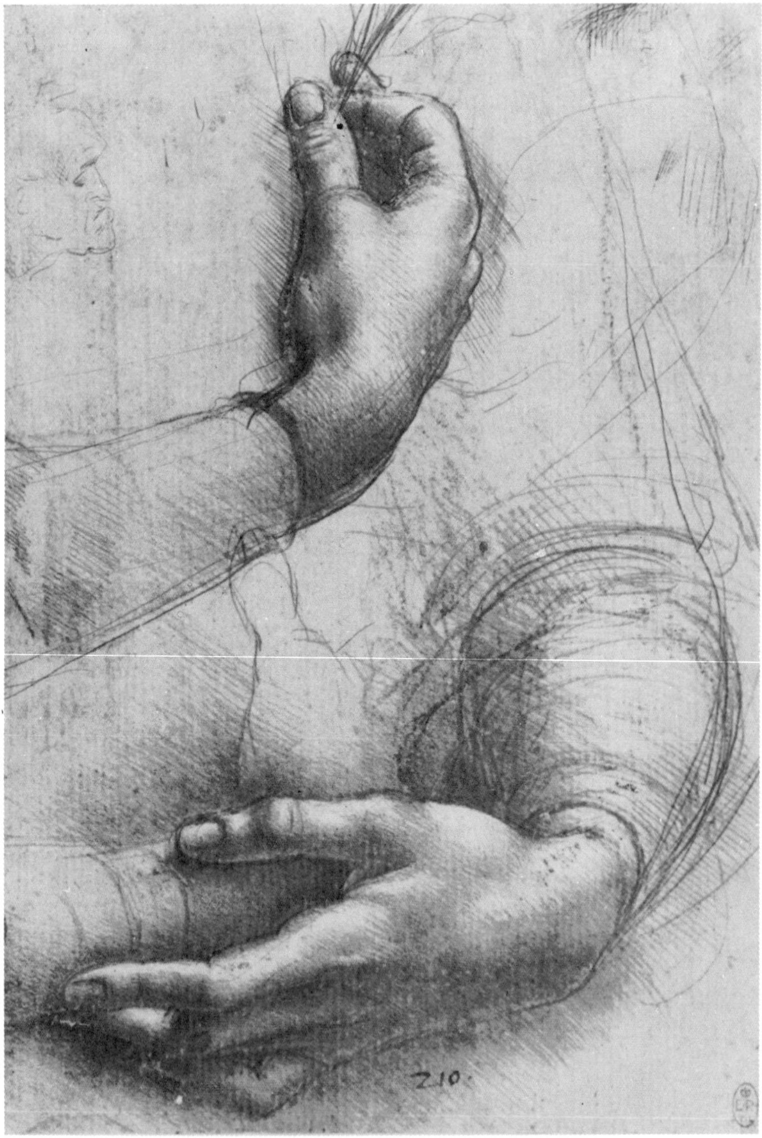

Leonardo da Vinci, Handstudien aus dem *Skizzenbuch,* Silberstift, weiß gehöht auf rötlichem Papier, 21,5 × 15 cm, Royal Library, Windsor Castle, London

LU BRO

Wie lerne ich ZEICHNEN

Ein Lehr- und Studienbuch

Bechtermünz Verlag

Lu Bro leitete Anfänger- und Fortgeschrittenenkurse für Zeichnen und Aquarellmalerei an der Iowa State University. Sie lehrte auch an Colleges und Oberschulen. Ihre Bilder und Zeichnungen werden in zahlreichen Galerien und Kunstsammlungen der Vereinigten Staaten gezeigt. Sie erwarb den Grad eines Bachelor of Science am McPherson College sowie den eines Masters of Arts und Masters of Fine Arts an der Universität Iowa. Sie ist gebürtige Texanerin und mit Andrew H. Bro, dem künstlerischen Direktor des Timberlake Playhouse in Mount Carroll/Illinois, verheiratet.

Für meine Kinder
Sarah Luanne und Gustav Andrew

Genehmigte Lizenzausgabe für
Weltbild Verlag GmbH, Augsburg 1998

Aus dem Amerikanischen von Werner Reinke
Titel der Originalausgabe: Drawing. A Studio Guide

Umschlaggestaltung: Atelier Höpfner-Thoma, München
Titelmotiv: Höpfner-Thoma, frei nach Manet
Gesamtherstellung: Wiener Verlag, Himberg bei Wien
Printed in Austria
ISBN 3-86047-781-1

Inhalt

Vorwort

Während all der Jahre, in denen ich mit großer Leidenschaft zeichnete und malte, verfügte ich nie über einen Arbeitsraum, wie er von Künstlern als ›Atelier‹ bezeichnet wird: jene helle, geräumige, professionell eingerichtete Umgebung, die der heute noch gut erhaltenen Rubensschen Werkstatt vergleichbar wäre. So wich ich mit meinen Malutensilien und Modellen von überfluteten Kellerräumen auf Küchen aus, siedelte von ausrangierten Laderampen in unbeheizte Garagen über, arbeitete in Gartenlauben und richtete mich schließlich, wie es schien wohl für immer, in einem Kesselraum ein. Am Ende bin ich zu der Überzeugung gelangt, daß man mit ›Atelier‹ sowohl die Geisteshaltung wie auch den Arbeitsplatz eines Künstlers bezeichnen kann. Das Atelier eines Künstlers befindet sich immer dort, wo er arbeitet.

Der eine oder andere Benutzer dieses Buches wird in einem Zeichensaal arbeiten, in einem Zeichensaal, der täglich oder wenigstens zweimal wöchentlich besucht wird und wo sich gute Arbeitsbedingungen entwickeln können. Verantwortlich sind dafür einerseits Material und Aufgabenstellung, andererseits die künstlerische Tätigkeit sowie die fortlaufende Auseinandersetzung mit den komplizierter werdenden Anforderungen an die zeichnerische Umsetzung räumlicher Phänomene in die Fläche, die immer wieder neu erarbeitet werden muß. Von einem gewissen Punkt an in der zeichnerischen Entwicklung wird der Zeichensaal für den Lernenden zur Quelle künstlerischer Inspirationen.

Derjenige, der sich den Stoff des Buches allein erarbeiten möchte, soll von vorneherein wissen, daß die Übungen bis auf wenige Ausnahmen direkt miteinander zusammenhängen und eine in sich geschlossene Einheit bilden. Aus dem Zusammenhang herausgelöste Teilstücke sind daher wenig erfolgversprechend für einen Lernvorgang. Gelegentlich mag es dem Benutzer des Lernbuches durchaus gelingen, eine Übung bis zu einem gewissen Grad allein zu bewältigen. Doch erweist sich ein solcher Erfolg eher als hinderlich, denn er unterbindet letztlich das Erkennen von Mängeln. Zeichnen bedeutet, räumliche Vorstellungen zu entwickeln. Es erfordert neben sorgfältig erarbeiteten Konzeptionen Exaktheit und Logik, wie sie jedes präzise Denken bestimmen, während dabei gleichzeitig spontane Kreativität unerläßlich ist. Darüber hinaus braucht es Zeit, mit neuen Techniken vertraut zu werden und zu lernen, sie richtig anzuwenden.

Wieviel Zeit? Für die Arbeit in der Gruppe wie auch für die individuelle Beschäftigung mit dem Buch ist ein Zeitraum von zweieinhalb bis vier Monaten einzuplanen. Ein Zeichenlehrer wird die Mindestanforderungen für einen einsemestrigen Kursus kennen. Ein solcher Kursus bietet dem Schüler die Möglichkeit, bereits Erlerntes zu überprüfen und zugleich Fertigkeiten sinnvoll weiterzuentwickeln. Für die meisten künstlerischen Disziplinen gilt, daß die ersten Übungen entweder leicht zu bewältigen oder aber häufig schon zu schwierig sind. So geschieht es dann, daß Schüler jahrelang nicht über das Anfangsniveau hinausgelangen. Doch sollte der Anfänger gerade deshalb bemüht sein, sich möglichst umfangreiche Grundkenntnisse anzueignen.

Während praktische Kurse dem Anfänger in erster Linie handwerkliche Fertigkeiten vermitteln und dabei mit praxisbezogenen Methoden arbeiten, werden zumeist die theoretischen und historischen Belange vernachlässigt. Mit diesem Buch soll daher der Versuch unternommen werden, alle Bereiche der Ausbildung gleichermaßen zu berücksichtigen. Praxis, Theorie und Geschichte der Kunst bilden in jedem Kapitel eine in sich geschlossene Einheit. Ich bin mir der Gefahren, die ein solcher Versuch mit sich bringt, durchaus bewußt. Bedingt durch die begrenzte Thematik des Buches, hat das historische Material bisweilen anekdotischen Charakter, und theoretische Überlegungen beschränken sich oftmals auf Fragen, die aus methodischen Gründen gestellt werden. Meine Erfahrung zeigt, daß Schüler im allgemeinen von den Werken und

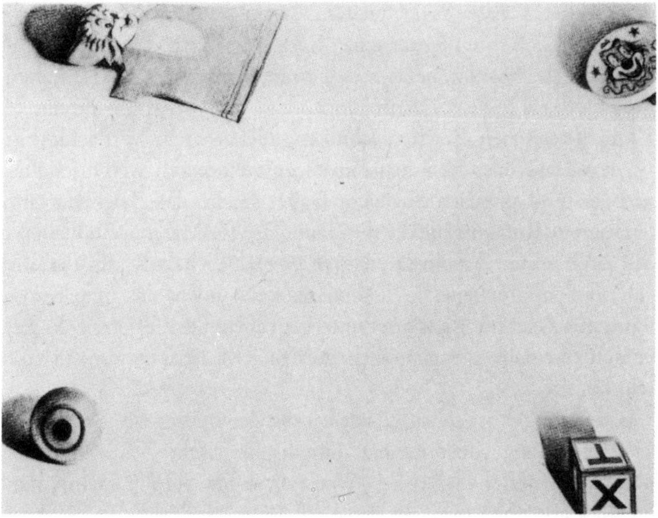

Wayne Thiebaud (geb. 1920), Spielzeug, 1971. Kohle auf Papier, 50 × 66 cm, Besitz des Künstlers

Erfahrungen alter Meister profitieren. Selten hindern Unwissenheit und Hemmungen Schüler daran, schwierige Fragen zu stellen. Will ein Schüler beispielsweise wissen, ob die Linie das Thema einer Zeichnung bildet, ob sie das Wesen der Form ausmacht oder ob die Linienführung charakteristisch für den Zeichner ist, so ergibt sich daraus ein guter Anlaß, den Unterricht für eine theoretische Erörterung zu unterbrechen. In der gemeinschaftlichen Diskussion werden eher Arbeitsmethoden entwickelt, als es allein durch das Betrachten einer Vorlage möglich ist.

Die theoretischen und historischen Aspekte der Zeichenkunst werden in diesem Buch in zweifacher Hinsicht ausführlicher behandelt. Erstens stellt das Kapitel über die Perspektive eine leicht verständliche, umfassende Einführung in den Bereich der Linearperspektive dar. Zweitens bietet dieser Zeichenkursus dem Anfänger eine Zusammenstellung von kunstkritischen Regeln und Methoden. Normalerweise werden Kunststudenten angewiesen, die

Werke alter Meister zu betrachten. Nicht selten müssen sie dann feststellen, daß ihre theoretischen Kenntnisse nicht ausreichen, um eine kritische Position beziehen zu können. Hier will das Buch dem Anfänger eine Fülle von Anregungen und Hinweisen vermitteln.

Die klassischen Zeichentechniken dürfen nicht vernachlässigt werden. Die Kunst der Renaissance war intellektuell, wissenschaftsbezogen und poetisch zugleich. Dabei spielte das Zeichnen eine bedeutende Rolle. Es bildete die Grundlage für Malerei, Bildhauerei und Architektur. Erst in den letzten 200 Jahren haben Künstler, die sich als Schöpfer jenes Geheimnisses verstanden, das man Kunst nennt, die Zeichnung aus ihrer untergeordneten Rolle befreit, so daß sie sich zu einem eigenständigen, ausdrucksvollen Medium entwikkeln konnte.

In der zeitgenössischen Kunst hat die Zeichnung ihre alte klassische Bedeutung wiedererlangt. Für die klassische Zeichentechnik gibt es feststehende Regeln. Wenn man sie befolgt, wird man zugleich erkennen, welches die Ausnahmen sind, die diese Regeln bestätigen.

Danksagung

Selten entsteht ein neues Lehrbuch ohne direkte oder indirekte Mitwirkung der Lernenden. Den Studenten, die mir freundlicherweise ihre Arbeiten als Anschauungsmaterial zur Verfügung stellten, möchte ich am Schluß des Buches namentlich danken. Aber viele hundert andere Schüler und Studenten trugen mit ihren Fragen, die sie während des Unterrichts stellten, ebenso zur Entstehung dieses Buches bei. Am Anfang seien jedoch zwei ehemalige Studenten genannt, die sich in besonderer Weise verdient gemacht haben. Brian Wolf stand für das in Kapitel 31 gezeigte fotografische Anschauungsmaterial zum Thema Rahmung von Zeichnungen Modell und brachte eigene Vorschläge ein. Kevin Scott übernahm die schwierige Aufgabe, die komplexen Erläuterungen in Kapitel 8 zur Linearperspektive mit grafischen Darstellungen zu versehen.

Unvermeidlich ist man auf den Rat von Experten angewiesen. Dabei bin ich einigen meiner Kollegen der Iowa State University zu Dank verpflichtet. William Zimmermann trug das historische Material zusammen und zeigte mir freundlich, aber mit Nachdruck, meine Grenzen in diesem Bereich auf. Ron Fenimore half mir bei den Schwierigkeiten, die ich mit Schriftbild und Layout und der Gestaltung des Buches hatte. John Weinkein und Larry Ferguson lasen das noch unkorrigierte Manuskript und gaben mir wertvolle Anregungen. Lyman Greiner half mit viel Geduld bei der Auswahl des fotografischen Bildmaterials.

Viele Freunde, unter anderen der Schriftsteller John Martin, die Lehrer Karen Pinter und Gerald Gedekes, der Geschäftsmann Max LaBlanc und meine Kollegin, die Renaissance-Spezialistin Jette Foss, empfahlen und testeten Unterrichtsmethoden. Die genannten

Personen waren wohlmeinende Kritiker, die auch bei der Beseitigung von unklaren Textstellen halfen.

Mein besonderer Dank gilt ferner Sam Carini, dem stellvertretenden Direktor der Abteilung für Drucke und Zeichnungen des Art Institute of Chicago, Peggy Patrick, der stellvertretenden Leiterin des Des Moines Art Center sowie ihrer Assistentin Euphemia Connor, die mir Zugang zu Archiven und Privatsammlungen ermöglichten und mich mit sachkundigen Hinweisen unterstützten. Meiner fleißigen und umsichtigen Sekretärin Vicky Brice verdanke ich die Einhaltung von Terminverpflichtungen.

Schließlich möchte ich zwei Personen besonders herzlich danken: H. Stafford Bryant, Jr., der mir bei den langwierigen abschließenden Arbeiten mit Rat und Tat zur Seite stand, und Andrew Bro, meinem Mann, ohne dessen sanfte Kritik und gewissenhafte Hilfe bei den letzten Korrekturen das Buch schon früher, sicher aber zu früh, beendet worden wäre.

I Einführung

1 Vorab: Arbeitsweise und technische Mittel

Dieses Buch richtet sich an den Anfänger, an denjenigen, der zeichnen lernen und dabei nach einer Anleitung vorgehen möchte.

Auf welchem Gebiet auch immer man sich künstlerisch betätigen möchte – sei es im Bereich der schönen Künste, der Werbegrafik, des Kunsthandwerks, der Bauplanung oder der Landschaftsgestaltung –, die ersten räumlichen Vorstellungen werden immer durch das Zeichnen vermittelt. Indem man lernt, Dreidimensionales in Zweidimensionales umzusetzen, gelangt man zu einer sich allmählich verfeinernden und individualisierenden Handschrift in der Raumauffassung. Die Erfahrungen, die man dabei sammelt, lassen sich auf Gebäude, Gemälde, Schmuck, Bildhauerei, Landschaften, Gewebestrukturen, Möbel, Drucke, Mosaike – was immer man will – übertragen.

Zunächst mag es Ihnen vielleicht nicht verständlich sein, wie wichtig es ist, einige Monate auf die Erlernung der Grundbegriffe des Zeichnens zu verwenden. Hierfür ist ständiges und ausdauerndes Üben von entscheidender Bedeutung. Um Fortschritte zu machen, ist es unerläßlich, das Gesehene, Ausgewählte und Gedachte auf dem Papier festzuhalten. Über Kunst zu lesen oder über Zeichnen zu reden kann die eigene Betätigung mit dem Stift nicht ersetzen.

Die in diesem Buch gestellten Aufgaben lassen Ihnen Raum zu eigenem Arbeiten unter Ausnutzung Ihrer besonderen Fähigkeiten. Sollten Sie einmal feststellen, daß Sie nicht verstehen, was exakt zu tun ist, geben Sie nicht auf. Zeichnen verlangt immer wieder neue Anstrengung. Die Momente der Einsicht kommen *während Ihrer Arbeit.*

Selbständig zu arbeiten ist die beste Methode, eine Aufgabe zu lösen. Ein Buch kann dazu lediglich fachkundige Anregungen an Hand von Übungen, Themen und Arbeitsmaterial geben.

Zwar bilden Thema, Raumaufteilung und Arbeitsmaterial in funktionaler Einheit zusammen die Bestandteile dessen, was ein Kunstwerk ausmacht; was aber eine Kritzelei von einer sensiblen Zeichnung, eine Kleckserei von einem Kunstwerk unterscheidet, hängt im wesentlichen von der Ausführung ab. Doch bevor man selbst kreativ sein kann, ist gewöhnlich eine allgemeine fachliche Anleitung nötig. Das Anliegen dieses Buches ist es, solche fachliche Unterweisung bereitzustellen. Die Hauptaktivität besteht zunächst im Zeichnen selbst, in der Suche, immer neue Lösungen für die Probleme der Raumaufteilung zu finden. Dabei sollte man allen Irritationen aus dem Weg gehen.

Es mag vorkommen, daß Sie nicht weiterwissen und enttäuscht sind und vielleicht, statt sich zu disziplinieren, nach etwas anderem suchen, das Ihnen zu besseren Ergebnissen zu verhelfen verspricht. Widerstehen Sie dieser Versuchung! Denn nur wenn Sie sich auf die Lösung der Aufgabe konzentrieren, anstatt in einer neuen Unternehmung Zuflucht zu suchen, sind Sie auf dem richtigen Weg zu ernsthafter zeichnerischer Betätigung.

Eine andere Versuchung ist das Kopieren. Bei Arbeiten von Anfängern, deren Hauptinteresse darin besteht, genau zu sein, findet man häufig ausgezeichnete Kopien. Abb. 1.1 zeigt ein solches Beispiel. Hier zeichnete ein junger Mann die Seitenansicht eines Knochens, die er hinterher kolorierte. Als Darstellung eines Knochens ist die Zeichnung ganz gut gelungen. Doch verfügt der Zeichner nur über sehr begrenzte künstlerische Möglichkeiten, da er über die Darstellung von Lichteffekten hinaus nicht begreift, was Zeichnen wirklich bedeutet.

Dagegen zeigt die Zeichnung einer jungen Frau (Abb. 1.2) schon eher den richtigen Weg, zeichnerische Lösungen zu finden. Zunächst skizzierte sie die Umrisse, konturierte dann stärker, betonte Details, suchte mit den Augen ihren Weg, indem sie das Skelett nach seinen wesentlichen Merkmalen abtastete. Da sie das Darzustellende auf die gesamte Fläche des Papiers übertrug, positive Formen (Dinge) wie negative Formen (Hintergrund und Zwischen-

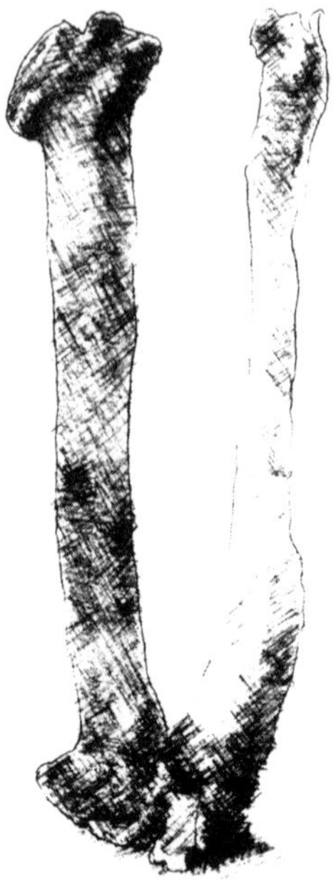

1.1 Zeichnung eines Knochens, eine scheinbar realistische Kopie

1.2 Zeichnung eines Knochens, eine anspruchsvollere Darstellung

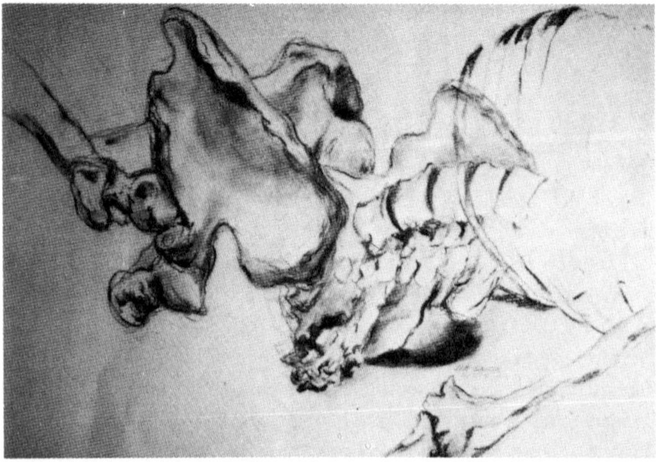

räume) herausarbeitete, gelang ihr eine in den Grautönen sorgfältig differenzierte, im Lineament ausdrucksvolle und ausgewogene Darstellung.

Ein weiterer Fehler, den Anfänger gelegentlich machen, besteht darin, daß sie eine oberflächliche Technik übernehmen, um eine effektvolle Wirkung zu erzielen. Viele wollen gleich am Anfang das Ergebnis ihrer Bemühungen vorwegnehmen. Das heißt, sie wollen, daß ihr Bild professionell aussieht, so als habe es ein ›Künstler‹ gezeichnet. Es liegt nicht in der Absicht dieses Buches, Ihnen einen Kurzlehrgang im Zeichnen zu vermitteln, es soll hier vielmehr eine allmähliche Entwicklung gefördert werden. Wenn Sie sich zu früh auf eine Ihre Fertigkeiten übersteigende Technik einlassen, so müssen Sie damit rechnen, daß ein gut Teil Ihres natürlichen, individuellen Ausdruckspotentials verlorengeht. Es ist nicht auszuschließen, daß Sie damit anfangen, alles nach dem gleichen Schema zu zeichnen, was Ihre Fähigkeit, zeichnerische Aufgaben zu meistern, auf eine sich in methodischer Wiederholung erschöpfende Praxis reduzieren würde. Jedes Patentrezept, jede als ›die‹ schnell erlernbare Zeichentechnik angewandte Methode wird alsbald zur Schablone. Lassen Sie Ihren Zeichenstift führen von dem, was Sie sehen, und nicht von dem, was Sie auf anderen Zeichnungen entdeckt zu haben glauben. Das ist der richtige Weg, Zeichnen zu lernen. Erforschen Sie das Problem, zeichnen Sie und lernen Sie im Verlauf Ihrer Betätigung.

Zeichnen ist ein motorisch-visuelles Ereignis, das individuelle Problemlösungen erfordert. Die Probleme sind vorgegeben. *Sie* können sie lösen.

Die Themen, die Ihnen im Laufe Ihrer zeichnerischen Entwicklung begegnen werden, haben Tradition: das Stilleben, die Landschaft, die Figur. In diesem Buch sind die Übungen zu den jeweiligen Themen nach Schwierigkeitsgraden gestaffelt. Die klassischen Themen ermöglichen eine Vielfalt von Erfahrungen mit dem Raum. Ein Stilleben gibt im allgemeinen einen geschlossenen, begrenzten Raum vor, während eine Landschaft ins Unendliche reicht. Die klassischen Sujets werden Ihnen so lange von großem Nutzen sein, bis Sie räumliche Entsprechungen finden für ähnliche oder gänzlich andere Sujets.

Statt hier auf das nahezu unerschöpfliche Angebot des gegenwärtig auf dem Markt befindlichen Künstlerzubehörs im einzelnen einzugehen, wollen wir lediglich die Mittel und Materialien besprechen, die Sie im Verlauf Ihrer Übungen verwenden werden.

Linien, Schattierungen oder Farben werden mit unterschiedlichen Mitteln auf eine Fläche oder einen Bildträger aufgetragen, sei es auf eine Wand oder auf ein Blatt Papier. Das Material kann naß, trocken oder fetthaltig sein. Den am häufigsten benutzten Untergrund, das Papier, gibt es in diversen Ausführungen. Man unterscheidet nach Struktur, Qualität, Farbe, Größe und Sorte.

Papiere

Mit dem Begriff der Struktur wird die Griffigkeit der Papieroberfläche bezeichnet, die je nach Herstellungsart unterschiedlich ausfällt. So sind kalt gepreßte Papiere oder nach anderen Verfahren hergestellte Papierarten ihrer Struktur nach rauher als heiß gepreßte Papiere, die im allgemeinen glatt sind. Maßgeblich für die Qualität sind gewöhnlich der Lumpen- oder Hadernanteil sowie das Gewicht des Papiers. Die Maßeinheit ist Gramm pro Quadratmeter. Ihrer Saugfähigkeit wegen verwendet man schwerere, rauhere Papiere häufiger für Wasserfarbenmalerei, doch benutzt man sie auch für Arbeiten mit trockenem oder fetthaltigem Malmaterial. Die Papiergröße reicht von kleinen Bogen, die einzeln oder in Blöcken erhältlich sind, bis zu großen Rollen. Die Sorte oder Beschaffenheit des Papiers ist abhängig von der Art des verwendeten Grundmaterials wie z. B. Leinen, Flachs, Baumwolle, Holz, Hanf und anderes. Mit Sorte bezeichnet man auch das Herstellungsverfahren wie Maschinenfertigung, Handfertigung oder die Kombination beider Verfahren.

Ein als ›100%-Hadern‹ ausgewiesenes Papierprodukt ist ausschließlich aus Altkleidern, gewöhnlich Baumwoll- oder Leinenfasern, hergestellt. Papiersorten mit weniger als einem hundertprozentigen Hadernanteil sind Kombinationen aus Stoffresten, Zellulose und Chemiefasern. Die Säuren, mit denen das Papier aufgelöst wird, werden nie völlig ausgewaschen, und ihre Rückstände lassen

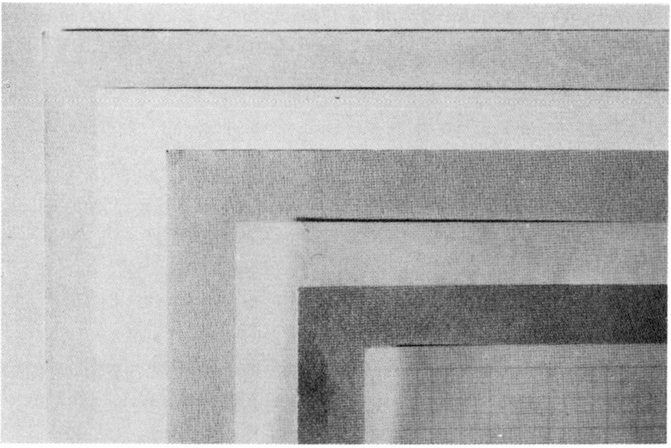

1.3 Verschiedene Papiersorten

das Papier vergilben. Allerdings ist die Herstellung von Holzpapieren wirtschaftlicher als die von solchen Papiersorten, die aus 100% Hadern hergestellt sind und drei- bis fünfmal so teuer sein können.

Zur Auflösung der Baumwoll- oder Leinenfasern werden keine scharfen Chemikalien verwandt. Die rein aus Hadern hergestellten Papiere bleiben relativ neutral, das heißt sie vergilben nicht, wenn auch sogenannte Leimer (Füllstoffe wie Alaun und Kolophonium) verarbeitet werden; außerdem enthalten sie gewisse säureproduzierende Chemikalien, die die Papierqualität vermindern. Gewöhnlich vergilbt reines Hadernpapier nur minimal oder gar nicht.

Alle Papiersorten, die Farbstoffe enthalten, weisen einen hohen Säureanteil auf. Deshalb sind weiße oder gelblich weiße Papiere und Zeichenunterlagen für längerfristigen Gebrauch geeigneter (Abb. 1.3).

Im allgemeinen benutzt man für die ersten Arbeiten holzhaltiges Papier, einfach weil es billiger ist und der größte Teil dieser Arbeiten ohnehin keine weitere Beachtung findet. Wenn Sie später ein größeres Feingefühl für Ihre Arbeit entwickelt haben, werden Sie bessere Papiersorten verwenden. Das eine bedingt das andere. Wenn Sie einen Strich auf Zeitungspapier und auf reines Hadernpapier ziehen und erkennen, worin der Unterschied besteht, dann sind Sie soweit, sich an teureres Papier wagen zu können.

Papierbedarf

2–3 Din A3-Blöcke weiches Zeitungspapier (das billigste Zeichenpapier aus Holz)
4–6 einzelne Bogen weiches weißes Zeichenpapier
2–4 Bogen Karteikarton, bräunlich oder weiß
2–3 Bogen weißes oder crèmefarbenes Holzkohlepapier
3–5 Bogen Holzkohlepapier mittlerer Tönung, entweder blau, grün oder grau (Holzkohlepapier hat eine ziemlich rauhe Struktur)
8 Bogen Transparentpapier
2 Bogen Konstruktionspapier mittlerer Tönung (blau, grün oder grau)

Bleistifte

Rohgraphit, eine Form von kristallisiertem Kohlenstoff, wurde im Jahre 1560 zuerst in England entdeckt. Dieser Naturgraphit wies extrem unterschiedliche Härtegrade auf. Zwei Jahrhunderte später ließ N. J. Conté ein Verfahren zur Bleistiftherstellung patentieren, das eine Kontrolle der Härtegrade zuließ. Demzufolge wurde die Bleistiftmine aus einem gebrannten Graphit-Ton-Gemisch hergestellt. Die gehärtete Mine wurde dann in einen ausgehöhlten Holzzylinder eingelegt. Härtere Minen enthielten mehr, weichere weniger Ton (Abb. 1.4).

Heute verwendet man synthetisch hergestellten Graphit, der dunkel oder hell, fein oder grob, hart oder weich ist. Der Buchstabe H bezeichnet von 1 bis 8 den unterschiedlichen Härtegrad der Minen. Der Buchstabe B bezeichnet analog von 1 bis 8 die unterschiedliche Weichheit der Minen. Weiche Bleistiftminen müssen sorgfältig gespitzt werden. Durch langsames Drehen des Bleistifts im Anspitzer vermeidet man das Abbrechen der Minenspitze.

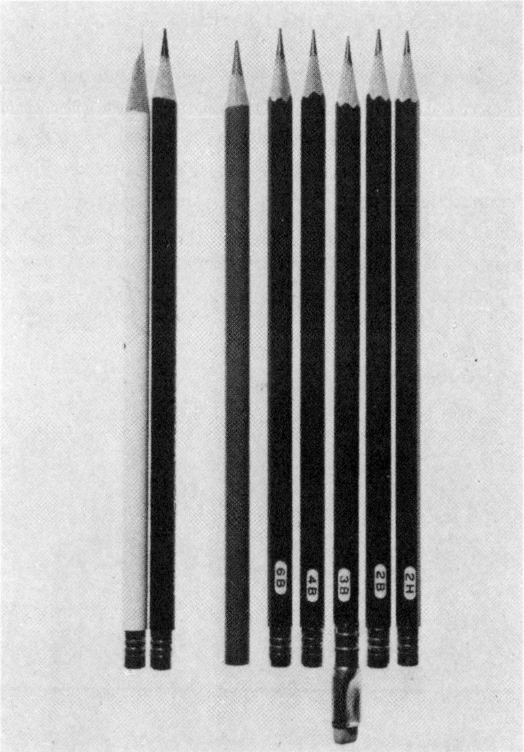

1.4 Verschiedene Sorten von Bleistiften

Graphit ergibt unterschiedliche Grauschattierungen. Farb- oder Buntstifte werden aus einem Gemisch von Farbstoffen und Bindemitteln hergestellt. Es gibt sie mit harten und weichen Minen.

Sie benötigen:
1 Bleistift, 2H
3 Bleistifte, 2B
je einen Bleistift 3B, 4B, 6B
1 Satz Buntstifte
1 schwarzen Farbstift
1 weißen Farbstift

} – falls nicht in der Buntstiftschachtel enthalten

Kohle, Kreide und Pastellstifte

Kohle wird gewöhnlich unter weitestgehendem Luftabschluß aus Birken-, Linden- oder Weidenholzstücken gebrannt. Da ihr keine Bindemittel zugesetzt werden, ist sie mürbe, bricht leicht und ergibt lediglich einen leichten Strich. Um Kohlezeichnungen vor dem Verwischen zu schützen, müssen sie mit einem Spray-Fixativ behandelt werden. Holzkohlestaub, der mit Bindemitteln versetzt ist, kann zu Kohlestäbchen gepreßt werden.

1.5 Kreide, Kohlestifte, Pastellstifte

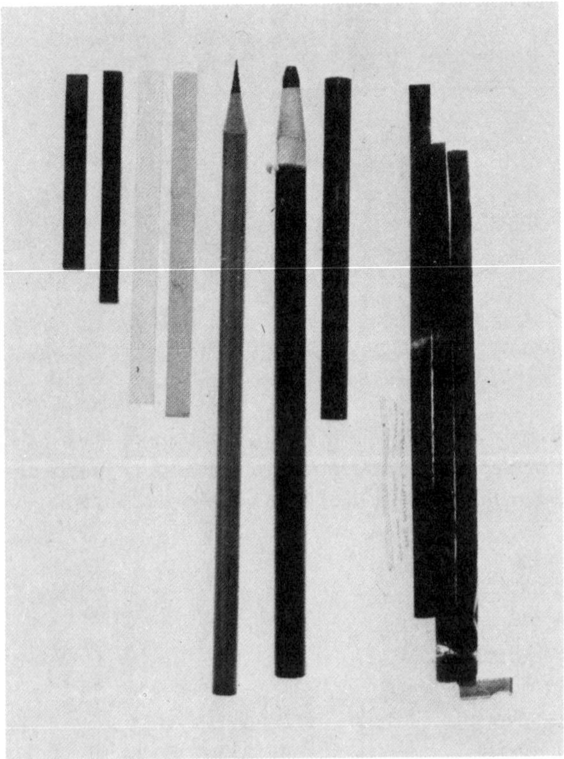

Solche Kohlestäbchen ergeben ein intensives, dichtes Schwarz. Sie sollten äußerst vorsichtig gespitzt werden, da die Minen weich sind und leicht brechen. Kohlestifte sind lediglich in eine Holzfassung eingelegte Kohlestäbchen. Kreide und Pastellstifte werden aus Farbpulver, Bindemitteln und Öl- oder Wachszusätzen hergestellt. Je nach Ölanteil erhält man Kreide (weniger Öl) oder Pastellstifte (mehr Öl). Für die Arbeit mit Kohle, Kreide und Pastellstiften empfiehlt es sich, ziemlich rauhes Papier zu verwenden. Im Fachhandel erhalten Sie diese Materialien in den verschiedensten Ausführungen – trocken und fetthaltig, grob und fein, hart und weich (Abb. 1.5).

Sie benötigen:

1 Beutel Holzkohlepulver
1–2 Kohlestäbchen
1–2 Holzkohlestifte
1 Kohlestift, BB nach Wahl
1 Stück graue Kreide
1 Stück weiße Kreide
2 schwarze Pastellstifte
1 Lithostift

Radiergummi

Die beiden ältesten bekannten Radiermittel waren Vogelfedern und Brotkrumen. Erst die Einfuhr von Kautschuk, der aus dem elastischen Rückstand einer spezifischen tropischen Pflanzenmilch gewonnen wird, führte zur Herstellung eines besseren Radiermittels. Der Radierer aus Kautschuk war der Vorläufer des heute verwendeten Radiergummis, der vulkanisiert, das heißt mit Hitze und Chemikalien behandelt wird, um ihn weicher, haltbarer oder härter zu machen.

Viele der heutigen Radiergummis werden aus Mineralölderivaten hergestellt. Der synthetische Radiergummi ist so weich, daß er das Papier nicht beschädigt und bei Gebrauch allmählich zerkrümelt. Ein Radiergummi, der nicht zerkrümelt, schmiert nur.

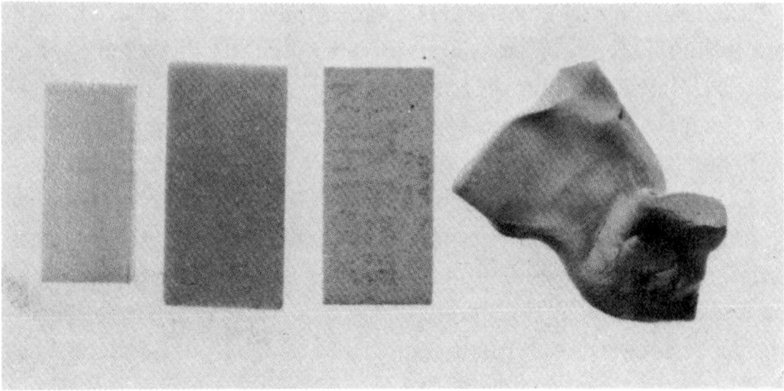

1.6 Verschiedene Radiergummisorten

Zum Ausradieren größerer Flächen bei Holzkohlezeichnungen verwendet man einen ›Radiergummi‹ aus Knete. Durch Kneten mit den Fingern reinigt sich der Radierer bis zu einem gewissen Grad von selbst, so daß Sie ihn längere Zeit verwenden können (Abb. 1.6).

Sie benötigen:
1 Synthetikradiergummi
Radierknete

Tusche und Pinsel

Die aus Lampenruß oder Kohle gewonnene Zeichentusche ist relativ dickflüssig und – da sie mit Schellack versetzt wird – auch wasserfest. Tusche nimmt beim Mischen mit anderer farbiger Tinte sehr rasch die Farbe auf. Daher sollte das Abtönen sehr sorgfältig vorgenommen werden. Strichzeichnungen lassen sich auf glattem, hartem Papier mit Feder und Tinte gut ausführen. Für Flächenzeichnungen mit dem Pinsel dagegen ist weiches, saugfähiges Papier geeigneter.

Pinsel erhalten Sie in verschiedenen Ausführungen, von dicken Borsten bis zu weichem Marderhaar. Es gibt flache oder runde, lange oder kurze Pinsel. Auch ihre Spitzen variieren: Sie können

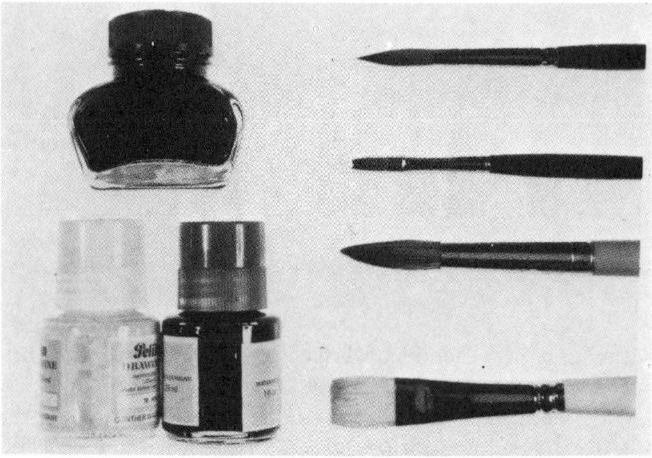

1.7 Tusche und Pinselsorten

spitz, rund oder quadratisch sein und sind nach der Größe des Pinselkopfes nummeriert. Für unsere Zwecke sind Rundpinsel aus Marderhaar am geeignetsten (Abb. 1.7).

Sie benötigen:
1 Glas Zeichentusche
1 Flasche weiße Tinte
1 Flasche braune (sepia), blaue oder grüne Tinte (mittlerer Tönung)
2 Pinsel – 1 großen, 1 mittleren oder 1 kleinen
3 Gefäße (zum Mischen der Tinte)

Federn

Historisch betrachtet gibt es vier Arten von Federn, mit denen Künstler arbeiteten und die sie auch heute noch verwenden: den Federkiel, die aus Bambus oder Zuckerrohr geschnittene Rohrfeder, die Metallfeder und die ›Feder‹ aus Filz oder Nylon.

Die besten Federkiele werden aus Gänse-, Schwanen-, Raben- oder Krähenfedern geschnitten. Dabei scheint der Gänsekiel seiner

1.8 Federn, Federhalter, Filzstifte

vielseitigen Verwendungsmöglichkeiten und seiner Gleitfähigkeit wegen am beliebtesten zu sein.

Noch bevor man den Federkiel als Zeichengerät entdeckte, wurde mit der Rohrfeder gearbeitet. Doch waren Rohrfedern zu stumpf, um mit ihrer Hilfe sensible Zeichnungen anfertigen zu können, wie man sie oft auf alten kolorierten Manuskripten findet. Auch heutzutage scheint die dicke, breite und faserige Rohrfeder seltener von Künstlern benutzt zu werden als andere Federtypen. Federkiele und Rohrfedern müssen zudem vor jedem Gebrauch zugeschnitten, gespitzt und präpariert werden.

Metallfedern dagegen sind sofort gebrauchsfertig. Nahezu jeder Federtyp – auch Tuschefüller für technische Zeichner oder Stifte mit Filz- oder Nylonspitze – ist im Fachhandel für Künstlerbedarf erhältlich. Metallfedern, die in einen Federhalter eingesetzt werden müssen, sind gelegentlich mit einer dünnen, schützenden Lackschicht überzogen. Sollten Sie solche Federn kaufen, spülen Sie vor Gebrauch zunächst unter fließendem warmem Wasser den Schellack ab. Die für unsere Zwecke geeignetste Feder ist der Filzstift oder ein Stift mit breiter Nylonspitze (Abb. 1.8).

Sie benötigen:
1 Stift mit breiter Nylonspitze
1 Tuschefüller (nach Wahl)
1 Federhalter (nach Wahl)
1 Schnellziehfeder, je einmal 5B und 6B
verschiedene Filzstifte (nach Wahl)

Sonstige Materialien

2 Pfund Knetgummi für Kohle oder Graphit (Tonmasse auf Ölbasis)
1 kleine Kork- oder Styroporkugel
4 Zahnstocher
5 Zeichenunterlagen, 75 × 100 cm, weiß, gelbweiß oder grauweiß
verschiedene Folien
Textilklebeband, säurefrei, 18–30 cm lang
1 kleine Rolle braunes Papierband

1.9 Zeichenunterlagen

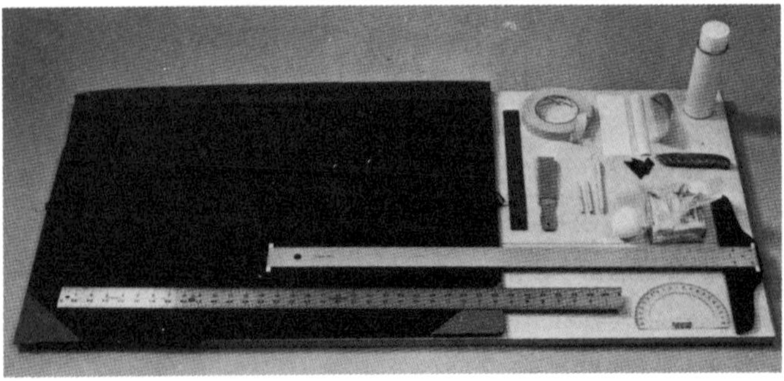

1.10 Zubehör

1 kleine Rolle selbstklebendes Kreppband (z. B. Tesa-Krepp)
1 Lineal, 30 cm
1 Meterstab aus Metall
1 Winkelmesser
1 Dose Fixativ
1 Schleifklotz (zum Schleifen von Holzkohle)
1 Zeichenbrett (nach Wahl)
1 schwarze Zeichenmappe, 50 × 65 cm
1 kleinen Werkzeugkasten oder Angelgerätekasten für Ihr Zeichenmaterial

Bevor Sie mit für Sie neuem Zeichenmaterial arbeiten, probieren Sie es zunächst einmal auf verschiedenen Papiersorten aus. Heben Sie für solche Testzwecke Ihre Übungszeichnungen und Papierreste auf. Prüfen Sie die Zeicheneigenschaften von Bleistiften, Pastellstiften und Kreide. Sie werden feststellen, daß sich mit dem Material sehr unterschiedlich arbeiten läßt. Im Verlauf Ihrer Übungen wird Ihnen Ihre Erfahrung Möglichkeiten und Grenzen im Umgang mit den Mitteln und Materialien, die Sie für Ihre Arbeit benutzen, aufzeigen.

II Die Konturlinie

2.1 Hans Holbein d. J. (1497/98–1543), *Die Familie Sir Thomas Mores,* 1524, Feder und Tusche, 39,2 × 51,4 cm, Öffentliche Kunstsammlung Kupferstichkabinett, Basel

2.2 Philipp Otto Runge (1777–1810), *Lilie mit schwebenden Kobolden,* 1809, Feder und Tusche, 67,3 × 48 cm, Kunsthalle, Hamburg

2.3 Pablo Picasso (1881–1973), Studien zum Gemälde *Panflöte,* 1923, Kohlezeichnung, 64 × 49 cm, Art Institute of Chicago

2.4 Henri Matisse (1869–1954), *Akt, sich zurücklehnend,* 1937, Kohlezeichnung, 38 × 48 cm, Art Institute of Chicago

2.5 Katsuschika Hokusai (1760–1849), *Selbstbildnis,* um 1845, Tusche und Pinsel, Musée Guimet, Paris

2.6 Jean-Auguste Dominique Ingres (1780–1867), *Der Bauingenieur Charles-Francois Mallet,* 1809, Bleistiftzeichnung, 26,8 × 21,2 cm, Art Institute of Chicago

2.7 John L. Weinkein, *Der Urgroßvater,* 1977, Buntstiftzeichnung, 51 × 61 cm, Privatsammlung

8 Hans Holbein d. J. (1497/98–1543), *Porträt der Frau Bürgermeister Meyer,* um 1535, farbige Kreidezeichnung, 28 × 39 cm, Öffentliche Kunstsammlung Kupferstichkabinett, Basel

2 Die blinde Kontur und die Ausgewogenheit der Komposition

Arbeitsmaterialien
Bleistift, 2B oder 3B – Zeitungspapier

Zeichnen heißt das Gesehene umsetzen. Was man zunächst als dreidimensional erfährt, wird im Kopf in einen Code übertragen, der dann das Gesehene in eine individuelle Form der zeichnerischen Darstellung umsetzt.

Zeichnen lernt man, indem man sich schult, richtig zu sehen, das Gesehene umzusetzen und bildlich darzustellen. Zeichnen ist ein vielschichtiges System simultan ablaufender Tätigkeiten, das von Ihnen immer wieder eine klare künstlerische Vorstellung über die Probleme der Raumaufteilung verlangt. Im Verlauf der Übungen werden sich Ihre zeichnerischen Fähigkeiten durch geschultes Sehen verbessern, und mit der Vervollkommnung Ihres zeichnerischen Könnens werden Sie besser sehen lernen.

Die früheste und einfachste uns überlieferte Zeichnung ist die Strichzeichnung. Ihre reinste Form ist die Konturzeichnung. Die Konturlinie ist die Markierung, die eine Figur von ihrem Grund abhebt. Sie ist die begrenzende Linie zwischen dem gesehenen Objekt, der positiven Form, und seinem Umfeld, der negativen Form. Die Wirkung einer gut gezeichneten Kontur besteht in der sensiblen und genauen Wiedergabe der typischen Merkmale des Gesehenen. Man sollte nicht unterschätzen, wie schwer es ist, eine wirkungsvolle Konturlinie zu zeichnen.

Im ersten nachchristlichen Jahrhundert bemerkte der römische Enzyklopädist, Plinius der Ältere, über diese Schwierigkeit: »Selten gelingt es einem Künstler eine Linie zu zeichnen, die die Konturen einer Figur auszudrücken vermag. Denn diese Konturlinie sollte den Anschein erwecken, als hülle sie den Gegenstand ein und umschließe ihn, indem sie deutlich betont, was sie verbirgt.«

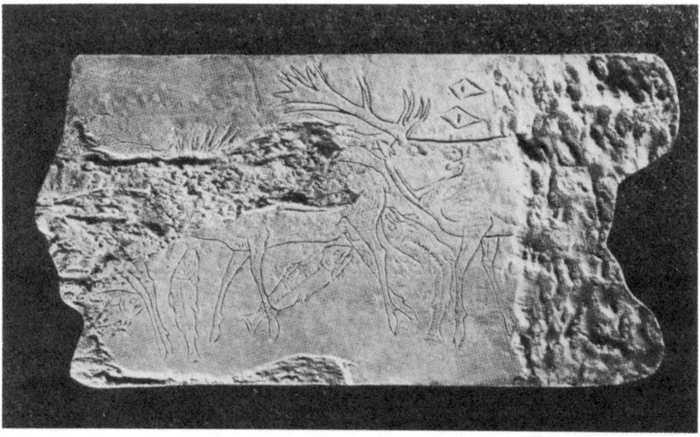

2.9 *Hirsche (oder Rentiere), die einen fischreichen Fluß überqueren,* Abdruck eines geritzten prähistorischen Rundholzes, Länge 24,4 cm, Lortet (Hochpyrenäen), Musée des Antiquités Nationales, Saint-Germaine-en Laye

2.10 Achilles-Maler, weißer Lekythos, um 440 v. Chr., Keramik, 38 cm hoch, British Museum, London

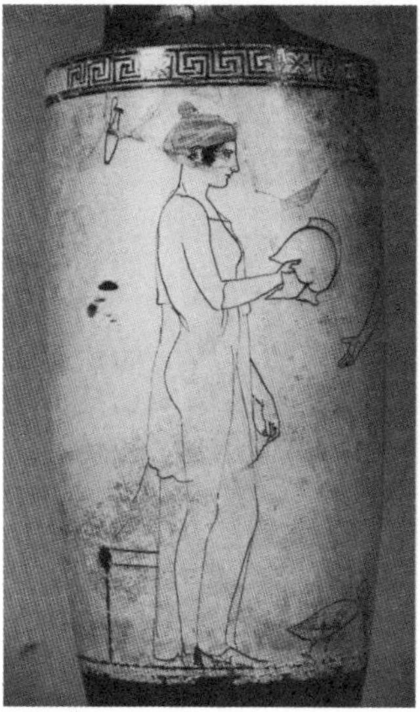

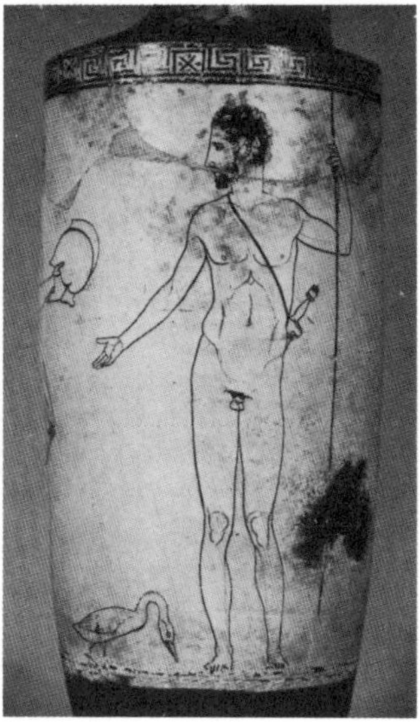

Trotz der Ermahnung des Plinius galt der Konturzeichnung jahrhundertelang das Hauptinteresse von Künstlern, angefangen von den ersten Höhlenbewohnern etwa um 15000 v. Chr. (Abb. 2.9) und den griechischen Töpfern etwa um 420 v. Chr. (Abb. 2.10) bis zu Pablo Picasso, hier mit einer Zeichnung aus dem Jahr 1921 (Abb. 2.11).

Für unsere erste Aufgabe brauchen wir einen Gegenstand, der nicht so schwierig zu zeichnen ist wie eine ganze Figur. Fangen wir mit etwas Vertrautem, fangen wir mit dem eigenen Zeigefinger an.

Studieren Sie dazu ein bis zwei Minuten lang sorgfältig das Oberflächenprofil Ihres Handgelenks bis zur Spitze Ihres Zeigefingers. Obwohl Sie Ihren Zeigefinger gut kennen sollten, werden Sie erstaunt sein, wie wenig Sie über ihn wissen. Es handelt sich hier um besonders individuelle Merkmale, die mit der unverwechselbaren Prägung eines Fingerabdrucks zu vergleichen sind. Wie zeichnen Sie nun, was Sie sehen? Sie müssen dazu Ihre Hand ›sehen lassen‹ und

2.11 Pablo Picasso (1881–1973), *Die Quelle,* 1921, Bleistiftzeichnung, 48 × 64 cm, Museum of Modern Art, New York, John S. Newberry Collection

2.12 Vom Handgelenk bis zum Zeigefinger, Schülerzeichnung in blinder Kontur, Bleistift auf Zeitungspapier

2.13 Vom Handgelenk bis zum Zeigefinger, Schülerzeichnung in blinder Kontur, Bleistift auf Zeitungspapier

ihr vertrauen. Schauen Sie beim Zeichnen nicht auf das Blatt. Verlassen Sie sich ganz auf Ihre Hand.

Betrachten Sie lediglich den Bereich des Handgelenks bis zur Fingerspitze Ihrer linken Hand. Beobachten Sie genau und konzentrieren Sie sich. Studieren Sie die Details sorgfältig und gewissenhaft so lange, bis Sie nur noch den Bereich Ihres Handgelenks bis zur Fingerspitze wahrnehmen. Sie entdecken Unebenheiten, Erhebungen und Vertiefungen, Haare, Warzen und anderes mehr. Zeichnen Sie innerhalb von etwa drei Minuten diese Konturlinie. Bewegen Sie dabei Ihre Augen nur so schnell, wie Sie zeichnen. Zeichnen Sie langsam, und nehmen Sie den Bleistift nicht vom Papier. Denken Sie daran, daß die Linie, die Sie zeichnen, die Grenzlinie zwischen der positiven und negativen Form darstellt. Sie zeichnen eine ›blinde‹ Kontur (Abb. 2.12 und 2.13).

Wichtig ist vor allem, daß Sie präzis sehen. Sie müssen mit den Augen soviel wie möglich erfassen, das heißt je langsamer Sie zeichnen, desto umfassender und genauer können Sie zeichnerisch umsetzen, was Sie sehen. Stellen Sie sich vor, Sie berührten dabei mit dem Bleistift die Hand, die Sie zeichnen. Zeichnen Sie die Merkmale, die Sie wirklich sehen, und zeichnen Sie alle Einzelheiten, die Sie vorfinden.

Zeichnen Sie zu schnell, so wird Ihre Konturlinie eventuell ausdruckslos und uninteressant, und sie gibt nur wenige charakteristische Merkmale wieder. Eine solche Linie wie diese  hat keinerlei Aussagekraft.

Zeichnen Sie nun mit einer ununterbrochenen Linie innerhalb von drei Minuten Ihr Handgelenk bis zum Zeigefinger. Wiederholen Sie die Übung mit einer zweiten Zeichnung, indem Sie einen anderen Teil Ihrer Hand auswählen und zwei oder drei Finger zeichnen

2.14 Schülerzeichnung einer Hand in blinder Kontur, Bleistift auf Zeitungspapier

2.15 Schülerzeichnung einer Hand in blinder Kontur, Bleistift auf Zeitungspapier

(Abb. 2.14 und 2.15). Halten Sie die Hand ruhig, legen Sie sie am besten auf den Tisch, oder halten Sie sie auf eine Lampe oder auf einen anderen Gegenstand. Schauen Sie wiederum nur auf die Hand, und zeichnen Sie langsam. Verwenden Sie für diese Studie etwa fünf Minuten. Schauen Sie auf die Hand, die Sie zeichnen, und nicht auf das Blatt, und bewegen Sie Ihre Augen genauso langsam, wie Sie den Bleistift bewegen.

Der Zweck dieser Übung besteht darin, Ihre visuelle Wahrnehmungsfähigkeit zu erhöhen. Erwarten Sie von Ihrer Zeichnung nicht, daß sie genau dem entspricht, was Sie sehen. Bedenken Sie, daß Sie lediglich den in Ihrem Kopf entstandenen Code entschlüsseln. In Ihrer gegenwärtigen zeichnerischen Entwicklungsphase arbeiten Sie nicht an einer Zeichnung, sondern an einer aussagekräftigen Linie.

Zeichnen Sie langsam in je fünf Minuten jeweils verschiedene Ansichten Ihrer Hand. Zeichnen Sie dann die Umrisse eines Schuhs. Lassen Sie sich dabei etwa zehn Minuten Zeit. Es sollte sich um einen ausgezogenen Schuh handeln. Die meisten Leute haben nur funktionale Gesichtspunkte im Auge und stellen den Schuh mit der flachen Sohle auf einen Untergrund. Sie denken funktional, nicht ästhetisch. Welche Ansicht des Schuhs wählen Sie nun? Betrachten Sie ihn von oben? Von vorn oder von hinten? Oder knatschen Sie ihn und lassen seine Lasche heraushängen? Wolle Sie ihn mit oder ohne Schnürsenkel zeichnen?

Pressen Sie den Schuh zusammen, zerbeulen oder öffnen Sie ihn. So gelangen Sie zu einer ansprechenderen Form und können auf diese Weise Ihre Zeichnung interessanter gestalten (Abb. 2.16 und 2.17).

Untersuchen Sie den Schuh äußerst sorgfältig nach seinen Merkmalen. Achten Sie zum Beispiel besonders auf die Nähte, seine Oberflächenstruktur, die Schnürsenkel und die Schnürsenkelösen. Doch schauen Sie nur auf den Schuh und nicht auf das Zeichenblatt. Sie können die Schnürsenkelösen versetzt zeichnen, die Schnürsenkel im Raum ›schweben‹ lassen oder den Schuh so plazieren, daß die Seitennähte zu sehen sind. Denken Sie daran, daß es bei dieser Art des Zeichnens ausschließlich darauf ankommt, eine ausdrucksvolle Linie zu zeichnen, mit der Sie die wesentlichen Merkmale des

2.16 Schülerzeichnung eines Schuhs in blinder Kontur, Bleistift auf Zeitungspapier

2.17 Schülerzeichnung eines Schuhs in blinder Kontur, Bleistift auf Zeitungspapier

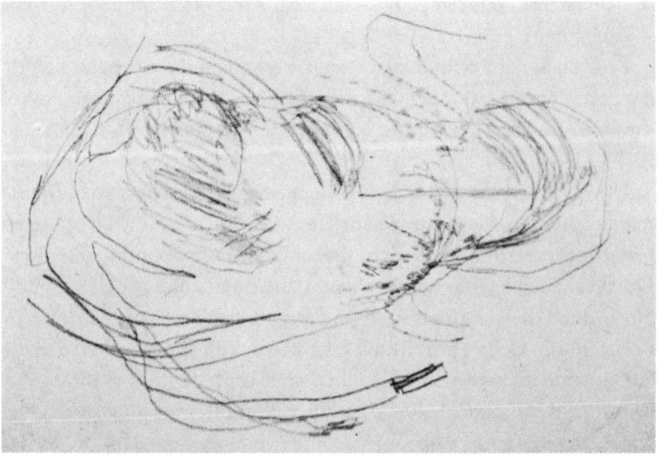

2.18/2.19 Profile, Schülerzeichnungen in blinder Kontur, Bleistift auf weißem Zeitungspapier

Gesehenen erfassen. Schauen Sie nur auf den Schuh, halten Sie seine typischen Merkmale fest, so daß die Linie, die Sie zeichnen, das Charakteristische dieses Schuhs ausdrückt und die von Ihnen gewählte Ansicht wiedergibt.

In der folgenden Aufgabe sollen Sie ein Profil zeichnen. Hierzu brauchen Sie ein Modell. Sie können aber auch mit Hilfe eines dreiteiligen Frisierspiegels Ihr eigenes Profil zeichnen. Wenn Ihnen Ihr Modell in Seitenansicht gegenübersitzt und Sie zunächst das Profil des Gesichts von der Stirnpartie über die Augenbraue, die Nase, die Lippen bis zum Kinn gründlich studiert haben, versuchen Sie sich einmal vorzustellen, daß die Profillinie, die Sie zeichnen werden, gleichzeitig die Trennungslinie zwischen dem Gesicht Ihres Modells und dem von ihm verdeckten Hintergrund bildet.

Beobachten Sie wiederum sehr konzentriert, bis Sie nur noch die Umrißlinie mit den für das Gesicht der zu zeichnenden Person typischen Unebenheiten, Vertiefungen und Proportionen wahrnehmen.

Zeichnen Sie in blinder Kontur langsam und mit äußerster Genauigkeit das Profil des Kopfes, den Sie vor sich sehen. Zeichnen Sie es in Lebensgröße, und lassen Sie sich etwa fünf Minuten Zeit dazu (Abb. 2.18 und 2.19).

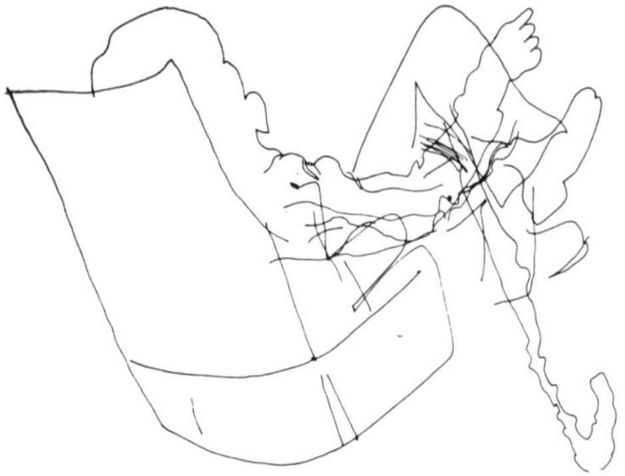

2.20 Modell in einem Sessel, Schülerzeichnung in blinder Kontur, Bleistift auf Zeitungspapier

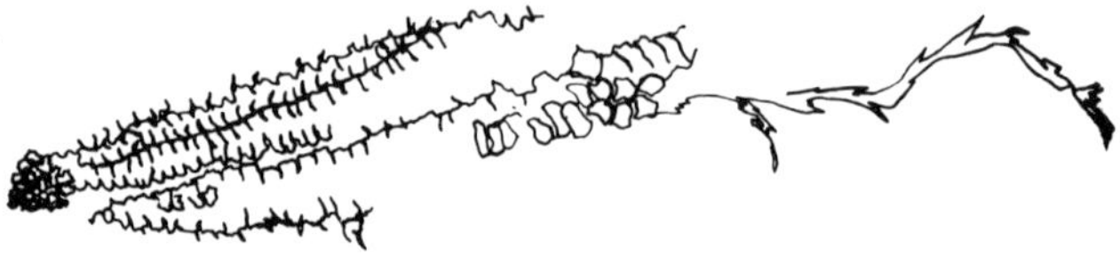

2.21 Ertastete Kontur, Schülerzeichnung in blinder Kontur, Bleistift auf Zeitungspapier

2.22 Ertastete Kontur, Schülerzeichnung in blinder Kontur, Bleistift auf Zeitungspapier

Zu weiteren Übungszwecken steht es Ihnen nun frei, Motive aus entfernteren Bereichen in Angriff zu nehmen (Abb. 2.20). Wiederholen Sie dabei den gleichen Vorgang, und vermeiden Sie stets, auf das Blatt zu schauen. Untersuchen Sie wiederum die Merkmale, die Sie mit der Linie wiedergeben wollen, und verwenden Sie auf Ihre Arbeit soviel Zeit, wie Sie es für richtig halten. Vielleicht möchten Sie ein Stilleben, den Teil eines Raumes oder nach Modell zeichnen. (Weisen Sie Ihr Modell darauf hin, daß Sie kein Porträt zeichnen und daß die Zeichnung durchaus etwas unvorteilhaft ausfallen mag.)

Sie können Ihre Arbeit mit der blinden Kontur fortsetzen, indem Sie mit der gleichen Technik Ihre Tasteindrücke wiedergeben. Besorgen Sie sich für diesen Zweck nach Möglichkeit ein Objekt mit ausgeprägter Oberflächenstruktur – ein Stück Treibholz, eine Getreideähre oder eine Cordjacke. Objekte mit glatter Oberfläche sind weniger geeignet.

Während Sie mit geschlossenen Augen das Objekt von oben nach unten, von links nach rechts rundherum abtasten, zeichnen Sie eine Linie, die Ihre Tasteindrücke wiedergibt. Sie werden feststellen, daß Sie die Struktur des Objekts durch unterschiedlichen Druck Ihres Bleistifts wiedergeben können, indem Sie bei Vertiefungen fester und bei Erhöhungen weniger fest aufdrücken. So erhalten Sie eine zwar nur geringfügig hell und dunkel variierte Linie, doch ist sie ausdrucksvoller als eine durchgehend einheitliche, nicht-variierte bleigraue Linie (Abb. 2.21 und 2.22).

Diese Aufgabe verlangt wieder sehr viel Sorgfalt und Genauigkeit von Ihnen. Ertasten Sie das Objekt bei geschlossenen Augen, während Sie dabei langsam zeichnen.

Wenn die Zeichnung fertig ist, heften Sie sie an eine Wand, und betrachten Sie sie gründlich. Achten Sie darauf, wie Sie die Zeichenfläche insgesamt genutzt haben. Wo befindet sich die Zeichnung? Links, rechts oder in der Mitte des Blattes? Haben Sie über die Ränder hinaus gezeichnet?

Da Sie ›blind‹ gezeichnet haben, mag Sie diese Frage verwirren. Doch es kommt hier auf Ihr Gespür für die Raumaufteilung an. Ihr Zeichenblatt stellt einen fest begrenzten Raum dar. Mit jeder Linie, die Sie ziehen, gliedern Sie den Raum auf. Dabei werden Sie feststellen, daß manche dieser Gliederungen für den Aufbau der Zeichnung geeigneter sind als andere.

Unter Komposition versteht man vor allem die harmonische Ordnung des Raumes. Dabei handelt es sich um ein komplexes, schwer zu definierendes künstlerisches Ereignis. Im Verlauf des Buches werden wir uns mit der Komposition(slehre) in den verschiedensten Zusammenhängen auseinandersetzen und ihre Bedeutung für die Kunst des Zeichnens ausführlich behandeln. Doch sei bereits an dieser Stelle darauf hingewiesen, daß es keine starren und festen Regeln gibt. Wie Sie gute Kompositionen gestalten, lernen Sie durch die Erfahrung im Verlauf Ihrer eigenen praktischen Arbeit sowie durch die Erkenntnisse, zu denen Sie durch wiederholtes Betrachten von Kunstwerken gelangen.

Da die Entwicklung Ihrer zeichnerischen Fertigkeiten mit dem Fortschritt Ihrer kompositorischen Fähigkeiten einhergeht, ist eine gewisse Vertrautheit mit den klassischen Vorstellungen über die Komposition durchaus wertvoll. Zunächst möchte ich Ihnen einige Grundregeln vermitteln, die Ihnen bei den Entscheidungen, die Sie während des Zeichnens immer wieder neu treffen müssen, helfen werden. Später sollen Sie dann in der Lage sein, diese Entscheidungen spontan von sich aus zu treffen. Unter der Komposition einer Zeichnung oder eines Bildes versteht man in erster Linie das Zusammenspiel von Linien, Formen, Schattierungen und Farben. Eine Komposition ist dann harmonisch, wenn diese Elemente mit Geschick und Gespür miteinander verbunden werden.

Was ist nun eine harmonische Komposition im klassischen Sinn? Eine bedeutende Rolle spielt das harmonische Gleichgewicht der Formen. Je nach ihrer Lage auf dem Mal- oder Zeichengrund erhalten die Formen ›Gewicht‹ in Abhängigkeit von ihren Farb- oder Grauabstufungen und ihrem Verhältnis zu anderen Formelementen. Sind die Formen in der Zeichnung gleichmäßig, im richtigen Verhältnis zueinander, rhythmisch oder eindrucksvoll verteilt, so ergibt sich auf die eine oder andere Art eine harmonische Komposition.

Man unterscheidet allgemein zwischen symmetrischem und asymmetrischem Gleichgewicht einer Komposition. Das Gleichgewicht dient gewöhnlich zur Beschreibung der um den Mittelpunkt,

2.23 Albrecht Altdorfer (1480–1538), *Die Alexanderschlacht,* 1529, Öl auf Holz, 158 × 120 cm, Alte Pinakothek, München

den *Hauptblickpunkt* eines Werkes, kreisenden Augenbewegungen des Bildbetrachters.

Um den Mittelpunkt einer asymmetrischen Komposition zu bestimmen, teilt man die Bildfläche in Drittel auf. Bei dieser mit Hilfe von waagerechten und senkrechten Linien vorgenommenen

2.24 Johannes Bosboom (1818–1891), *Das Innere einer Kirche,* um 1860, Aquarellfarbe und Gouache über Bleistift, 41 × 31 cm, Art Institute of Chicago

2.25 William Turner (1775–1851), *Das Sklavenschiff,* 1840, Öl auf Leinwand, 91 × 122 cm, Museum of Fine Arts, Boston

2.26 Heinrich Vogeler (1872–1942), *Eine Liebe,* 1896, Radierung, 35 × 38 cm, Des Moines Art Center

Einteilung kann sich der Mittelpunkt des Bildes auf jedem beliebigen Schnittpunkt der rechteckigen Bildfläche befinden. Die Lösung für die symmetrische Komposition ist noch einfacher: Hier liegt der Mittelpunkt an einer beliebigen Stelle der senkrechten Mittellinie des Bildes.

Da der Künstler einen Höhepunkt in seinem Bild angelegt hat, ist er bestrebt, den Blick des Betrachters dorthin zu lenken. Senkrechte, waagerechte oder diagonale Linien in Verbindung mit Grau- und Farbschattierungen, Farben und Formen sollen den Blick des Betrachters anziehen und auf den Mittelpunkt der Komposition lenken (Abb. 2.23).

Die Vortäuschung räumlicher Tiefe bezeichnet man als Perspektive. Räumliche Tiefenwirkung erzeugende Linien lassen das Auge schnell zu einem bestimmten Punkt wandern. Das gebräuchlichste Mittel zur Wiedergabe von gestaffelter Raumtiefe ist die Linearperspektive (Abb. 2.24).

Bei Darstellungen mit Hilfe der Luftperspektive wird die Tiefenwirkung durch ineinander verschwimmende Farben, Schattierungen und Strukturen erzielt (Abb. 2.25). (In Kapitel 8 werden wir die perspektivische Darstellung ausführlich behandeln.)

Läßt uns der Künstler über die Schulter seiner Figuren blicken, die eine Landschaft betrachten, so haben wir das Gefühl, selbst im Bild zu sein, als wären wir ein Teil der Komposition (Abb. 2.26).

Zeichnet der Künstler eine Figur, die uns unvermittelt anschaut, so überrascht uns diese Darstellungsweise, und es scheint, als fordere uns die Person auf, den Raum mit ihr zu teilen (Abb. 2.27).

2.27 John Singer Sargent (1856–1925), *Die Kinder der Familie Pailleron,* 1881, Öl auf Leinwand, 152,4 × 175 cm, Des Moines Art Center

2.28 Raffael (eigentlich Raffaello Santi Sanzio, 1483–1520), *Baldassare Castiglione,* 1516, Öl auf Leinwand, 82 × 67 cm, Musée du Louvre, Paris

Ist der Blick des Betrachters erst einmal auf die Komposition gerichtet, so sollte er dort verweilen und innerhalb des Bildmittelpunkts sowie um ihn herum kreisen und sich nicht allzuweit von ihm entfernen oder gar über den Rand des Blattes hinausgehen. Die deutlich sichtbare oder nur angedeutete Kontur eines Armes, der herabhängende Ast eines Baumes, der Faltenwurf eines Stoffes oder die Blickrichtung einer Figur, all das kann zum Blickfang einer Zeichnung oder eines Bildes werden. Von größter Bedeutung für eine gute Komposition ist die harmonische Gestaltung, da von ihr die eigentliche Anziehungskraft eines Bildes ausgeht.

Mit einer harmonischen Gestaltung verbindet man im allgemeinen Stabilität, da sowohl symmetrische wie asymmetrische Kompositionen stabil sein können. Stabile Kompositionen, etwa eine Pyramide oder ein Dreiecksgebilde (zum Beispiel ein Porträt, das eine Figur mit vor der Brust verschränkten Armen zeigt), scheinen stets über eine feste Grundlage zu verfügen. Die breite Grundfläche eines Dreiecks hat die geringste Neigung zum Kippen (Abb. 2.28).

2.29 Li Ch'eng (Ying-ch'iu, tätig um 940–967), *Buddhistischer Tempel inmitten aufklarender Bergspitzen,* Tusche und helle Farben auf Seide, 112 × 56 cm, Nelson-Atkins Museum of Art, Kansas City, Missouri, Nelson Fund

Eine Zeichnung, die den Blick des Betrachters über kurze, einander waagerecht überlagernde Dächer zu einem im Hintergrund steil aufragenden Felsmassiv führt, suggeriert eine stabile vertikale Komposition (Abb. 2.29).

Ein langes, flaches Kanu, das auf ruhigem Gewässer an einer nebelverhüllten Insel vorübertreibt, markiert eine stabile horizontale Komposition (Abb. 2.30).

Doch handelt es sich bei harmonischen Kompositionen keineswegs immer um stabile Kompositionen. Bei instabilen, ungefertigten Kompositionen kann es sich um symmetrische und asymmetrische Darstellungen handeln. Instabile Kompositionen scheinen zu rutschen, zusammenzustürzen, oder sie neigen zu beiden Möglichkeiten. Dabei kann nahezu jedes ungefestigte, schräg nach unten geneigte pyramidenartige oder spiralförmige Gebilde den Eindruck des Abrutschens und Fallens vermitteln (Abb. 2.31).

2.30 George Caleb Bingham (1811–1879), *Pelzhändler stromabwärts auf dem Missouri,* um 1845, Öl auf Leinwand, 74 × 93 cm, Metropolitan Museum of Art, Morris K. Jesup Fund, 1933, New York

2.31 Peter Paul Rubens (1577–1640), Das kleine *Jüngste Gericht,* um 1620, Öl auf Leinwand, 183 × 119 cm, Alte Pinakothek, München

Allerdings können sowohl gefestigte wie auch ungefestigte Kompositionen vom Betrachter als ästhetisch schön empfunden werden oder auch sein Mißfallen erregen. Denn eine stabile Komposition vermag beruhigend und heiter, aber auch langweilig oder trivial zu wirken. Dagegen kann eine instabile Komposition einem Werk eine derartige Unruhe verleihen, daß der Betrachter verwirrt wird und wegblickt.

Was für eine gute Komposition bestimmend ist, läßt sich schwer definieren. Dazu bedarf es einer Reihe unterschiedlicher Beurteilungskriterien. Das Charakteristische für eine Komposition ist weniger mit dem Verstand als mit den Augen zu erfassen. Das heißt, Sie mögen zwar eine Reihe von Einzelheiten in einer Zeichnung erkennen, doch können Sie nicht genau erklären, warum die betreffende Komposition besonders angenehm oder eher störend auf Sie wirkt. Ein sorgfältiges Studium der Komposition erfordert intensive eigene Arbeit. Betrachten und analysieren Sie wiederholt Kunstwerke, machen Sie sich darüber hinaus mit der Geschichte der Kunst vertraut. Dann erarbeiten Sie sich eine günstige Voraussetzung, um die Frage nach dem Wesen einer guten Komposition sinnvoll stellen zu können.

3 Die negative Kontur

Arbeitsmaterialien
breiter schwarzer Filzstift – weiches weißes Zeichenpapier

Anfänger haben zumeist die Neigung, die zu einem Raum gehörenden Objekte von ihrer Umgebung isoliert zu betrachten. So wird ein Fahrrad zum Beispiel deutlich erkennbar wiedergegeben, doch scheint es im Raum zu schweben. Soll ein Anfänger ein aus einem Fahrrad, einem Stuhl und einem Schemel bestehendes Stilleben zeichnen, so stellt er gewöhnlich jeden Gegenstand einzeln dar, statt die Objekte als miteinander verbundene Formenelemente zu verstehen.

Achten Sie einmal nicht auf die zum Raum gehörenden Objekte, und versuchen Sie mit einer festen, ununterbrochenen Konturlinie ›negative‹ Formen zu zeichnen. Negative Formen sind die Teile des Raumes, die den Hintergrund oder die Zwischenräume in der Zeichnung bilden. Die beiden hier abgebildeten Darstellungsversuche eines Stillebens mit Fahrrad, Kette und altem Schemel geben einmal die positiven Formen wieder (Abb. 3.1) und zeigen ein anderes Mal das gleiche Motiv mit den negativen Formen (Abb. 3.2).

Eine Reihe nach beliebigen Motiven gezeichneter negativer Formen *suggerieren* in der fertigen Zeichnung positive Formen. Doch der Sinn dieser Aufgabe besteht darin, daß Sie nicht mehr die Objekte selbst wahrnehmen, sondern Hintergrund und Zwischenräume zu sehen lernen. Dazu benötigen Sie eine gänzlich andere Raumauffassung, wobei Sie Ihre herkömmlichen räumlichen Vorstellungen über Bord werfen müssen.

Dabei kann es leicht zu Verwechslungen kommen. Um bei unserem Beispiel zu bleiben: Wenn Sie bereits eine Linie im Lenkstangenbereich gezogen haben und eine zweite zu ziehen beginnen, mag Ihre Zeichnung wie eine positive Gestaltung wirken.

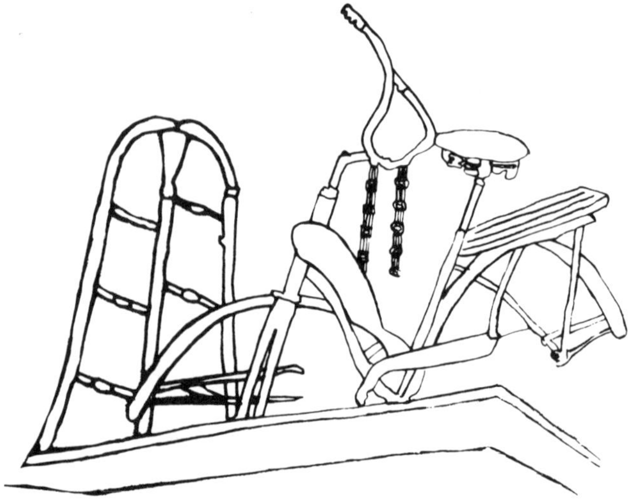

3.1 Stilleben mit positiven Formen

3.2 Stilleben mit negativen Formen

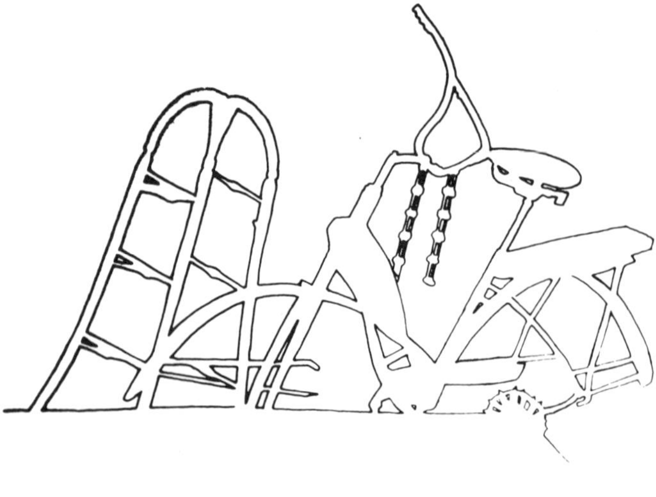

Doch sollten Sie sich auf die Negativform – in diesem Fall auf den zwischen der Lenkstange und den Rändern des Zeichenblattes gelegenen Bereich – konzentrieren (Abb. 3.3). Betrachten Sie allein *diese* negative Form (den Hintergrund) und nicht die positive Form (die Lenkstange), sonst werden Sie niemals aufhören, die Objekte des Raumes voneinander zu trennen.

Schwierig wird es auch, wenn eine Gruppe einander teilweise verdeckender Objekte in sich eine Negativform bildet. Eine mit dieser Technik gezeichnete Raumskizze wirkt zwangsläufig flach. Die Objekte haben keine Tiefendimension, weil bei dieser Aufgabenstellung sich überschneidende Negativformen von einander überlappenden Objekten ohne Berücksichtigung der Raumtiefe gezeichnet werden sollen. Sie verfehlen das Ziel der Übung, wenn Sie die Negativformen jedes einzelnen Objekts zeichnen. Die geringe Tiefenwirkung ergibt sich aus der Thematik: Zeichnen Sie die Negativformen, wie Sie sie wahrnehmen, ohne auf die einzelnen Objekte zu achten.

Zu Verwechslungen neigt man auch bei den ›unklaren‹ Feldern. Dabei handelt es sich um die weder eindeutig als positiv noch als negativ zu unterscheidenden Raumteile. Hier können Sie entscheiden, was zu Ihrer Komposition paßt. Ein Beispiel für ein solches Feld ist die Tischplatte in unserer Abbildung, an der das Fahrrad lehnt. Die Komposition läßt sich leicht stabilisieren (damit verhindern Sie, daß sie ›abdriftet‹ oder abrutscht), wenn Sie die Konturlinie einer als eindeutig positiv oder negativ zu erkennenden Objektkante in die Zeichnung integrieren (Abb. 3.2).

Es ist die Aufgabe des Betrachters, die Zeichnung mit seiner Phantasie spontan zu ergänzen, auch wenn sie nicht alle optischen Merkmale der Wirklichkeit enthält. Ein Künstler braucht nicht alle Details realistisch wiederzugeben, damit man sein Werk versteht. Das gilt auch für den Anfänger.

Noch kurz ein Wort zur Komposition. Da die Kompositionstechnik im Verlauf des Buches immer wieder behandelt wird, genügt hier folgender Hinweis: Suchen Sie sich für die Aufgabe eine zum Zeichnen geeignete Partie Ihres Stillebens heraus, zum Beispiel einen Ausschnitt aus der Mitte oder ein Randgebiet. Achten Sie dann von Ihrem Standort darauf, ob die gesamte Komposition horizontal

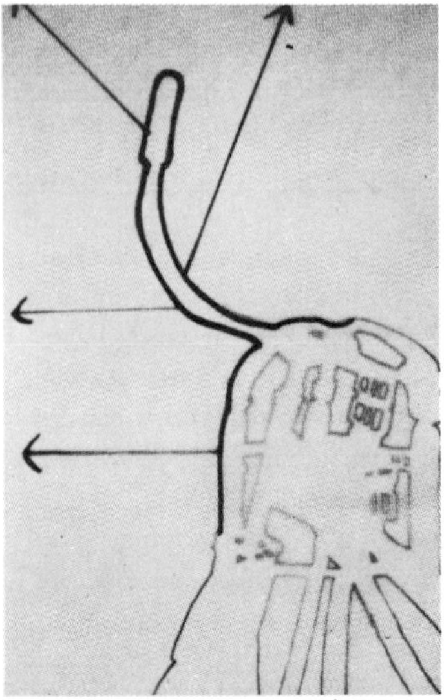

3.3 Negative Formen

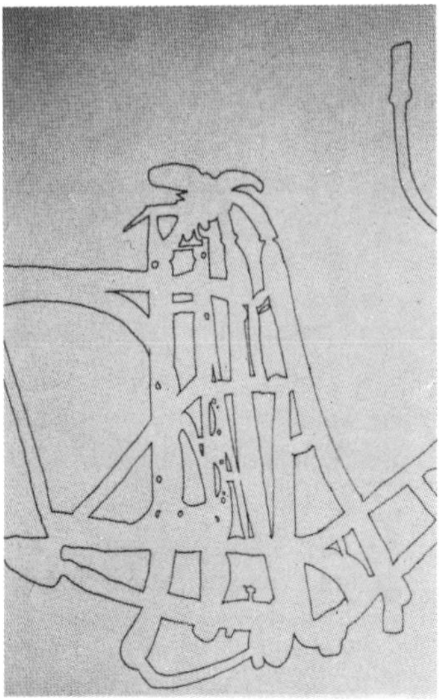

3.4 Negative Formen ohne Tiefenwirkung

3.5 Horizontale Komposition im Hochformat

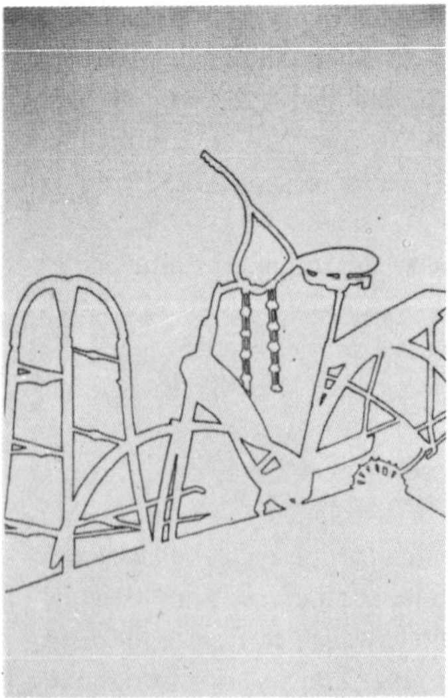

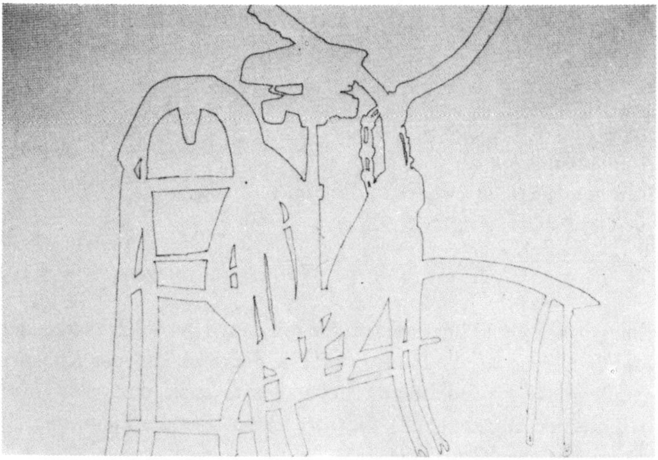

3.6 Vertikale Komposition im Querformat

oder eher vertikal zur Geltung kommt. Wählen Sie dann das passende Format. Überwiegend für Querformate geeignete Kompositionen wirken im Hochformat störend, da hier das Problem der Raumaufteilung schlecht gelöst ist (Abb. 3.5). Das gleiche gilt für vertikale Kompositionen, die im Querformat gezeichnet werden (Abb. 3.6).

In beiden Fällen wurde der Raum falsch genutzt. Allgemein gilt die Regel: Für horizontale Kompositionen benutzt man das Querformat, für vertikale Kompositionen das Hochformat. Regelabweichungen bilden das zentrale Thema des letzten Kapitels.

4 Die Tierstudie als Konturzeichnung

Arbeitsmaterialien
Bleistifte, 2B und 3B – weißes Zeichenpapier – Zeichenbrett
Ort:
Naturkundemuseum

Eine virtuos gezeichnete Tierstudie mit dem Titel »Sich kratzender Hund« zeigt, was alle Hunde tun. Die Tatsache, daß der Künstler gerade diese Episode auswählte und wie er sie darstellte (man beachte den Blickwinkel!), läßt den Betrachter die Handlung als amüsant erleben (Abb. 4.1).

Der Künstler, der die Technik des Zeichnens beherrscht, wählt sein Motiv und entscheidet sich für die Art der Darstellung. Unser Beispiel ist eine Konturzeichnung, die der Künstler nach einem lebenden Tiermodell anfertigte, was übrigens keine leichte Aufgabe darstellt.

Bei unserer Lektion arbeiten wir mit unbeweglichen, präparierten Tieren. Besuchen Sie daher für unser Vorhaben ein nahegelegenes Naturkundemuseum. Sollten Sie keine Möglichkeit dazu haben, wenden Sie sich an einen Ihnen bekannten Naturkundelehrer, an einen Tierpräparator oder eventuell an die Biologische oder Zoologische Fakultät einer Universität. Vielleicht kennen Sie auch jemanden, der einen ausgestopften Vogel oder ein anderes Tierpräparat besitzt.

Da in Naturkundemuseen die meisten Tierpräparate gewöhnlich in Vitrinen stehen, mag es in manchen Fällen schwierig sein, das Objekt aus der Nähe zu betrachten. Zudem stellen Museen in der Regel keine Stühle zur Verfügung, so daß Sie während des Zeichnens auf dem Boden sitzen müssen. Suchen Sie sich ein Tier, das Ihnen geeignet erscheint, wählen Sie dann Ihren Standort, und zeichnen Sie das Tier in der Vorderansicht, der Rückansicht oder der Seitenansicht. Betrachten Sie den gesamten Körperbau des Tieres. Wird dieser Tierkörper in der Zeichnung interessant wirken? Sollten Sie

4.1 Hausbuchmeister, *Sich kratzender Hund*, um 1480–90, Kupferstich, Rijksprentenkabinet Rijksmuseum, Amsterdam

feststellen, daß Ihr Standort, das heißt der Blickwinkel, unter dem Sie das Tierpräparat betrachten, die Tierform reizlos und uninteressant erscheinen läßt, wechseln Sie die Position und versuchen Sie einen günstigeren Blickwinkel zu finden, oder wählen Sie ein anderes Tier.

Wenn Sie ein Tier und eine geeignete Position gefunden haben, die für die Zeichnung eine interessante Form versprechen, suchen Sie nach Linien im Hintergrund, die Sie in die Komposition integrieren können. Die Kanten der Vitrine oder die Umrisse des Sockels, auf dem das Tier steht, können die Tierform ›stabilisieren‹. Diese Linien eignen sich auch dazu, die den Tierkörper umgebenden Negativformen zu betonen.

In unserer Kultur haben gewisse Linien symbolische Bedeutung. So gilt die Vertikale als Ausdruck beständiger Kraft. Die Horizontale ist das Sinnbild tiefer Ruhe. Die Wellenlinie symbolisiert das geschmeidig Fließende. Die Diagonale schließlich deutet Unruhe und Spannung an. (Daher stehen an Bahnübergängen als Blickfang Warnschilder mit gekreuzten Diagonalen.)

Befindet sich die Tiergestalt auf Ihrer Zeichnung in der Mitte des Blattes, so scheint sie im Raum zu schweben, und die Komposition wirkt unfertig. Sollten Sie sich für ein Tier entscheiden, das auf einem schrägen Ast sitzt, so erhalten Sie zwangsläufig eine schiefe Komposition, die den Blick des Betrachters über den Rand des Blattes hinausgehen läßt (Abb. 4.2).

Suchen Sie sich in diesem Fall einen anderen Blickwinkel, oder stützen Sie die Komposition mit festen, betonenden senkrechten und waagerechten Linien, die Ihnen die Kanten der Vitrine liefern. Versuchen Sie der Komposition Halt zu geben, indem Sie den Raum aufteilen und festigen.

Es empfiehlt sich, zunächst eine mit kurzen Strichen ausgeführte Kompositionsskizze anzulegen (Abb. 4.3). Schauen Sie dabei zuerst

4.2 Zu tief angelegte Komposition

4.3 Gestrichelte Kompositionsskizze

4.4 Schülerzeichnung eines Tierpräparats, Bleistift auf weißem Zeichenpapier

auf den höchsten Punkt der Tierform, und markieren Sie die Stelle auf dem Papier. In gleicher Weise verfahren Sie mit den seitlichen Umrissen des Tieres, indem Sie die entsprechenden Stellen gestrichelt festhalten. Ebenso skizzieren Sie den Unterkörper. Denken Sie auch an den Schwanz des Tieres.

Viele Künstler verwenden eine Art »Peilgitter«, das ihnen als Sehhilfe und zur Bewältigung der Größenverhältnisse dient. Seit langem gilt diese Technik als wichtige Vorstufe. Strecken Sie den Arm aus, und richten Sie die Spitze Ihres senkrecht gehaltenen Bleistifts auf den höchsten Punkt der Tiergestalt. Achten Sie darauf, an welcher Stelle ein anderes Merkmal des Tieres die Bleistiftkante berührt – ein Auge, ein Fuß oder ein Teil der Brustpartie. Skizzieren Sie diese Bereiche leicht auf dem Blatt vor. Halten Sie dann den Bleistift waagerecht. Eventuell stellen Sie nun fest, daß die Augen und die Ohren jeweils in der Höhe differieren. Möglicherweise

4.5 Angedeutete Tiergestalt (Ausschnitt)

befindet sich die Kante des Entenschnabels, die Sie links vor sich sehen, auf gleicher Höhe mit den Schwanzfedern des Tieres. Verwenden Sie nur so viele Skizzenlinien, wie Sie für die Zeichnung benötigen. Damit haben Sie eine Übersichtsskizze gezeichnet. Nun können Sie zur eigentlichen Aufgabe übergehen und mit der Konturzeichnung beginnen (Abb. 4.4).

Mit Hilfe einer Übersichtsskizze lassen sich die durch das Format des Zeichenblattes bedingten Proportionen der Komposition leichter bestimmen. Die Skizze hilft Ihnen auch bei der Raumaufteilung und verhindert, daß Sie eine Zeichnung anfertigen, die über den Rand des Blattes hinausgeht.

Zwei Gestaltungsmöglichkeiten bieten sich an:

1. Sie zeichnen die Umrisse des Tieres mit einer durchgehenden Linie, wobei Sie auf die Proportionen achtgeben müssen,
   oder
2. Sie beginnen mit Fell bzw. Gefieder, verzichten auf die äußere Konturlinie und deuten die Tierform lediglich an (Abb. 4.5).

Bisher haben Sie die eher einfachen Oberflächenstrukturen von Metall, Holz, Haut oder von Schuhleder gezeichnet. Wie zeichnen

Sie nun als Anfänger Fell oder Gefieder? Sicherlich können Sie nicht jede einzelne Feder, jede Fellsträhne, jeden Stachel des Tieres berücksichtigen. Doch können Sie die zur ›Topographie‹ des betreffenden Tieres gehörenden *Strukturen* wiedergeben. Betrachten Sie zum Beispiel den Kopf eines Fuchses in der Vorderansicht, so erkennen Sie, daß das Fell, in die Stirnpartie hineinwachsend, die Augen umsäumt, um dann in die Backen und in den Bereich des Unterkiefers überzugehen. Schauen Sie sich das Fell an, und zeichnen Sie die Linien nach der Struktur, die Sie vorfinden. Achten Sie darauf, daß Sie die sich wiederholenden Linien ausdrucksvoll gestalten. Sehr leicht mag es geschehen, daß Sie in Ihrer Beobachtung ungenau werden und das Blatt mit sinnlosen Strichen übersäen. Solche Striche sind gänzlich ausdruckslos. Studieren Sie gründlich die vorgegebenen Strukturen, und zeichnen Sie Fell, Stacheln oder Federbüsche äußerst sorgfältig.

Es mag Sie überraschen, daß es Tiere gibt, deren Fell an manchen Körperstellen unterschiedliche Beschaffenheit aufweist. So hat das Stachelschwein an seinem Unterbauch weiches Fell, auf dem Rükken jedoch harte, scharfe Stacheln. Um diese Unterschiede zu verdeutlichen, variieren Sie Ihre Strichführung. Drücken Sie mit dem Bleistift fester auf, wenn es darum geht, gewisse Partien zu betonen. Das Charakteristische eines Stachels oder einer Kralle geben Sie mit einem oder zwei kräftigen Strichen ausdrucksvoller wieder als mit einem eher zaghaften, schwachen Strich.

Denken Sie daran, daß wir bei dieser Aufgabenstellung nicht mit Grautönen, das heißt mit Schattierungen arbeiten. Wie lösen Sie nun das Kontrastproblem bei Tierfell oder Gefieder? Eine Möglichkeit besteht darin, mit unterschiedlicher Strichdichte zu arbeiten. Wollen Sie zum Beispiel die dunkle Fellzeichnung eines Geparden wiedergeben, so verwenden Sie dicht aneinandergesetzte Striche und drücken mit dem Bleistift fester auf. Zarte Striche sollte man dagegen für das weiße Brustgefieder eines Vogels verwenden. Gefieder besteht aus sich einander überlagernden, gekrümmten Einzelfedern und ist schwierig zu zeichnen. Bemühen Sie sich, geben Sie Ihr Bestes! Doch rechnen Sie auch damit, daß das Problem, zeichnerische Lösungen für die Wiedergabe von Tierfell, Gefieder, Schuppen oder Tierhaut zu finden, zu Enttäuschung und

4.6 Schülerzeichnung eines Tierpräparats, Bleistift auf weißem Zeichenpapier

4.7 Schülerzeichnung einer ausgestopften Ente, Bleistift auf weißem Zeichenpapier

8 Gnosis, *Hirschjagd,* um 300 v. Chr., Bodenmosaik, Pella-Museum, Griechenland

Resignation führen kann. Stellen Sie diese schwierig zu zeichnenden Zonen zunächst einmal zurück, bis Sie über mehr zeichnerische Erfahrungen verfügen, um die Probleme lösen zu können.

Zum gegenwärtigen Zeitpunkt Ihrer zeichnerischen Entwicklung sollen Sie sich die Kompositionstechnik, die Struktur der Tierform und die Bereiche der Tiergestalt erarbeiten, die Sie ausdrucksvoll wiedergeben können (Abb. 4.6 und 4.7).

Wir beginnen zwar unsere Übungen mit dem Konturzeichnen, damit Sie zunächst einmal ein Gefühl für den Umgang mit der Linie entwickeln, doch verwenden Künstler selten die Umrißlinie allein als gestaltendes Mittel. Gewöhnlich stellt eine Zeichnung eine Kombination von Linien, Gesten oder Schattierungen dar, wobei das eine oder andere Element gelegentlich besonders zur Geltung kommt. In der »Hirschjagd« (Abb. 4.8) dominiert der sparsame, klare Rhythmus der Linie über die sanften Schattierungen, mit denen Jäger und Wild dargestellt sind.

5 Das umgekehrte Stilleben

Arbeitsmaterialien
Bleistift, 2B – weißes Zeichenpapier – Stilleben

Es scheint keine schwierige Aufgabe zu sein, ein gewöhnliches Stilleben auf dem Kopf stehend darzustellen. Doch fördert eine solche Übung Ihre Entwicklung im Sinne zeichnerischer Problemlösungen, und zwar schon deshalb, weil sie intensive Konzentration auf die Arbeit verlangt. Zur Wiedergabe eines auf dem Kopf stehenden Stillebens gehört sorgfältiges Beobachten des Darzustellenden, um in der Lage zu sein, komplette Formen umzukehren, und zwar positive wie negative. Bevor Sie ein Stilleben umgekehrt wiedergeben können, müssen Sie zunächst einmal erkennen, aus welchen Formen es besteht.

Wählen Sie Ihren Standort so, daß Sie die Hauptansichtsseite des Stillebens mit Ihrem Blick erfassen. Wenn Sie in der Lage sind, ein unkompliziertes Motiv umzukehren, geben Sie das Stilleben aus einem schrägen Winkel oder aus einer interessanten Perspektive wieder.

Suchen Sie zunächst wieder nach ausdrucksvollen Formen, und bedenken Sie dabei, daß in der Zeichnung alles auf dem Kopf steht. Das heißt, Sie müssen berücksichtigen, daß die Formen, die Sie umsetzen wollen, später in der Zeichnung wie das Spiegelbild auf einer Wasseroberfläche wirken sollen.

Gehen Sie bei dieser Aufgabe in etwa so vor wie bei der blind gezeichneten Kontur. Denken Sie auch daran, zuerst die Hauptlinien der Komposition festzulegen sowie die Peilpunkte abzutragen, mit denen die Proportionen markiert werden. Die Zeichnung eines auf dem Kopf stehenden Stillebens verlangt intensive Betrachtung des Motivs. Zeichnen Sie mit gleichmäßig fester Linie. Ertasten Sie sorgfältig und langsam mit den Augen die Umrisse und Strukturen

Ihres Stillebens, und vergessen Sie dabei nicht, daß das Motiv in der Zeichnung auf dem Kopf stehen soll.

Heften Sie die Zeichnung nach beendeter Arbeit an eine Wand, und betrachten Sie sie noch einmal genau. Versuchen Sie das Grundproblem des Zeichnens in der Vereinigung von Raumteilen und Objektformen zu sehen. Vergessen Sie, daß Sie eine Flasche, eine Decke, ein Rad oder einen Kupferkessel gezeichnet haben. Rutscht die Komposition nach einer Seite hin ab? Ist sie zu klein? Befindet sie sich in der Mitte des Blattes? Oder ist der Hintergrund, der äußere, das Stilleben umschließende Raum, womöglich zu groß angelegt? Ist er bildwirksam?

Drehen Sie nun die Zeichnung um, so daß sie ›richtig herum‹ vor Ihnen liegt. Hatten Sie Schwierigkeiten mit der genauen Abbildung? Wenn ja, so haben Sie unter Umständen nicht genügend Hauptlinien vorgezeichnet.

5.1 Auf dem Kopf stehende Darstellung

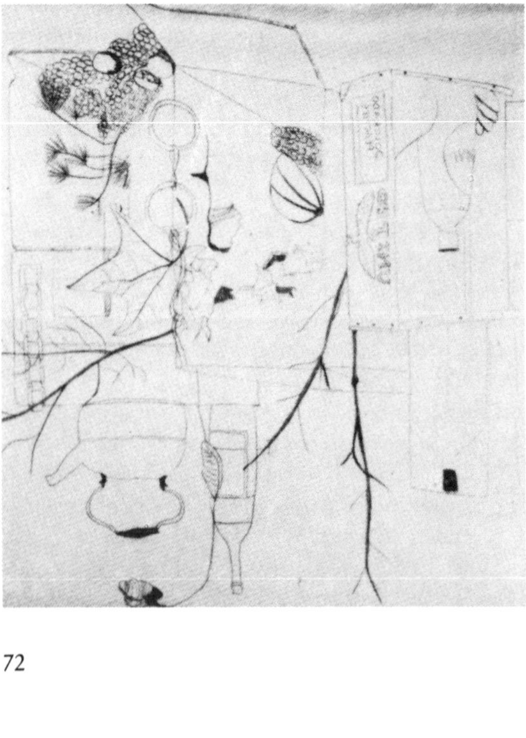

Sollten einige Partien des Stillebens in der Zeichnung nicht ausreichend zur Geltung kommen oder wenig ausdrucksvoll sein, so schauen Sie sich die betreffenden Bereiche im Stilleben noch einmal an. Entdecken Sie keinerlei weitere ansprechende Strukturen, so sind Sie in eine Sackgasse geraten und sollten eine andere Ansicht des Stillebens für Ihre Zeichnung wählen. Betrachten Sie das Stilleben bei Ihrem nächsten Versuch aus einem schrägen Winkel, um zu einer reizvolleren Komposition zu gelangen. Versuchen Sie die wirkungsvollsten Strukturen des Stillebens zu ermitteln. Der Fortschritt Ihrer zeichnerischen Entwicklung zeigt sich in dem, was Sie sehen und wie Sie es sehen (Abb. 5.1).

6 Die Binnenkonturzeichnung

Arbeitsmaterialien
Bleistifte, 2B, 3B, 4B – weißes Zeichenpapier – Stilleben oder Modell

Der Entstehungsvorgang bei einer Binnenkonturzeichnung ist mit dem Bildumsetzungsverfahren der Fernsehtechnik verwandt, wobei mit Hilfe eines Bildabtasters das auf dem Bildschirm erscheinende Fernsehbild in Form eines parallelen Zeilenrasters wiedergegeben wird. Eine in der Vergrößerung betrachtete Briefmarke zeigt, daß der Bildeindruck mit Hilfe von Linienvariierungen, das heißt, durch unterschiedlich breite Linien hervorgerufen wird (Abb. 6.1).

Die in dieser Aufgabe angewandte Arbeitstechnik ist mit dem Verfahren der tastend zu zeichnenden ›blinden Kontur‹ vergleichbar. Nun sollen Sie allerdings das gesamte Stilleben mit den Augen *ertasten* – das bauschige Volumen einer Tuchmasse, die glatte Oberflächenstruktur von gläsernen oder Keramikobjekten, das zylindrische Volumen eines Flaschenhalses oder eines Stuhlbeins. Doch sollen Sie die Gegenstände nicht voneinander isolieren oder lediglich auf ihre Konturen achtgeben. Es handelt sich vielmehr darum, den Gesamtraum – positive wie negative Formen – von links nach rechts, von oben nach unten, Linie für Linie zu erfassen, wobei die Umrisse des Stillebens quadratzentimeterweise mit Hilfe von senkrechten und waagerechten Linien abgetastet werden.

Ihre Aufgabe besteht darin, die plastischen Formen des Stillebens mit den Augen zu ›erfühlen‹, um dann das Gesehene mit parallelen Linien auf das Papier zu übertragen.

Von Schattierungen sollte man dabei nur selten Gebrauch machen. Geben Sie die hellen und dunklen Partien durch unterschiedlichen Druck Ihres Bleistifts wieder und nicht, indem Sie größere Flächen verschmieren. Das Ausdrucksmittel der Binnenkonturzeichnung ist die Linie.

6.1 Briefmarke mit Binnenkonturlinien

Wählen Sie die Ihrer Meinung nach attraktivste Ansicht Ihres Stillebens. Zeichnen Sie es entweder von oben, von unten oder von der Seite. Skizzieren Sie die Umrisse mit wenigen zarten Strichen leicht auf dem Papier vor. Markieren Sie den höchsten und den niedrigsten Punkt der Komposition, und legen Sie gleichzeitig die seitlichen Begrenzungen fest. Verwenden Sie dann die bereits skizzierten Umrisse, um die Hauptlinien der Komposition einzuzeichnen.

Mit dem Zeichnen des ›Rasters‹ können Sie auf verschiedene Weise beginnen: Sie arbeiten entweder von oben nach unten, von links nach rechts oder von rechts nach links. Achten Sie darauf, möglichst dicht beieinanderliegende Linien zu verwenden. Denn sind die Linien zu weit voneinander entfernt, ist die Zeichnung nicht gut ›lesbar‹. Das beste Ergebnis erzielen Sie mit einem angespitzten Bleistift und besonders eng beieinanderliegenden Linien.

Die kontrastreichen Partien des Stillebens lassen sich besser erkennen, wenn Sie die Augen zusammenkneifen. Wo befinden sich die hellsten und dunkelsten Partien? Hier handelt es sich um die extremen Bereiche des Stillebens. Die hellsten Zonen werden mit sehr geringem Bleistiftdruck wiedergegeben und erscheinen gegebenenfalls auf dem Papier so schwach, daß sie kaum mehr wahrnehmbar sind. Während die extrem dunklen Partien des Stillebens mit sehr festen, breiten Linien wiedergegeben werden sollten. Die plastische Wirkung gewölbter Objekte ergibt sich bei dieser Technik allein durch den unterschiedlichen Grauwert der einzelnen Linien.

Beginnen Sie mit der Zeichnung zweckmäßigerweise am oberen Rand des Zeichenblattes, und arbeiten Sie dann entweder waagerecht von links nach rechts oder senkrecht von oben nach unten.

Variieren Sie beim ersten senkrechten Strich den Druck Ihres Bleistifts entsprechend dem *Volumen*, den Strukturen und Umrissen, die im Stilleben durch Licht und Schatten erzeugt werden. Verwenden Sie für die Lichtzonen einen geringen Bleistiftdruck, und verstärken Sie ihn für die Schattenpartien. Koordinieren Sie die Bewegung von Auge und Bleistift. Beobachten Sie genau, und zeichnen Sie gewissenhaft. Diese Aufgabe verlangt Ruhe und Sorgfalt.

6.2 Stilleben in Binnenkontur, Schülerzeichnung, Bleistift auf Zeitungspapier

Gelegentlich behandeln Anfänger die extrem hellen Partien eines Stillebens als Negativformen und unterbrechen die Linie, um sie erst wieder aufzunehmen, wenn sie in einen dunkleren Bereich gelangen (Abb. 6.2).

Dieses Prinzip funktioniert nur solange, wie Sie statt der einzelnen Objekte den Raum als Gesamtheit positiver und negativer Formen betrachten. Beachten Sie ausschließlich die Wölbungen der einzelnen Objekte des Stillebens, so kopieren Sie lediglich einzelne Gegenstände.

Auch wenn Sie der Meinung sein sollten, daß Sie auf dem falschen Weg sind, arbeiten Sie weiter. Sie werden überrascht feststellen, wie nach wenigen sorgfältig gezeichneten Linien ein Bild zu entstehen beginnt (Abb. 6.3 und 6.4).

Wie ausdrucksvoll Linien sein können, zeigt sich in ihrer Wirkung auf den Betrachter. Dabei spielen die Länge und die Breite der Linie und der durch unterschiedlichen Druck des Bleistifts erzeugte

6.3 Faltenwurf eines Tuches in Binnenkontur, Schülerzeichnung, Bleistift auf weißem Zeichenpapier

6.4 Stilleben in Binnenkontur, Schülerzeichnung, Bleistift auf weißem Zeichenpapier

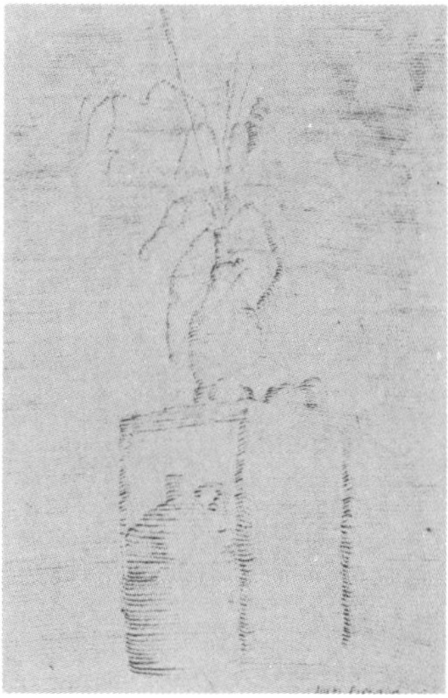

Grauwert eine wichtige Rolle. Ebenso verleihen unterschiedliche Mittel einer Linie ihren spezifischen Charakter. Wie die Abbildungen der beiden grundverschiedenen Binnenkonturzeichnungen zeigen, kann die Linie ein durchaus reizvolles und vielseitiges künstlerisches Ausdrucksmittel sein. Das eine Werk – ein Holzschnitt eines unbekannten deutschen Künstlers – gibt eine Szene aus Vergils *Aeneis* wieder (Abb. 6.5). Durch die Verwendung harmonischer, unterschiedlich breiter Linien wirkt es plastisch wie ein Flachrelief. Dagegen vermitteln die gekrümmten Linien in van Goghs Federzeichnung *Zypressenhain* (Rohrfeder mit Tinte auf Bleistift) in den sonst unbewegten Bäumen den Eindruck dynamischer Energie (Abb. 6.6).

6.6 Vincent van Gogh (1853–1890), *Zypressenhain,* 1889, Rohrfeder mit Tusche auf Bleistift, 62,6 × 46,5 cm, Art Institute of Chicago

◁ 6.5 Blatt eines anonymen Künstlers, aus Vergils ›Aeneis‹, 1502, Holzschnitt, 31 × 21 cm, Des Moines Art Center

7 Das Zerrbild als Zeichnung

Arbeitsmaterialien

Bleistift, 2B – weißes Zeichenpapier – reflektierende Oberfläche (konvex oder konkav) oder Glaskugel

Die Darstellung der optisch verzerrten Wirklichkeit bildete das zentrale Thema im Werk Parmigianinos. Zeit seines Lebens wurde sein persönlicher Stil durch die künstlerische Wiedergabe optischer Zerrbilder geprägt, die er unter Verwendung von Vexierspiegeln malte. Das frühe Selbstbildnis, das er vor einem runden Vexierspiegel sitzend anfertigte, verdeutlicht den Charakter des Zerrbildes (Abb. 7.1). Im Verlauf seiner kurzen künstlerischen Laufbahn schuf Parmigianino überlange, gestreckte Gestalten, wie sie sonst nirgendwo zu finden sind.

Anfänger neigen gelegentlich dazu, ähnliche Figuren zu erfinden oder andere Formen mit Hilfe ihrer Phantasie zu verzerren. Gewiß hat die Phantasie ihren Platz in der Kunst. Doch sollten Sie sich bei Ihrer Arbeit davor hüten, zu früh und zu häufig hauptsächlich von Ihrer Phantasie Gebrauch zu machen, denn sonst laufen Sie Gefahr, damit womöglich die auf reale Formen gegründete Arbeitstechnik zu ersetzen. Das Ergebnis solcher Arbeit sind oft ausdruckslose, stilisierte und klischeehaft wirkende Zeichnungen. In Ihrer gegenwärtigen zeichnerischen Entwicklungsphase ist es ratsam, nach einer Vorlage zu arbeiten. Die Wiedergabe eines künstlich verzerrten Raumes ermöglicht es Ihnen, atypische Formen zeichnerisch umzusetzen. Auch solche Formen liefern Ihnen die für Ihre Zeichnung wesentlichen Angaben.

In dieser Aufgabe sollen Sie die Technik des Konturzeichnens auf die Darstellung räumlicher Verzerrungen anwenden, wie sie durch die Spiegelung auf einer reflektierenden Oberfläche entstehen. Als Spiegelfläche eignen sich zum Beispiel Wölb- oder Hohlspiegel, Chromstoßstangen, Radkappen, Toaster oder polierte Löffel. Sie

7.1 Parmigianino (eigentlich Francesco Mazzuoli, 1503–1540), *Selbstbildnis,* 1524, rundes Tafelbild, 24,5 cm ∅, Kunsthistorisches Museum, Wien

können auch die gewölbte Oberfläche von Flaschen, Gläsern oder Kameraobjektiven für Ihre Arbeit verwenden.

Geben Sie dem spiegelnden Objekt oder der Reflexionsfläche einen festen Halt. Studieren Sie sorgfältig das Spiegelbild und prüfen Sie, welche für Ihre Arbeit geeigneten Formen es enthält. Bewegen Sie Ihren reflektierenden Gegenstand, um die ansprechendste Wiedergabe des Raumes zu ermitteln. Sie können natürlich auch Ihr eigenes Spiegelbild in die Komposition einbeziehen.

Sollten Sie einer spiegelnden Fläche den Vorzug geben, achten Sie darauf, daß sie glatt ist und stark reflektiert. Stumpfe Oberflächen sind ungeeignet, da sie die Formen des Raumes nicht ausreichend reflektieren. Es ist schon schwierig genug, einen verzerrten Raum zeichnerisch darzustellen, da sollte man sich nicht noch anstrengen müssen, um die reflektierten Formen zu erkennen.

Benutzen Sie für den Entwurf der Gesamtkomposition die Umrisse und Formen, die Ihnen das Zerrbild liefert – Schreibtisch, Stühle, Lampen, Vorhänge. Integrieren Sie auch eventuell Ihre Hand, die das Glas oder die spiegelnde Fläche festhält. Denken Sie daran, die Komposition zunächst wieder vorzuskizzieren, das heißt die Umrisse festzulegen und dann die Hauptlinien einzuzeichnen. Arbeiten Sie sorgfältig und gewissenhaft, während Sie die Umrisse in der Höhe und Breite festlegen. Verwenden Sie den Bleistift als »Sehhilfe«, um die Proportionen möglichst genau aufeinander abstimmen zu können. Variieren Sie auch den Druck des Bleistifts, um Verdecktes anzudeuten und Ihrer Linie mehr Ausdruck zu geben.

Es ist zwar schwierig, die Vielfalt der Formen einer gewölbten Komposition auf einer ebenen Zeichenfläche wiederzugeben, doch weisen die meisten Formen in sich einheitliche Krümmungen auf. Die waagerechten und senkrechten Kanten der Objekte eines Raumes erscheinen gebogen. Wie festigt man eine gewölbte Komposition?

Da alle Formen eines gewölbten Spiegelbildes optisch gekrümmt erscheinen, ist zu vermuten, daß sich die Stabilität der Komposition lediglich aus der Erfahrung des Betrachters, das heißt aus seinem Wissen über die ihm vertraute Umwelt ergibt, daß also die wahren Proportionen von Schreibtischen, Fenstern, Wänden und Fußböden in Wirklichkeit konstant sind. Der Betrachter weiß aus eigener Anschauung, daß in der realen Welt keine verzerrten Objekte existieren. Das allein ist bereits ein stabilisierendes Moment. Doch sollte es Ihnen mit Ihrer Darstellung auch gelingen, den Blick des Betrachters auf die Zeichnung zu lenken und in der Komposition festzuhalten. Dazu eignen sich am besten einander entgegengesetzte Linien und Formen im Sinne kontrapunktischer Balance. So vermag eine U-förmige kurvige Linie das Auge des Betrachters in die Komposition hineinzulenken, aber auch wieder aus ihr herauszuführen. Setzt man nun diesem ›U‹ eine weitere U-Form kontrapunktisch entgegen, , so halten Rhythmus und Bewegung der Zeich-

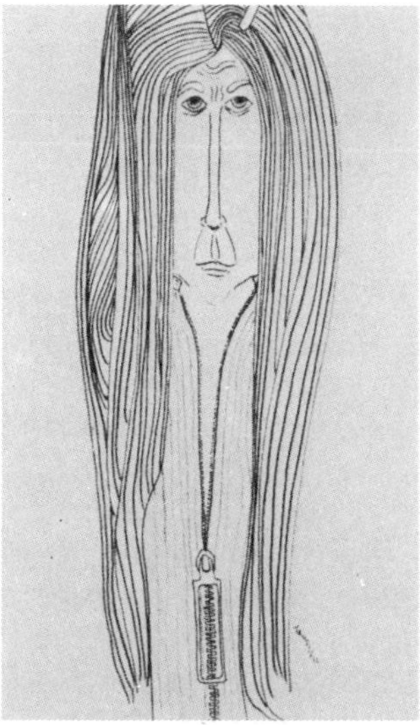

7.2 Zerrbild, Schülerzeichnung mit Bleistift auf Zeitungspapier

7.3 Zerrbild, Schülerzeichnung mit Bleistift auf Zeitungspapier

7.4 Verzerrtes Porträt, Schülerzeichnung mit Bleistift auf weißem Zeichenpapier

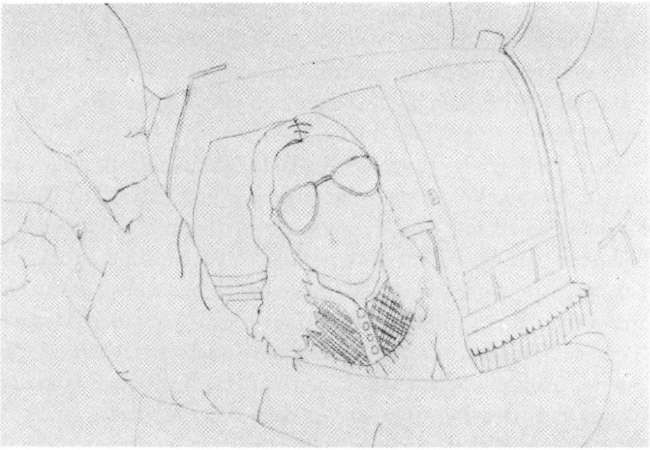

7.5 Hans Holbein d. J. (1493–1543), *Jean de Dinteville und Georges de Selves* oder *Die Gesandten,* 1533, Öl und Tempera auf Holz, 207 × 209,5 cm, National Gallery, London

nung einander im Gleichgewicht und wirken auf diese Weise stabilisierend. Sie gelangen zu einer qualitativ besseren Gesamtkomposition, wenn Sie darauf achten, einander ausgleichende kurvige Linien und Formen in die Zeichnung zu integrieren (Abb. 7.2, 7.3 und 7.4).

Hans Holbein des Jüngeren Gemälde *Die Gesandten* zeigt eine andere Art der Verzerrung, die Anamorphose (Abb. 7.5). Dabei handelt es sich um eine Technik, die seit dem Auftauchen der frühesten Entwürfe aus Leonardo da Vincis Skizzenblöcken bekannt ist. Unter normalem Blickwinkel betrachtet, wirkt ein anamorphotisches Bild verzerrt. Erst wenn man es aus einem schrägen Winkel betrachtet, erscheint es »richtig«. Wenn Sie das Bild auf Augenhöhe vor sich halten und das Buch quasi um seine Längsachse nach links drehen, so müßte der seltsame, zunächst nicht erkennbare helle Streifen deutlich sichtbar werden.

8 Die Linearperspektive

Arbeitsmaterialien

Bleistift, 2B – weißes Zeichenpapier – Würfel, Klotz oder Schachtel – 3 Bogen Transparentpapier – Lineal

Filippo Brunelleschi (1376–1446), der hochbegabte Florentiner Architekt und Mathematiker des 15. Jahrhunderts, war der Erfinder einer optischen Vorrichtung, mit deren Hilfe er die bedeutendste Entdeckung des zentralperspektivischen Projektionssystems, den Fluchtpunkt, konstruieren und bildhaft darstellen konnte. Bei seinem Versuch befand sich Brunelleschi in der Mitte des Hauptportals des Doms von Florenz mit dem Rücken zur Piazza. Durch einen an der Staffelei befestigten Spiegel blickte er auf die hinter ihm stehende Taufkapelle. Das Spiegelbild diente ihm als Vorlage für ein kleines Tafelbild (30 × 30 cm), das neben dem Spiegel auf der Staffelei angebracht war.[1] Mit virtuoser Detailgenauigkeit der Miniatur malte er, was er sah. Für den Himmel verwendete er ein glänzendes Silber, das eine Widerspiegelung des wirklichen Himmels mit seinen vorüberziehenden Wolken ermöglichte. Durch das fertiggestellte Gemälde bohrte er ein Loch, und zwar genau in der Mitte der Tafel, das heißt durch den Punkt des Bildes, auf den sein Blick während des Malens gerichtet war. Der Betrachter wurde nun angewiesen, das Bild von der Rückseite durch das Loch in einem Spiegel zu betrachten. »Unter dem Einfluß der bereits erwähnten Faktoren, die glänzende Silberfarbe, die Piazza und den Standort«, so heißt es bei Antonio Manetti, dem Biographen Brunelleschis, »wähnte der Betrachter die Wirklichkeit zu sehen, während er auf das Bild blickte.«[2]

Anfänger glauben häufig, daß das, was eine Zeichnung so wirklichkeitsnah erscheinen läßt, gleichzeitig auch bewirkt, daß sie ›richtig‹ ist. Die Vielzahl unterschiedlicher perspektivischer Systeme – umgekehrte Perspektive, Parallelperspektive, Axialperspektive,

8.1 *Das Jüngste Gericht,* anonym, frühes 11. Jahrhundert, ottonische Miniatur aus dem *Perikopenbuch Heinrichs II.,* Bayerische Staatsbibliothek, München

geometrische oder Linearperspektive, um nur einige zu nennen – bezeugt allerdings, daß es unmöglich ist, ausschließlich von einer einzigen in jeder Hinsicht befriedigenden Darstellungsweise zu sprechen. Ein Beispiel für die umgekehrte Perspektive ist die Buchminiatur *Das Jüngste Gericht,* bei der die Linien im Hintergrund auseinander – statt zusammenlaufen (Abb. 8.1).

Doch haben wir uns unter dem Einfluß der Kunstwerke der westlichen Welt daran gewöhnt, in der wirklichkeitsnahen Tiefenillusion das wichtigste Element der geometrischen oder Linearperspektive zu sehen. Daher beschäftigt sich dieses Kapitel mit den Grundlagen linearer Beziehungen.

Die Vorstufe der optischen Auffassung in der Kunst wird bereits bei den rotfigurigen Vasen der griechischen Töpfereikunst um etwa 500 v. Chr. deutlich (Abb. 8.2). Darstellungen in perspektivischer Verkürzung, zum Beispiel der Versuch, einen menschlichen Fuß in der Vorderansicht wiederzugeben, waren in früheren Gestaltungen nicht zu finden (Abb. 8.3).

8.2 Der Gießereimaler, *Lapith und Zentaur,* um 490–480 v. Chr., Schaleninneres einer rotfigurigen attischen Kylix. Staatliche Antikensammlungen, München

8.3 Intarsien am Klangkörper einer Harfe aus Ur, in Holz eingelegtes Gold, Lapislazuli und Schildpatt, University Museum, University of Pennsylvania

In westlicher Zeichenkunst und Malerei entwickelte sich die Perspektive aus der intuitiven Anwendung optischer Traditionen. Sie erhielt erst später durch die Lehrsätze des Euklid – etwa um 300 v. Chr. – ihre geometrische Basis. Die Bedeutung der Euklidschen *Optik* bestand darin, daß sie das Verhältnis der wahren Objektgröße zu ihrer scheinbaren Größe, auf der sich unser optischer Eindruck gründet, mathematisch genau faßte.

Während die Lehrsätze des Euklid zwar die Grundlage für die in der Renaissance präzisierten perspektivischen Gesetze bildeten, entwickelte sich die *Perspektive* erst im 15. Jahrhundert zu einer künstlerischen Darstellungsweise, mit der der Künstler die räumliche Tiefenwirkung erzeugt, indem er von einem festen Standort aus die Szene zeichnet, während er durch eine gedachte transparente Ebene hindurchschaut und mit Hilfe von Schnittpunkten arbeitet (Abb. 8.4).

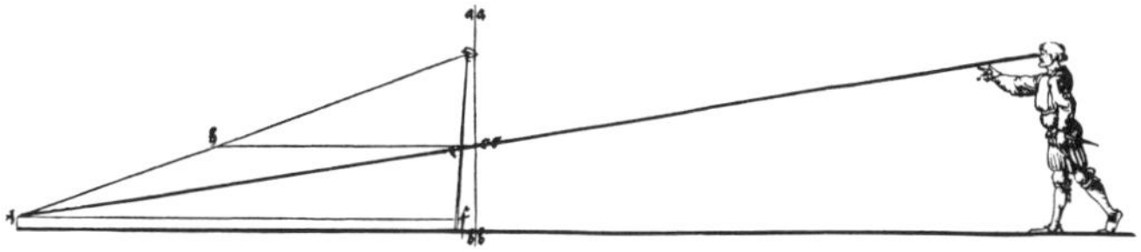

8.4 Albrecht Dürer (1471–1528), Holzschnitt aus *Unterweysung der Messung mit dem Zirkel und Richtscheyt,* 1525

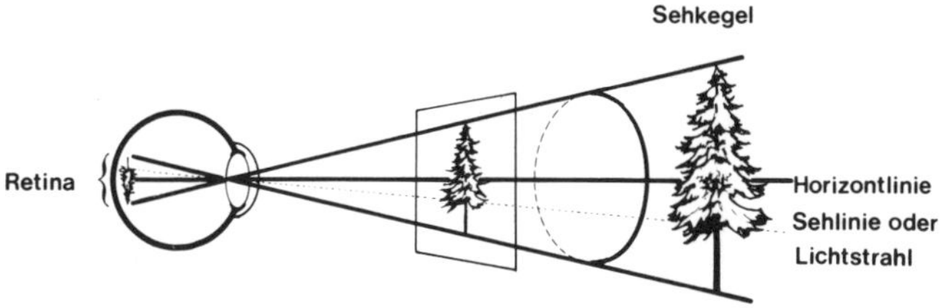

8.5 Das Auge bildet einen Gegenstand in umgekehrter Form auf der Netzhaut ab.

8.6 Auf die Bildebene auftreffende Lichtstrahlen werden zum perspektivischen Abbild der Objekts.

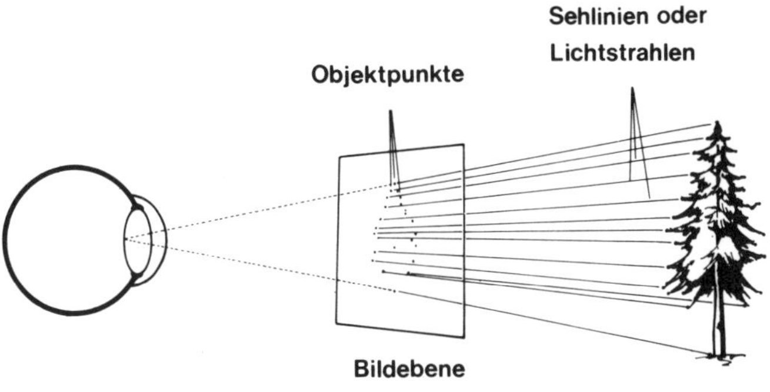

Obgleich wir unsere Umwelt mit zwei Augen wahrnehmen, wobei jedes Auge für sich genommen wie eine kleine Kamera aufgebaut ist, erhalten wir durch die Verschmelzung beider Seheindrücke (im Gehirn) ein einheitliches, geschlossenes Bild. Die optischen Eindrücke der Außenwelt werden auf der lichtempfindlichen Schicht des Augapfels, der Netzhaut, abgebildet. Die Lichtstrahlen, die durch die Pupille kontinuierlich auf die Netzhaut treffen, entsprechen geraden Linien. (Bevor sie die Netzhaut erreichen, werden sie allerdings durch die hinter der Pupille liegende Augenlinse gebrochen, so daß auf der Netzhaut ein umgekehrtes Bild entsteht.) Keine Stelle der Netzhaut wird von mehreren Lichtstrahlen getroffen. Daher stellt jedes vollständige Bild, das auf der Netzhaut entsteht, eine Häufung unzähliger Strahlenbrechungen dar. Jedes Objekt ist mit seiner Netzhautabbildung durch gerade Linien verbunden.

Diese Linien oder Lichtstrahlen, die ein Objekt mit dem Abbildungspunkt auf der Netzhaut verbinden, heißen Sehstrahlen oder Sehlinien. Das Bündel von Sehlinien, die das Auge erreichen, bildet den Sehkegel oder das Sehfeld. Sein Scheitelpunkt befindet sich auf der Hornhaut des Auges, seine Grundlinie bildet die Grenze des Sehbereichs (Abb. 8.5). Das hypothetische *perspektivische Abbild* eines realen Objekts entsteht auf der Bildebene, einer fiktiven transparenten, parallel zum Auge verlaufenden Ebene, die sich an einer beliebigen Stelle zwischen Objekt und Betrachter befindet. Ein Lichtstrahl, der auf eine beliebige Stelle der Bildebene trifft, markiert einen Punkt des perspektivischen Bildes. Dabei projizieren die vom Objekt reflektierten Lichtstrahlen den Gegenstand Punkt für Punkt auf die Bildebene (Abb. 8.6 und 8.7).

Während der Betrachter das reale Bild zu sehen glaubt, nimmt er tatsächlich die Täuschung, das perspektivische Bild wahr (Abb. 8.8).

8.7 Albrecht Dürer (1471–1528), *Lautenbauer bei seiner Arbeit,* 1525, Holzschnitt, 13 × 18 cm ▷

8.8 Albrecht Dürer (1471–1528), *Bildniszeichner bei seiner Arbeit,* 1525, Holzschnitt, 13 × 15 cm ▷▷

1525

Die geometrisch genaue Wiedergabe der Wirklichkeit bildet keineswegs immer die Voraussetzung dafür, daß ein Bild oder eine Zeichnung im künstlerischen Sinn schön oder wertvoll ist. Für einen Zeitraum von gut tausend Jahren wurde die perspektivisch-räumliche Wiedergabe der Natur in der Kunst zugunsten anderer Darstellungsweisen aufgegeben, wie man sie in den Werken der frühchristlichen, byzantinischen, karolingischen und ottonischen Zeit, der romanischen Kunst und der frühen Gotik findet. Die flachen, schematischen und symbolhaften religiösen Darstellungen faszinieren den Betrachter durchaus auf ihre Weise, und diese Kunstwerke haben ihren festen Platz in der Geschichte. Mögen sie auch eine naive räumliche Auffassung widerspiegeln, so betonen sie doch andere künstlerische Momente, wie etwa die für die schreib- und leseunkundige Bevölkerung geschaffenen Bibelillustrationen, in denen das bildhaft-erzählende Element im Vordergrund steht. Andere Merkmale, die nichts mit geometrischer Genauigkeit zu tun haben, machen sie zu ergreifenden Kunstwerken. Betrachten Sie hierzu folgende Beispiele: Simone Martinis *Verkündigung,* ein

8.9 Simone Martini (1284–1344), *Verkündigung,* 1333, Tafelbild, 265 × 305 cm, Uffizien, Florenz

8.10 *Der byzantinische Christus* (13. Jahrhundert), Ausschnitt des Deesismosaiks, Hagia Sophia, Istanbul

Tafelbild aus dem Jahr 1333 (Abb. 8.9) sowie einen Ausschnitt aus dem Deesismosaik *Der byzantinische Christus* (Abb. 8.10).

Den Engel stellte Martini knieend im wogenden Gewand dar, um damit die momenthafte Unmittelbarkeit seiner Ankunft anzudeuten. Das Abwenden der Maria scheint diese unvermittelte und überraschende Ankunft zu bestätigen. Obwohl er eine symbolhafte heilige Handlung in einem goldglänzenden Raum beschreibt, zeigt Martini ein ›menschliches‹ Ereignis.

Das aus kleinen Goldplättchen gefertigte Deesismosaik stellt ebenfalls einen atypischen Raum dar, betont hingegen das göttliche Wesen Christi. Die schwebende Christusfigur in Frontalansicht und der gütige Blick deuten Jenseitigkeit an.

Andererseits ist die erstaunliche Ausdruckskraft der Malerei Masaccios auf die Verwendung linearperspektivischer Mittel zurückzuführen. Masaccio gilt als Schöpfer des ersten Bildes, das nach den Gesetzen der Linearperspektive unter Verwendung eines Schnittpunktes gemalt wurde (Abb. 8.11).

Die Linearperspektive ist ein künstlerisch-technisches Hilfsmittel. Sie sollten lernen, sie zu Ihrem Vorteil zu nutzen. Die ausschließliche Beschäftigung mit der Perspektive schränkt allerdings die künstlerische Freiheit ein und kann zu nüchtern und konstruiert wirkenden Zeichnungen führen. Doch ist es durchaus von Vorteil für Sie, die perspektivischen Gesetze zu kennen, um sie entweder auf die korrekte oder bewußt verzerrte Wiedergabe der real in der Natur bestehenden Größenverhältnisse im künstlerischen Sinn kreativ anwenden zu können, damit sie in Ihrer Arbeit zu einer glaubwürdigen räumlichen Darstellung gelangen. Ein Hinweis, wie Sie dabei vorgehen können: Benutzen Sie die nachfolgenden Illustrationen als Arbeitsvorlagen, um die im einzelnen beschriebenen perspektivischen Zeichenmethoden zu üben.

Unter dem Begriff Perspektive versteht man die Darstellung der räumlichen Beziehungen von Objekten auf einer Ebene, wie sie dem menschlichen Auge erscheinen. Mit Hilfe der Perspektive stellt der Künstler dar, was er von einem bestimmten Ort, seinem Standpunkt, unter einem bestimmten Blickwinkel sieht. Dabei kann der Blick nach oben, nach unten oder geradeaus gerichtet sein. Die perspektivische Darstellung zeigt ein scheinbares Abbild der Wirklichkeit. Halten Sie einen Teller mit seiner flachen Seite parallel zum Auge, so hat er die Gestalt eines geometrischen Kreises, die seiner realen Form entspricht. Betrachten Sie ihn danach vom gleichen Standort, während er schräg in einem Geschirrständer lehnt, so *scheint* er die Form einer Ellipse zu haben.

Die perspektivische, scheinbare Raumtiefe läßt sich auf verschiedene Weise darstellen:

8.11 Masaccio (eigentlich Tommaso Guidi, 1401–1427), *Die heilige Dreifaltigkeit,* 1425, Fresko, 6,67 × 3,28 m, Santa Maria Novella, Florenz

A. *Linearperspektive:* Tiefenwirkung durch Fluchtlinien
Prinzipien:

1. Verkleinerung – maßstabsgerechte Größenminderung (Abb. 8.12)
2. Verkürzung – proportionale Größenminderung durch Auflösen der Objektformen (Abb. 8.12)
3. Konvergenz der Fluchtlinien – Zusammenlaufen scheinbar paralleler Geraden (Abb. 8.12)

B. *Luftperspektive:* Tiefenwirkung durch Darstellung atmosphärischer Erscheinungen
Prinzip:

1. Die Objekte verlieren in der Entfernung an Deutlichkeit (Abb. 2.25)
   a) Formen werden undeutlich und verschwimmen
   b) Schattierungen und Farben verlieren an Intensität
   c) Strukturen werden unscharf

C. *Überschneidung:* Tiefenwirkung wird erzielt durch Darstellung teilweise einander verdeckender Objekte (Abb. 9.8).

D. *Licht und Schatten:* Lichtunterbrechende Objekte erzeugen Tiefenwirkung
Prinzipien:

1. Vertikale Objektkanten projizieren Schatten auf eine Ebene in Richtung der Lichtstrahlen (Abb. 8.34).
2. Horizontale parallel zu einer Ebene verlaufende Objektkanten projizieren Schatten parallel zu sich selbst (Abb. 8.39 und 8.40).

Die perspektivische Darstellung einander überschneidender Flächen und Körper bildet das Thema des folgenden Kapitels. Die Regeln der Luftperspektive finden hauptsächlich Verwendung bei der Wiedergabe großer räumlicher Entfernungen. Sie werden hier nicht eingehend besprochen. Sollten Sie sich für dieses Problem interessieren, so betrachten Sie die späten Werke Mallord William Turners aus den Jahren 1830–1850 und die zwischen 1820 und 1840 entstandenen

Bilder Camille Corots, die nach den Regeln der Luftperspektive die Wirkung von Licht und Luft in der Malerei anschaulich darstellen.

Das zentrale Thema dieses Kapitels ist die *Linearperspektive.* Eine Definition der wichtigsten Termini mit den dazugehörenden Illustrationen ist zunächst einmal unerläßlich.

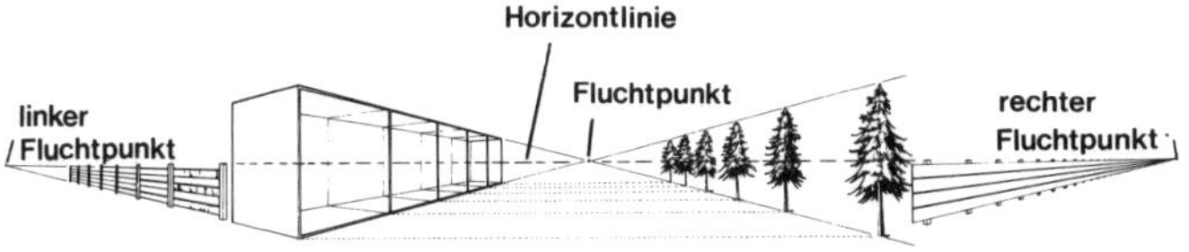

8.12 Verkleinerung, Verkürzung, Schnittpunkt

Die Horizontlinie

Die Horizontlinie ist eine horizontale, stets in Augenhöhe des Betrachters verlaufende Gerade. Dabei ist es bedeutungslos, an welchem Ort sich der Betrachter befindet – auf einem Berg, in einem Gebäude oder zu ebener Erde (Abb. 8.13 a, b, c). Ob Sie Ihren Blick

8.13a Horizontlinie, hoch gelegen

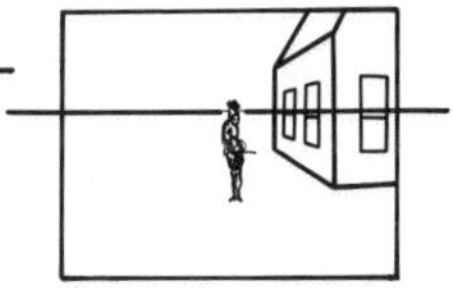

8.13b Horizontlinie, in der Mitte gelegen

8.13c Horizontlinie, tief gelegen

nach oben, nach unten oder geradeaus richten, die Horizontlinie verläuft immer in Höhe der Augen (Abb. 8.13 d, e, f). Die Horizontlinie sollte stets Bestandteil Ihrer Komposition sein, auch wenn Sie in der Zeichnung nicht sichtbar ist und in Ausnahmefällen außerhalb des Zeichenblattes verlaufen sollte. Die Plazierung der Horizontlinie in der Zeichnung deutet Ihre Blickrichtung während

8.13d Andrea Mantegna (1431–1506), *Der heilige Jakobus wird zur Richtstatt geführt,* 1455, Federzeichnung, 15,5 × 23,5 cm, British Museum, London

8.13e Winslow Homer (1836–1910), *Die Morgenglocke,* 1866, Öl auf Leinwand, 61 × 97 cm, Yale University Art Gallery, New Haven

8.13f Albrecht Altdorfer (1480–1538), *Die Alexanderschlacht,* 1529, Tafelbild, 158 × 120 cm, Alte Pinakothek, München

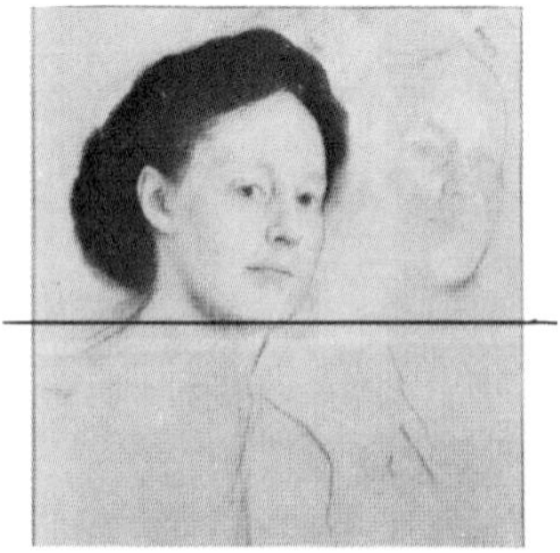

8.13g Edgar Degas (1834–1917), *Estelle Musson,* um 1872, Pastellzeichnung, 63,5 × 64,5 cm, Metropolitan Museum of Art, The H. O. Havemeyer Collection, New York

8.13h Maurice Quentin de La Tour (1704–1788), *Porträt des Jean-Marc Nattier,* um 1760, Pastellzeichnung, 33,6 × 27,6 cm, Musée de Picardie, Amiens

8.13i Edgar Degas (1834–1917), *Mademoiselle Lisle,* 1869, Pastellfarbe und Pastellstift auf Hochglanzpapier, 22 × 25,7 cm, Metropolitan Museum of Art, Rogers Fund, New York

des Zeichenvorganges an. Schauen Sie auf, so liegt sie tief. Schauen Sie nach unten, liegt sie hoch. Schauen Sie geradeaus, so liegt sie in der Mitte der Zeichnung (Abb. 8.13 g, h, i).

Das Sehfeld

Beim Zeichnen mit Hilfe der Linearperspektive müssen Standort und Blickrichtung (nach oben, nach unten oder geradeaus) relativ konstant bleiben. Das menschliche Sehfeld, ein kegelförmiges Bündel unzähliger Sehlinien, erstreckt sich vom Auge bis an die Grenze des Sehbereichs. Bei den Sehlinien handelt es sich eigentlich um Lichtstrahlen, die vom betrachteten Objekt reflektiert und dem Auge trichterförmig zugeleitet werden.

Der Winkel des Sehfeldes, der Sehwinkel, beträgt zwischen 30 und 60 Grad. Das Sehfeld bestimmt die Grenzen des zu zeichnenden optischen Bildes (Abb. 8.14).

Die zentrale Sehlinie

Die zentrale Sehlinie bezeichnet die Linie des schärfsten Sehens in der Mitte des Sehfeldes (Abb. 8.14).

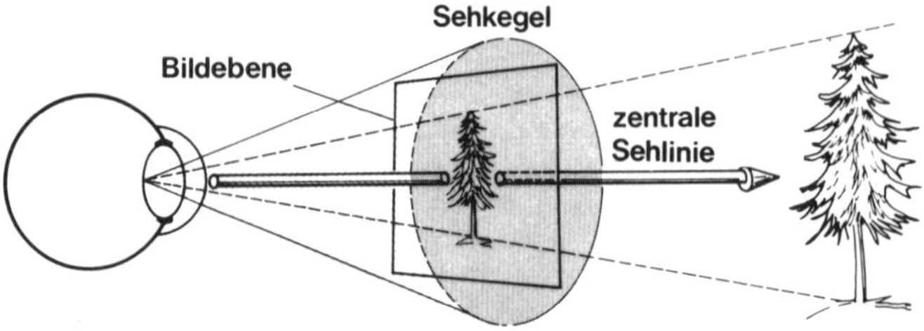

8.14 Die perspektivische Projektion auf der Bildebene innerhalb des Sehfeldes

Die Bildebene

Die Bildebene stelle man sich vor als eine parallel zum Auge sich erstreckende imaginäre transparente Glasscheibe, die stets im rechten Winkel zur zentralen Sehlinie verläuft. Während des Zeichenvorganges ist sie optisch identisch mit Ihrer Zeichenfläche. Denn bevor Sie zu zeichnen beginnen, erfassen Sie zunächst das optische Abbild der Wirklichkeit, um es in die Zeichnung umzusetzen. So bringen Sie Zeichenfläche und Bildebene miteinander in Einklang.

Die Bildebene kann sich in unterschiedlicher Entfernung zum Auge befinden. Eine unverzerrte perspektivische Darstellung ist allerdings nur zu erreichen, wenn der Abstand des Zeichners zur Bildebene sowie die Entfernung der Bildebene zum Objekt groß genug sind, um das Objekt in vollem Umfang zu erfassen. Diese Regel gilt für jede Form der perspektivischen Darstellung, ob Sie ein Stilleben, eine Figur, eine Landschaft, ein hohes Gebäude oder lediglich einen Objektausschnitt wiedergeben.

Der Standpunkt

Der Standpunkt lokalisiert Ihre Position während des Zeichenvorganges. Er wird von zwei Faktoren bestimmt:

1. durch den Betrachtungswinkel zum Objekt (links, Mitte, rechts, schräg oder parallel);
2. durch den Abstand zum Objekt.

Fluchtpunkte

Die räumliche Tiefenwirkung beruht auf dem Prinzip der Konvergenz von Fluchtlinien: nicht unterbrochene, tatsächlich parallel zueinander verlaufende Geraden treffen scheinbar in der Tiefe des Raumes in einem Punkt zusammen. Am deutlichsten ist dieses Zusammenlaufen bei den parallel zur zentralen Sehlinie horizontal zum Boden verlaufenden Geraden zu beobachten. Da diese Linien der Tiefe des Raumes zuzustreben scheinen, verringert sich ihr Abstand scheinbar kontinuierlich, bis sie schließlich in einem Punkt zusammenzulaufen scheinen und der Verkleinerungsprozeß abgeschlossen ist. Dieser Punkt in der Raumtiefe repräsentiert den Fluchtpunkt. Horizontale Geraden haben ihren Fluchtpunkt stets auf der Horizontlinie (Abb. 8.15). Befindet sich ein Objekt über der Horizontlinie, so konvergieren seine Fluchtlinien in einem Fluchtpunkt unterhalb der Horizontlinie. Die Fluchtlinien eines Objekts, das sich unterhalb der Horizontlinie befindet, laufen analog in einem Fluchtpunkt über der Horizontlinie zusammen. Parallel zur Bildebene laufende horizontale Geraden haben keinen Fluchtpunkt. Vertikale parallel zur Bildebene laufende Geraden haben ebenfalls keinen Fluchtpunkt, es sei denn, der Blick des Zeichners ist während des Zeichenvorganges nach oben oder nach unten gerichtet, wobei sich der Blickwinkel zur Bildebene verändert (Abb. 8.15). In diesem Fall treffen die vertikalen Geraden auf einer gemeinsamen lotrecht zum Boden verlaufenden Fluchtgeraden, der Objektlinie, in einem vertikalen Fluchtpunkt zusammen.

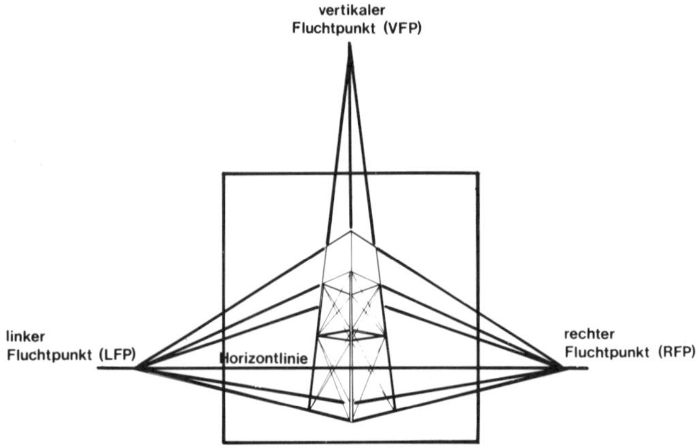

8.15 Bündel verschiedener Fluchtlinien, die in unterschiedlichen Fluchtpunkten außerhalb der Bildebene zusammenlaufen

Die Bezeichnung »parallele Fluchtlinien« meint die optische Täuschung, die durch ein Bündel von Linien erzeugt wird, die den gleichen Fluchtpunkt haben.

Abbildung 8.15 zeigt eine Darstellung, in der alle Fluchtpunkte außerhalb der Bildebene liegen. Zur Bestimmung außerhalb der Bildebene gelegener Fluchtpunkte verlängern Sie die Horizontlinie

8.16 Gegenstände, die unter einem größeren Sehwinkel betrachtet werden, erscheinen größer gegenüber solchen, die unter einem kleineren Winkel gesehen werden.

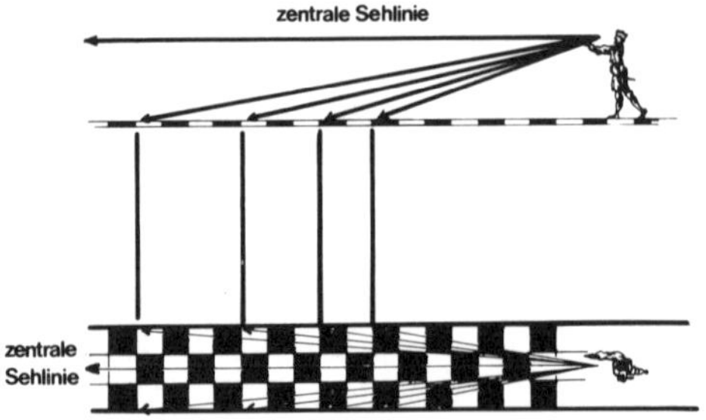

bzw. die Objektlinie soweit, bis sie sich markieren lassen. Wie Sie dabei vorgehen, entnehmen Sie den folgenden Beschreibungen.

Mit Hilfe eines schachbrettartig gemusterten Bodens lassen sich die perspektivischen Phänomene Horizontlinie und Fluchtpunkte anschaulich demonstrieren (Abb. 8.16). Dabei bedienen wir uns des vierten Euklidschen Lehrsatzes: »Dinge, die unter einem größeren Sehwinkel betrachtet werden, erscheinen größer, während diejenigen Dinge, die unter einem kleineren Winkel gesehen werden, kleiner erscheinen.«

Betrachtet man den Boden von der Mitte her, so erkennt man, daß die nach den Seiten in den Vordergrund gerichteten Sehlinien größere Sehwinkel zum Boden bilden als diejenigen, die sich in die Tiefe erstrecken. In dem Maße, wie sich der Sehwinkel bei wachsender Entfernung verkleinert, nähern sich die Sehlinien dem Boden, bis sie schließlich parallel zu ihm zu verlaufen scheinen. Damit ist der Verkleinerungsprozeß abgeschlossen, und der Schnittpunkt der Sehlinien liegt dem Auge direkt gegenüber. Auf der Horizontlinie der Bildebene wird dieser Punkt in der Tiefe des Raumes als Fluchtpunkt abgebildet.

Da alle parallel zum Boden laufenden Fluchtlinien auf der Horizontlinie zusammentreffen, bestimmen Sie den Fluchtpunkt, indem Sie die Fluchtlinien – gegebenenfalls mit Hilfe des Zeigefingers – bis zur Horizontlinie verfolgen. Den Fluchtpunkt haben Sie ermittelt, wenn die verlängerte Linie Ihres Zeigefingers auf die Horizontlinie der Bildebene weist. Befindet sich der Fluchtpunkt außerhalb der Bildebene, so verlängern Sie die Horizontlinie so weit, bis Sie ihn mit Hilfe des Zeigefingers lokalisieren können. Das Prinzip des Zusammenlaufens paralleler Geraden gilt für alle Fluchtlinien.

Vertikal zum Boden verlaufende parallele Geraden treffen scheinbar in einem vertikalen Fluchtpunkt auf einer lotrecht zum Boden laufenden Linie, der Objektlinie, zusammen, und zwar oberhalb der Augenhöhe, wenn Sie nach oben schauen, oder unterhalb der Augenhöhe, wenn Sie nach unten schauen (Abb. 8.17).

Für unsere Zwecke läßt sich die Objektlinie folgendermaßen bestimmen: Während Sie an einem Gebäude emporschauen (die Bildebene ist jetzt geneigt, doch bleibt sie im rechten Winkel zur zentralen Sehlinie), deuten Sie von Ihrem Standpunkt mit dem

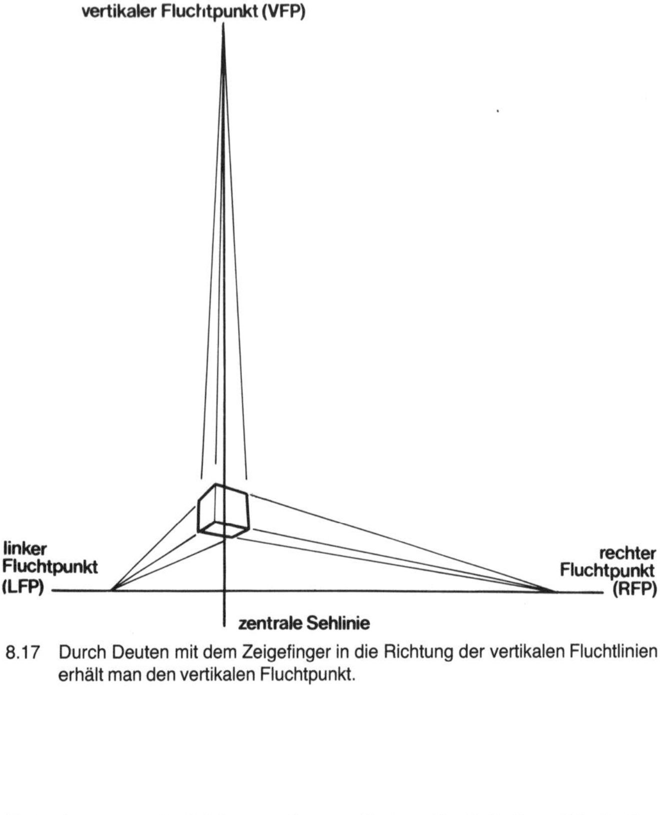

8.17 Durch Deuten mit dem Zeigefinger in die Richtung der vertikalen Fluchtlinien erhält man den vertikalen Fluchtpunkt.

Zeigefinger in die Richtung der vertikalen Fluchtlinien. Die Stelle, an der die verlängerte Linie Ihres Zeigefingers die Bildebene trifft, markiert den vertikalen Fluchtpunkt. Die vom vertikalen Fluchtpunkt senkrecht zur Grundlinie der Bildebene gezogene Linie ist die Objektlinie. Verlängern Sie sie gegebenenfalls zur Bestimmung des Fluchtpunkts.

Der vertikale Fluchtpunkt und die Objektlinie schiefer Ebenen – zum Beispiel eines schrägen Daches – werden nach einer anderen Methode bestimmt. Doch ergeben sich auch hier drei Fluchtpunkte. Schiefe Ebenen weisen eine Vielzahl von Besonderheiten auf, die hier nicht im einzelnen besprochen werden.

Der Würfel

Zur weiteren Veranschaulichung von Horizontlinie und Fluchtpunkten sollten Sie einen Würfel als Anschauungsmaterial verwenden, um damit die folgenden Beschreibungen leichter nachvollziehen zu können. Für diesen Zweck eignet sich jeder würfelartige Gegenstand – sei es ein Spielzeugklotz, eine Plexiglasschachtel oder eine Blechdose mit quadratischer Grundfläche.

Stellen Sie den Würfel in Augenhöhe vor sich, und zwar so, daß Sie direkt auf eine seiner vertikalen Kanten blicken (die unmittelbar auf der zentralen Sehlinie liegt) und seine Ecken auf der Bildebene gleichgroße Winkel aufweisen (Abb. 8.18). Richten Sie Ihren Blick oder Ihren Zeigefinger in die Richtung, in die die horizontalen Fluchtlinien der Würfelkanten verlaufen, so erhalten Sie links und rechts je einen Fluchtpunkt auf der Horizontlinie.

1. Als ›Zwei-Punkte-Perspektive‹ bezeichnet man eine perspektivische Darstellung von Objekten, die sich in einem schrägen Winkel zur Bildebene befinden, wobei die vertikalen Geraden (die Objektkanten) parallel und unverzerrt zur Bildebene bleiben, während die horizontalen parallelen Fluchtlinien in je einem linken und rechten Fluchtpunkt auf der Horizontlinie zusammentreffen. Auf diese Weise läßt sich eine beliebige Anzahl schräg zur Bildebene liegender Objekte so darstellen, daß jedes Objekt für sich *zwei* Fluchtpunkte erhält.

2. Da die zentrale Sehlinie auf die vertikale Kante des Würfels trifft und so an den Würfelecken zur Bildebene hin gleich große Winkel entstehen, haben die beiden Fluchtpunkte den gleichen Abstand zum Würfel und somit auch die kürzestmögliche Entfernung zueinander.

Verändern Sie die Ansicht des Würfels, indem Sie ihn nach rechts drehen (Abb. 8.19).

1. Die vertikale Kante des Würfels liegt jetzt nicht mehr auf der zentralen Sehlinie, wodurch unterschiedlich große Winkel auf der Bildebene entstehen.
2. Der linke Fluchtpunkt hat einen größeren Abstand zur Würfelkante als der rechte.

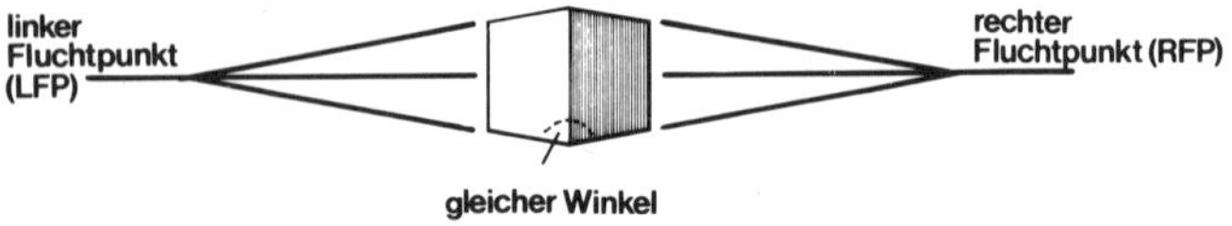

8.18 Würfel in Augenhöhe. Eine seiner vertikalen Kanten fluchtet mit der zentralen Sehlinie.

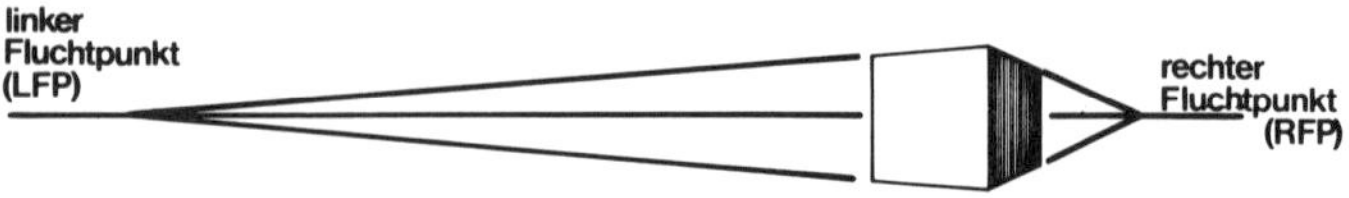

8.19 Nach rechts gedrehter Würfel. Der linke Fluchtpunkt weist nun einen größeren Abstand zur Würfelkante auf als der rechte.

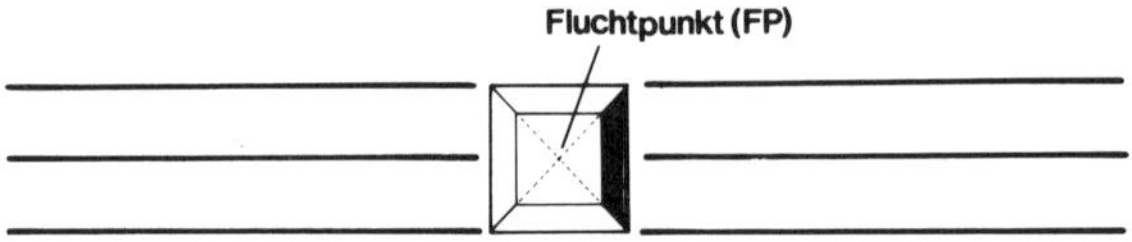

8.20 Linker und rechter Fluchtpunkt sind ›unendlich‹ weit voneinander entfernt. Ein neuer alleiniger Fluchtpunkt ist entstanden.

Drehen Sie den Würfel soweit nach rechts, daß seine zuvor linke Seite jetzt parallel zur Bildebene verläuft (Abb. 8.20).

1. Es sind nun parallele Fluchtlinien entstanden, die mit den parallelen Geraden der rechten Würfelseite übereinstimmen, die alle in einem dem Auge gegenüberliegenden Fluchtpunkt zusammentreffen und eine ›Ein-Punkt-Perspektive‹ bilden. Die zuvor linke Seite des Würfels, die jetzt parallel zur Bildebene verläuft, weist horizontale parallel zur Bildebene laufende Geraden auf. Auf diese Weise werden die Fluchtpunkte in den unendlichen Bereich verlegt.

Stellen Sie den Würfel so, daß Sie zu ihm aufblicken, während Sie ihn betrachten (Abb. 8.21).

1. Jedes in dieser Position gezeichnete rechteckige Objekt hat horizontale parallele Fluchtlinien, die sich in je einem linken und rechten Fluchtpunkt auf der Horizontlinie treffen, während seine vertikalen Fluchtlinien in einem Fluchtpunkt auf der Objektlinie zusammenlaufen. Als ›Drei-Punkte-Perspek-

tive‹ wird eine Darstellungsart bezeichnet, in der keine Seite eines beliebigen Objekts parallel zur Bildebene verläuft, so daß drei Gruppen paralleler Geraden, die vertikalen und je ein Bündel horizontaler Fluchtlinien, in je einem Fluchtpunkt zusammentreffen.

2. Da sich in der hier beschriebenen perspektivischen Darstellung mit drei Fluchtpunkten der Standpunkt des Betrachters in unmittelbarer Bodennähe befindet, liegt der vertikale Fluchtpunkt *oben.* Befindet sich der Betrachter in größerer Höhe (zum Beispiel in einem Gebäude oder auf einem Berg), so daß er von seinem Standpunkt hinunterblickt, so laufen die vertikalen Fluchtlinien in einem vertikalen Fluchtpunkt *unten* zusammen.

8.21 Bei einem in der Drei-Punkte-Perspektive dargestellten Würfel verläuft keine seiner Seiten parallel zur Bildebene. Drei Gruppen paralleler Fluchtgeraden laufen in je einem Fluchtpunkt zusammen.

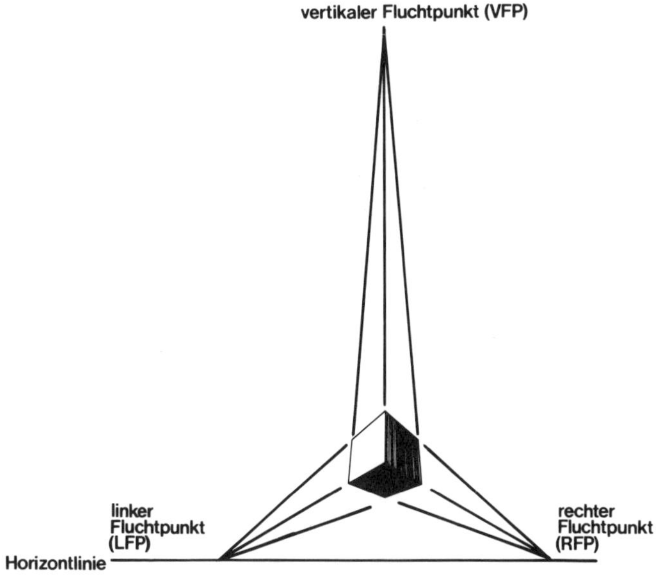

Bei einer echten Ein-Punkt-Perspektive (Normalperspektive) liegt der Fluchtpunkt in der Mitte des Sehfeldes auf der Horizontlinie und ist damit identisch mit dem *Augenpunkt.* Das heißt, wenn Sie einen zur Bildebene sich parallel erstreckenden Objektraum betrachten (der Fluchtpunkt befindet sich in der Raummitte auf der Horizontlinie) und Ihren Standort bei gleichbleibender Blickrichtung geringfügig nach links oder rechts verlegen oder durch Drehen des Kopfes den Betrachtungswinkel leicht nach links oder rechts verändern, während Sie Ihren Standpunkt beibehalten, so erhalten Sie eine Ansicht mit zwei Fluchtpunkten. Die Bildebene verläuft jetzt nicht mehr parallel zum Objektraum. Betrachten Sie den Raum auf einem Stuhl stehend oder in der Hocke sitzend, so erhalten Sie eine Drei-Punkte-Perspektive mit unterschiedlichen vertikalen Fluchtpunkten.

Die Grenzen der perspektivischen Zeichentechnik sind durchaus flexibel, so daß man Verzerrungen bewußt herbeiführen oder vermeiden kann. Doch sollten Sie lernen, auch in diesen Grenzbereichen korrekt zu arbeiten.

Die hier behandelten Prinzipien der linearperspektivischen Darstellung wurden von Brunelleschi und dessen Freund Alberti bereits im 15. Jahrhundert entwickelt. Brunelleschi gilt allgemein als Schöpfer des modernen Architektursystems (um 1420), zu dem Planzeichnen, die Darstellung von Ansichten sowie die Verwendung von Schnittpunkten auf der Bildebene gehören. Etwa 15 Jahre später gelangte Alberti zu einem seiner Meinung nach für den ›Künstler‹ geeigneteren Darstellungsverfahren. An einem schachbrettartig gemusterten Boden veranschaulichte er, daß die längsparallelen Linien scheinbar auf der Horizontlinie der Bildebene in einem zentralen Punkt zusammenlaufen. Die Bildebene diente ihm auch als Netzrahmen zum Abtragen der in die Tiefe des Raumes weisenden perspektivischen Einheiten.

In Kapitel 30 finden Sie eine kurze vergleichende Zusammenfassung beider perspektivischen Systeme. Die unter der Bezeichnung ›Allgemeine Methode‹ oder ›Bürometho de‹ bekannten Verfahren beschreiben ausführlich genauere Methoden der perspektivischen Darstellung mit mehreren Fluchtpunkten.

Übungen

1. Nebenstehend finden Sie drei fotografische Abbildungen, die die verschiedenen Fluchtpunkte der Ein-Punkt- bzw. Zwei- und Drei-Punkte-Perspektive zeigen (Abb. 8.22, 8.23 und 8.24). Legen Sie über jedes Bild einen Bogen Transparentpapier, und ziehen Sie die parallelen Fluchtlinien jeweils bis zu den Fluchtpunkten nach. Wenn Sie die Fluchtpunkte markiert haben, erkennen Sie die Horizont- bzw. die Objektlinie.

8.22 Legen Sie einen Bogen Transparentpapier auf die Fotografie, die das Innere eines Hauses zeigt. Ziehen Sie die parallelen Fluchtgeraden bis zum Fluchtpunkt nach. Sie erhalten eine Ein-Punkt-Perspektive.

8.23 Legen Sie einen Bogen Transparentpapier auf die Fotografie, die das ›Timberlake Playhouse‹ zeigt. Ziehen Sie die parallelen Fluchtgeraden bis zu ihren Fluchtpunkten nach. Sie erhalten eine Zwei-Punkte-Perspektive.

8.24 Legen Sie einen Bogen Transparentpapier auf die Fotografie, die den Shimer Glockenturm zeigt. Ziehen Sie die parallelen Fluchtgeraden bis zu ihren Fluchtpunkten nach. Sie erhalten eine Drei-Punkte-Perspektive.

2. Zeichnen Sie einen in jeweils unterschiedlichem Winkel zur Bildebene gelegenen Würfel, der sich

a) auf Augenhöhe
b) etwas über Augenhöhe
c) am Boden

befindet.

Achten Sie darauf, daß

- die Entfernung zum Würfel so gewählt ist, daß Sehwinkel und Bildebene die gesamte Höhe und Breite des Würfels erfassen;
- Ihre zentrale Sehlinie durch den Mittelpunkt der Bildebene verläuft;

- Sie die Horizontlinie (gegebenenfalls auch außerhalb des Zeichenblattes) leicht markieren;
- Sie zunächst die Höhe der zur Bildebene weisenden vertikalen Würfelkante schätzen, bevor Sie sie einzeichnen und die Fluchtpunkte bestimmen.

3. Die Zwei-Punkte-Perspektive ist die gebräuchlichste Form der perspektivischen Darstellung. Zeichnen Sie aus freier Hand ein beliebiges Gebäude mit seiner Umgebung. Wählen Sie Ihren Standpunkt so, daß das Motiv in seiner Gesamtheit auf der Bildebene erscheint. Achten Sie darauf, daß sich das Gebäude in einem schrägen Winkel zur Bildebene erstreckt. Dabei soll Ihre zentrale Sehlinie durch den Mittelpunkt der Bildebene verlaufen. Markieren Sie leicht die Horizontlinie. Bestimmen Sie die Höhe der vertikalen Gebäudekante, die der Bildebene am nächsten gelegen ist, und markieren Sie die Fluchtpunkte. Zeichnen Sie die parallelen Fluchtlinien von Türen, Fenstern, Bäumen und Gehsteigen ein. Konturieren Sie das Vorgezeichnete und denken Sie daran, Ihre Darstellung ausdrucksvoll zu gestalten (Abb. 8.25).

8.25 Konturzeichnung einer Gebäudeanlage

Gleiche Einheiten in der Raumtiefe

Allgemein gilt: *Die Diagonalen eines Quadrats oder Rechtecks treffen in deren geometrischen Mittelpunkten zusammen.* Diese Regel gilt auch für das perspektivisch verzeichnete Quadrat. Bei einem realen unverzerrten Quadrat oder Rechteck befindet sich der

Schnittpunkt der Diagonalen in gleicher Entfernung zu den jeweils gegenüberliegenden Seiten. In der perspektivischen Verkürzung erscheint er in die Tiefe des Raumes hinein versetzt, bleibt jedoch der geometrische Mittelpunkt des Quadrats oder Rechtecks.

Zur perspektivischen Darstellung sich in die Tiefe des Raumes erstreckender quadratischer oder rechteckiger Einheiten eignet sich ein Bretterzaun, dessen Pfosten gleich weit voneinander entfernt stehen (Abb. 8.26).

8.26 Die Diagonalen eines Quadrats oder Rechtecks treffen in deren geometrischen Mittelpunkten zusammen. Das gilt auch für die perspektivische Darstellung.

1. Zeichnen Sie die Horizontlinie und bestimmen Sie den Fluchtpunkt.
2. Geben Sie die beiden Zaunpfosten im Vordergrund durch zwei senkrechte Geraden wieder.
3. Verbinden Sie die von den oberen und unteren Endpunkten der Geraden ausgehenden Fluchtlinien mit dem Fluchtpunkt.
4. Bestimmen Sie die Mitte des Zaunes, indem Sie den oberen und unteren Endpunkt der senkrechten Geraden (es handelt sich um die Eckpunkte des perspektivischen Quadrats bzw. Rechtecks) jeweils mit den Diagonalen verbinden.
5. Ziehen Sie durch die Mitte des Zaunes eine Verbindungslinie zum Fluchtpunkt.
6. Sie erhalten den dritten Zaunpfosten, indem Sie den oberen Endpunkt des ersten Pfostens mit einer Diagonalen verbinden, die durch die Mitte des zweiten Pfostens verläuft. Der Punkt, in dem die Diagonale auf die untere Fluchtlinie des Zaunes trifft, markiert den unteren Endpunkt des dritten Pfostens.

Zeichnen Sie den dritten Zaunpfosten und wiederholen Sie den Vorgang so oft, bis die Darstellung einen ›fertigen Zaun‹ zeigt.

Der perspektivische Kreis

Um einen Kreis zeichnerisch wiedergeben zu können, muß man seinen Mittelpunkt bestimmen. Denn sehr häufig bildet der Mittelpunkt eines darzustellenden Objekts auch dessen optischen Schwerpunkt, so daß die Figur in der Zeichnung schräg geneigt oder gekippt erscheint, wenn ihr Mittelpunkt nicht mit der geometrischen Mitte übereinstimmt. Bei einem perspektivisch gesehenen Kreis wird die Bestimmung des Mittelpunkts allerdings durch ein Paradoxon erschwert: Der Kreis muß *perspektivisch verkürzt* und gleichzeitig als eine *senkrecht* auf ihrem Rand stehende Ellipse gesehen werden. Um nun den Mittelpunkt der jeweiligen Figur zu bestimmen, errichtet man Tangenten an der Peripherie des Kreises bzw. am Umfang der Ellipse, die um den Kreis ein Quadrat und um die Ellipse ein Trapez bilden, und bestimmt dann den jeweiligen Schnittpunkt der Diagonalen (Abb. 8.27).

Der Mittelpunkt eines echten Kreises, der von einem Quadrat umschlossen wird, entspricht dem Schnittpunkt der Diagonalen des Quadrats (Abb. 8.27). Der Mittelpunkt des perspektivischen Kreises wird auf die gleiche Weise bestimmt (Abb. 8.27). Zunächst wird das perspektivische Quadrat, dann der darinliegende perspektivische Kreis gezeichnet. Der Schnittpunkt der Diagonalen des Quadrats ist auch in diesem Fall identisch mit dem Mittelpunkt des perspektivischen Kreises, auch wenn seine oberen und unteren Teile jetzt ungleich groß sind.

Der perspektivische Kreis hat die Form einer Ellipse. Wird eine Ellipse von einem Rechteck umschlossen, so teilen die durch den Mittelpunkt des Rechtecks laufenden horizontalen und vertikalen Geraden, die gleichzeitig die Achsen der Ellipse bilden, die Ellipse in vier gleichgroße Quadranten (perspektivische Viertelkreise) (Abb. 8.28). Die für die *perspektivische Darstellung eines Kreises* wichtigste Linie ist die Nebenachse der auf dem Rand stehenden *Ellipse* (Abb. 8.29).

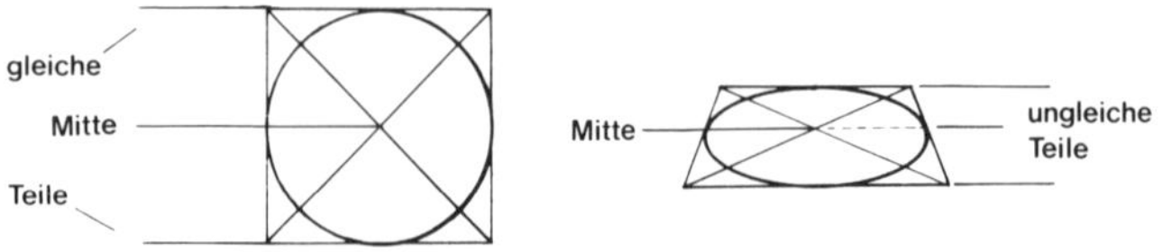

8.27 Der Mittelpunkt eines echten Kreises, der von einem Quadrat umschlossen wird, entspricht dem Schnittpunkt der Diagonalen des Quadrats. Das gilt auch für den perspektivischen Kreis.

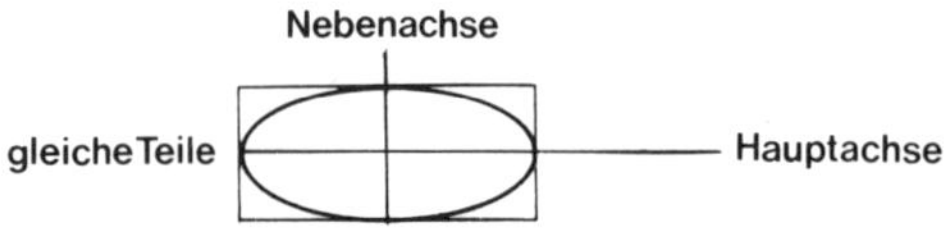

8.28 Die Haupt- und Nebenachse einer von einem Rechteck umschlossenen Ellipse (der perspektivische Kreis) teilen diese in vier gleichgroße Quadranten.

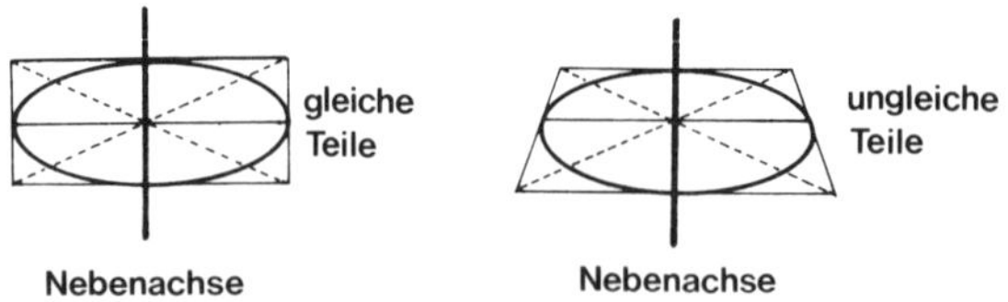

8.29 Die für die perspektivische Darstellung eines Kreises wichtigste Linie ist die Nebenachse der Ellipse.

Entlang der Hauptachse hat die Ellipse ihre größte, entlang der Nebenachse ihre kleinste Ausdehnung. In welchem Winkel auch immer die Ellipse zur Bildebene verläuft, ihre Achsen stehen stets senkrecht aufeinander.

Bei der perspektivischen Wiedergabe der kreisförmigen Teile zylindrischer Körper verlängern Sie die Nebenachse der Ellipse über ihren Mittelpunkt hinaus, so daß sie zur Mittelachse des darzustellenden Objekts wird (Abb. 8.30).

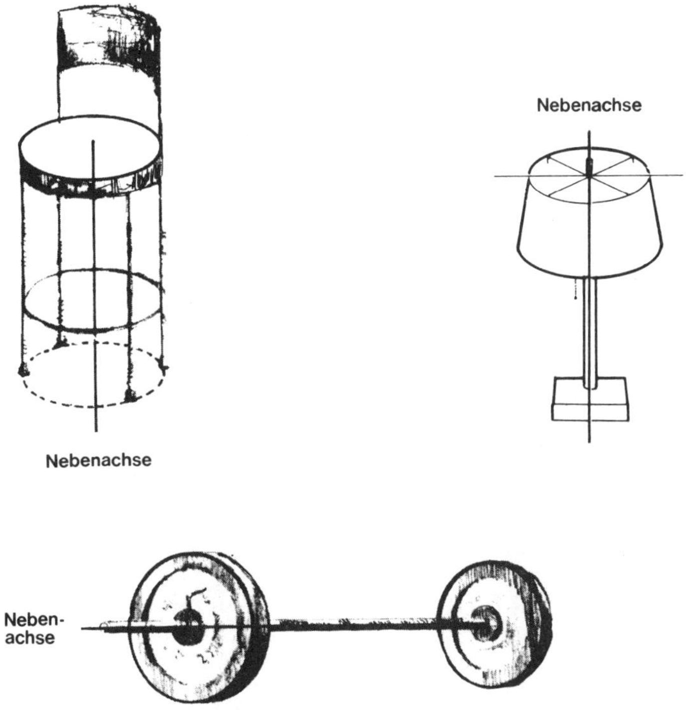

8.30 Die Mittelachse von Lampe und Hantel stellt die Nebenachse einer Ellipse dar.

Lichtquelle und Schattenprojektion

Seit jeher wurden in der Malerei Licht und Schatten auf unterschiedliche Weise wiedergegeben. Bei religiösen Motiven findet man häufig Darstellungen in ›geheiligtem Licht‹. Ein Beispiel dafür ist

8.31 Francesco di Gentile da Fabriano (um 1370–1427), *Die Geburt Christi* aus *Anbetung der Magier,* 1421, Predella, 31 × 75 cm, Uffizien, Florenz

8.33 Georges de La Tour (1593–1652), *Joseph, der Zimmermann,* 1645, Öl auf Leinwand, 98 × 63,5 cm, Musée du Louvre, Paris

◁ 8.32 Pablo Picasso (1881–1973), *Ambroise Vollard,* 1909–1910, Öl auf Leinwand, 98 × 63,5 cm. Puschkin-Museum, Moskau

Gentile da Fabrianos Gemälde *Die Geburt Christi* (Abb. 8.31). Die einzelnen Figuren des Bildes scheinen aus sich selbst heraus zu leuchten und werfen bizarre, unirdische Schatten.

Ambroise Vollard, ein Gemälde aus Picassos kubistischer Phase (Abb. 8.32), zeigt andererseits, wie das Licht bildwichtige Partien erhellt, ohne Schatten zu werfen. Man erkennt wohl Schattierungen, doch keine Schlagschatten.

Befindet sich ein beleuchtetes Objekt in unmittelbarer Nähe zu seiner Lichtquelle (einer Glühlampe oder einer Kerze), so verbreitet sich sein Schatten ebenso strahlenförmig wie das von der Lichtquelle ausgestrahlte Licht. Zahlreiche von Georges de la Tour gemalte Bilder zeigen diese Wirkung anhand von Kerzenlicht, das als Lichtquelle dient (Abb. 8.33).

Da die Sonne weit von der Erde entfernt ist, haben wir den Eindruck, daß ihre Strahlen parallel zueinander laufen. Der Winkel, in dem die Sonnenstrahlen auf die Erde treffen, ergibt sich aus dem unterschiedlichen Stand der Sonne – dabei verläuft der Schatten vertikaler Objektkanten in die Richtung der Sonnenstrahlen. Das Bild *Die Morgenglocke* von Winslow Homer deutet diesen durch Sonneneinstrahlung bewirkten Schatten an (Abb. 8.34).

Bei der Darstellung von Schattenprojektionen sind zwei Grundregeln zu beachten:

1. Vertikale Objektkanten projizieren Schatten auf eine Ebene in Richtung der Lichtstrahlen.
2. Horizontale parallel zu einer Ebene laufende Objektkanten projizieren Schatten parallel zu sich selbst.

Korrekt angelegte Schatten einer Zeichnung erstrecken sich in die Richtung der Lichtstrahlen und haben eine spezifische Länge. Dabei ist die Länge der Schatten abhängig vom Winkel des einfallenden Lichts, und es sind die unterschiedlichsten Winkel möglich. Die Schattenlänge wird durch den Lichtstrahl bestimmt, der den höchsten Punkt des schattenwerfenden Objekts passiert und auf die Ebene trifft, auf der sich das Objekt befindet (Abb. 8.35).

Verläuft der Schatten eines Objekts in Augenhöhe des Betrachters, so ist er nicht wahrzunehmen. Denn sichtbar ist er nur solange, wie sich die schattenerzeugende Lichtquelle oberhalb oder unterhalb der Horizontlinie befindet. Wie bestimmt man nun den

8.34 Winslow Homer (1836–1910), *Die Morgenglocke,* um 1866, Öl auf Leinwand, 61 × 97 cm, Yale University Art Gallery, New Haven

Einfallswinkel des Lichts? Während Nautiker und Aeronautiker zu diesem Zweck Navigationsinstrumente benutzen, sind Sie bei der Arbeit allein auf Ihre Schätzung angewiesen. Markieren Sie auf dem Zeichenblatt zunächst den höchsten Punkt des zu zeichnenden Objekts. Lokalisieren Sie dann die Lichtquelle. Zeichnen Sie nun den Schatten in dem Winkel, wie er sich durch die Objekthöhe und

8.35 Die Schattenlänge wird bestimmt durch den Einfallswinkel des Lichts

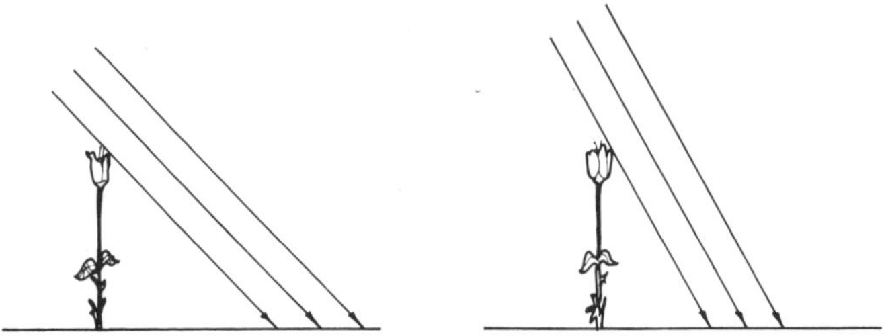

das einfallende Licht ergibt. Werden Objekte von einer Kerze angeleuchtet, so gilt Regel 1. Richtung und Länge des von der Kerze erzeugten Schattens erhalten Sie, indem Sie den höchsten Punkt des Objekts mit einer von der Kerzenflamme ausgehenden gedachten Linie verbinden. Die Schatten vertikaler Objekte verlaufen in die Richtung der Projektionslinien der von der Kerze ausgesendeten Lichtstrahlen und erstrecken sich von der Basis des Objekts bis zu der Stelle, an der sie mit den über den höchsten Punkt des schattenwerfenden Objekts laufenden Lichtstrahlen zusammentreffen (Abb. 8.36).

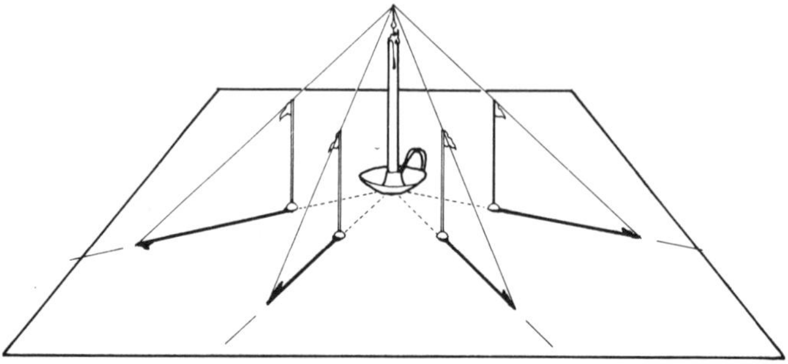

8.36 Vertikale Objektkanten projizieren Schatten auf eine Ebene in Richtung der Lichtstrahlen. Lichtquelle: eine Kerze. Die Schatten verlaufen in die Richtung der von der Kerze ausgehenden Lichtstrahlen.

Handelt es sich bei der Lichtquelle um eine über einen Tisch herabhängende Glühlampe, so gilt wiederum Regel 1 (Abb. 8.37).

Betrachtet man von der Sonne beschienene Objekte im Gegenlicht, so scheinen die schattenprojizierenden Strahlen in einem Punkt (dem Mittelpunkt), der Lichtquelle, zusammenzulaufen (abb. 8.38). Dabei ergeben sich drei Arten von Schnittpunkten: ein Schnittpunkt im Zentrum der Lichtquelle (– die hier durch einen Kreis dargestellt ist –), ein weiterer, der unterhalb der Sonne auf der Horizontlinie gelegene Fluchtpunkt der Schatten sowie die ebenfalls auf der Horizontlinie liegenden Fluchtpunkte der Objekte.

Zeichnen Sie die Horizontlinie und markieren Sie die Sonne mit einem Kreis. Fällen Sie vom Mittelpunkt des Kreises das Lot auf die Horizontlinie. Der Schnittpunkt der beiden Geraden bildet den

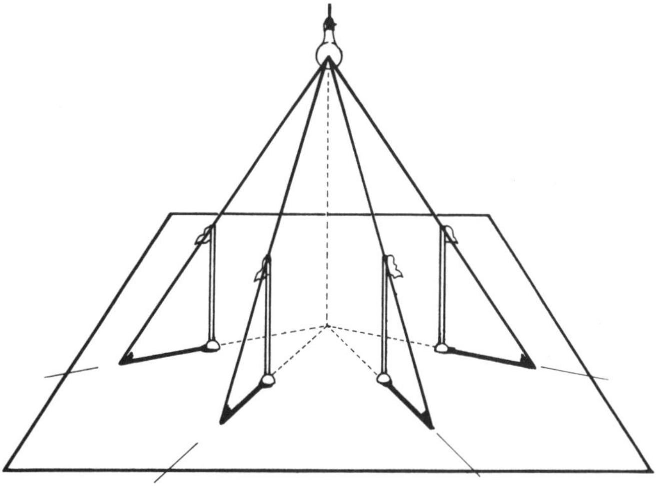

8.37 Der gleiche Effekt wie in Skizze 8.36. Allerdings bildet hier eine Glühlampe die Lichtquelle.

8.38 Verlaufen die Sonnenstrahlen nicht parallel zur Bildebene, so ergeben sich drei Fluchtpunkte.

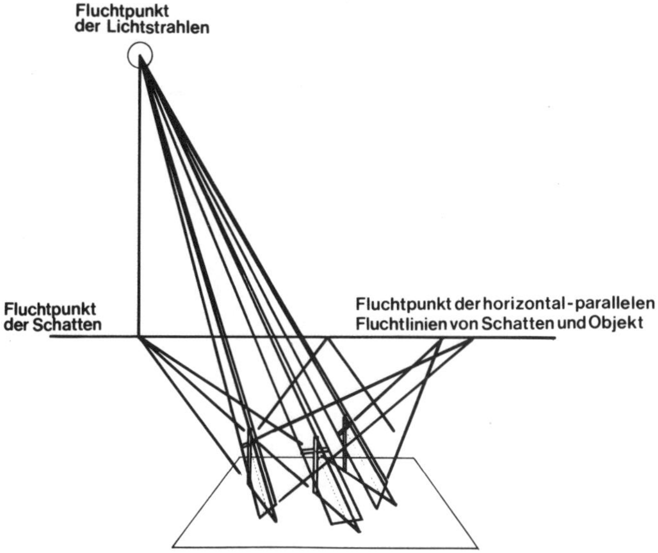

Fluchtpunkt des Schattens. Die Fluchtpunkte des Objekts bestimmen Sie, indem Sie den Schnittpunkt seiner parallelen Fluchtlinien auf der Horizontlinie markieren.

Wenden wir uns nun den Schatten zu, die von den parallel zu einer Ebene sich erstreckenden Objekten erzeugt werden. Hier gilt Regel 2: Horizontale parallel zu einer Ebene laufende Objektkanten projizieren Schatten parallel zu sich selbst. Die Regel gilt für alle besprochenen Lichtquellen (Abb. 8.39). Da die Oberkante des Objekts parallel zu der Ebene verläuft, auf der sich das Objekt selbst befindet, wird zur Vervollständigung der Schattenprojektion die Fluchtlinie des Schattens zum Fluchtpunkt des Objekts verlängert.

Bei der Darstellung der Schattenprojektion eines Würfels ergeben sich erneut unterschiedliche Fluchtpunkte auf der Horizontlinie. Doch gelten auch hier die beiden Grundregeln (Abb. 8.40).

An dieser Stelle wollen wir die Erörterung perspektivischer Darstellungen abschließen. Es gibt noch zahlreiche Besonderheiten,

8.39 Horizontale, parallel zu einer Ebene verlaufende Objektkanten projizieren Schatten parallel zu sich selbst.

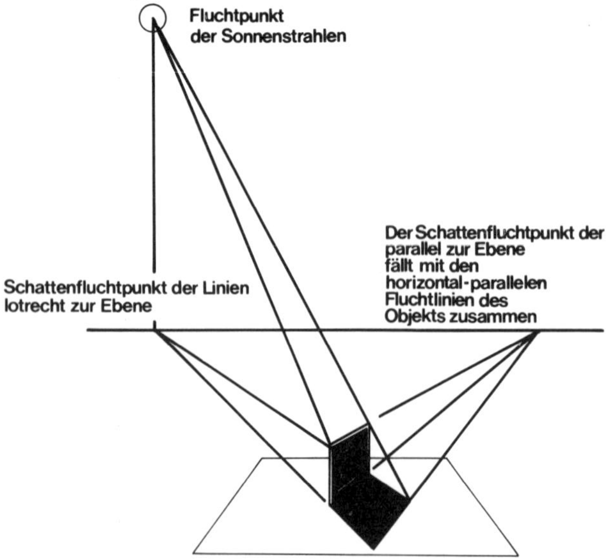

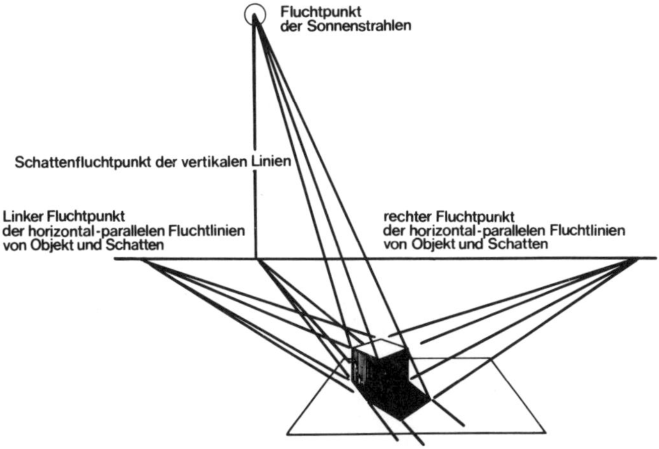

8.40 Schattenprojizierender Würfel. Hier gelten die Regeln der Skizzen 8.38 und 8.39.

die im einzelnen hier nicht besprochen wurden. Sollten Sie die Absicht haben, sich noch ausführlicher mit den perspektivischen Darstellungsmethoden zu beschäftigen, so werden Ihnen zu diesem Thema die Fachbücher einer Bibliothek eine wertvolle Hilfe sein.

Es gibt ein breites Spektrum interessanter perspektivischer Phänomene, die über die grundlegenden, in diesem Kapitel erörterten Probleme hinausgehen. Dazu gehören zum Beispiel die perspektivischen Darstellungen räumlicher Verzerrungen. Interessante Aufgaben stellen sich auch bei der Wiedergabe von Wendeltreppen, Bogengängen, Kathedralen, Kegeln oder komplizierten Schattenformen sowie bei Darstellungen, bei denen der Betrachter einen Berg hinaufschaut oder von ihm herabblickt. Sie werden auch Wissenswertes über die Spiegelperspektive, über Spiegelungen und anamorphotische Darstellungen finden, denen das Prinzip der ›negativen Perspektive‹ bzw. eine von der üblichen Betrachtungsweise abweichende Wiedergabe der Wirklichkeit zugrunde liegt.

Der in der Renaissance oder im Barock lebende Kunstschüler war sicher gehalten, jede erdenkliche Möglichkeit der perspektivischen Darstellung zu nutzen. Auch Sie sollten sich durchaus etwas zutrauen.

8.41 Pietro da Cortona (eigentlich Pietro Berrettini, 1596–1669), *Lobpreisung Urbans VIII.*, 1633–39, Ausschnitt aus dem Deckenfresko des Palazzo Barberini, Rom

Anmerkungen

1 Samuel Y. Edgerton jr., The Renaissance Rediscovery of Linear Perspective, New York 1975, S. 145.
2 Antonio di Tuccio Manetti, The Life of Brunelleschi, Catherine Enggass (Hg.), Pennsylvania State University Press 1970, S. 45.

9 Die perspektivische Konturzeichnung

Arbeitsmaterialien
Bleistifte, 2B und 3B – weißes Zeichenpapier – Modell – Zeichenbrett

Die von einem Kunstwerk ausgehende Wirkung auf den Betrachter steht in keinem unmittelbaren Zusammenhang mit seiner flächenmäßigen Ausdehnung. Auch ein kleines Bild, dessen Fläche nur wenige Quadratzentimeter beträgt, kann ergreifend sein. Der gewählte Ausschnitt und die Darstellung eines Motivs aus einem bestimmten Blickwinkel können viel dazu beitragen, daß der Betrachter besonders fasziniert wird:

Bei einem Vergleich von Mantegnas eher kleinformatiger Zeichnung *Der heilige Jakobus wird zur Richtstatt geführt* mit dem später entstandenen Fresko, auf dem das gleiche Motiv zu sehen ist (Abb. 9.1 und 9.2), bemerken wir, daß die im Fresko dargestellte Blickrichtung (der Fluchtpunkt befindet sich auf der Horizontlinie unterhalb der Bildfläche, daher schauen wir von unten auf die Szene) dafür verantwortlich ist, daß wir das Wunder, das der heilige Jakobus auf dem Weg zu seiner Hinrichtung vollbringt – er hält inne, um einen Gelähmten zu heilen und zu segnen –, hier intensiver erfahren als in der Zeichnung. Manchem Betrachter mag das Fresko zu dramatisch erscheinen. Ihm wird daher die Zeichnung mehr zusagen, obwohl sie weniger ausdrucksvoll wirkt. Was beide Werke im wesentlichen voneinander trennt, ist weniger durch ihre flächenmäßige Ausdehnung als vielmehr durch den Blickwinkel bedingt, unter dem das Motiv dargestellt ist. Die Zeichnung ist die Vorstufe zum Fresko, dem fertigen Werk. Mantegna zwingt dem Betrachter bewußt und geschickt unterschiedliche Standpunkte auf, um auf diese Weise verschiedene Aspekte seines Werkes miteinander zu verbinden.

9.1 Andrea Mantegna (1431–1506), *Der heilige Jakobus wird zur Richtstatt geführt,* um 1455, Federzeichnung, 15,5 × 23,5 cm, British Museum, London

9.3 James Montgomery Flagg, ›I want you‹, Plakat aus dem Ersten Weltkrieg

Das bekannte Poster *I want you* von James Montgomery Flagg (Abb. 9.3) stellt die amerikanische nationale Symbolfigur Uncle Sam dar, dessen Zeigefinger befehlend auf den Betrachter weist. Die optische Täuschung, die dem Poster zugrunde liegt, besteht darin, daß sich der Arm der Figur dem Betrachter entgegenzustrecken scheint, während er auf dem Papier nur wenige Zentimeter von den Augenbrauen entfernt ist.

Wie das Poster, das in erster Linie auf die Emotionen des Betrachters zielt, wirkt jede verkürzte perspektivische Darstellung auf ihre Weise beeindruckend. In der Perspektive erscheinen die normalen räumlichen Verhältnisse sowie die Proportionen der Figuren verkürzt oder überbetont, wie in Tintorettos Zeichnung *Liegender Mann* und in Rubens' *Studien von Armen und Beinen* deutlich zu erkennen ist (Abb. 9.4 und 9.5).

Die Regeln für die Darstellung von Figurenproportionen haben sich im Laufe der Jahrhunderte entwickelt. Piero della Francesca

◁ 9.2 Andrea Mantegna, *Der heilige Jakobus wird zur Richtstatt geführt,* um 1455. Fresko, Ovetari Kapelle der Eremitani Kirche, Padua

9.4 Tintoretto (eigentlich Jacopo Robusti, 1518–1594), *Liegender Mann,* um 1565, Kreidezeichnung, 18 × 27,5 cm, Art Institute of Chicago

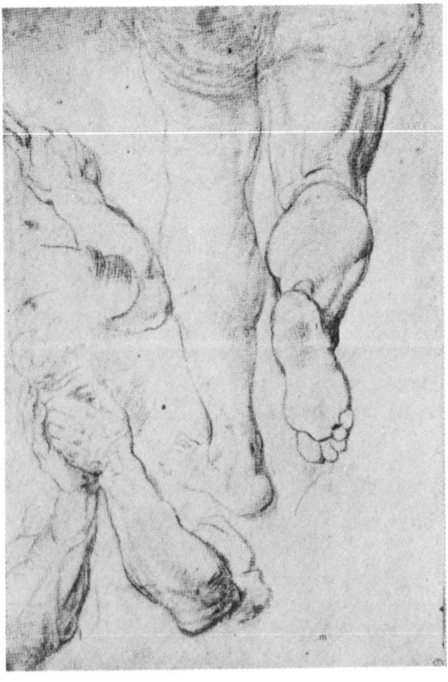

9.5 Peter Paul Rubens (1577–1640), *Arm- und Beinstudien,* um 1625, schwarze und weiße Kreide, 35 × 24 cm, Boymans-Van Beuningen Museum, Rotterdam

9.6 Piero della Francesca (um 1410–1490), aus: ›De prospectiva pingendi‹, um 1470 ▷

arbeitete an einigen seiner Gemälde mehrere Jahre, um die Proportionen seiner Figuren perspektivisch korrekt wiederzugeben. Sein zwischen 1480 und 1490 geschriebenes Traktat *De prospectiva pingendi* bezeugt, wie mit kompliziertesten mathematischen Berechnungen Figuren und Volumina auf der zweidimensionalen Fläche perspektivisch dargestellt werden können (Abb. 9.6). Doch

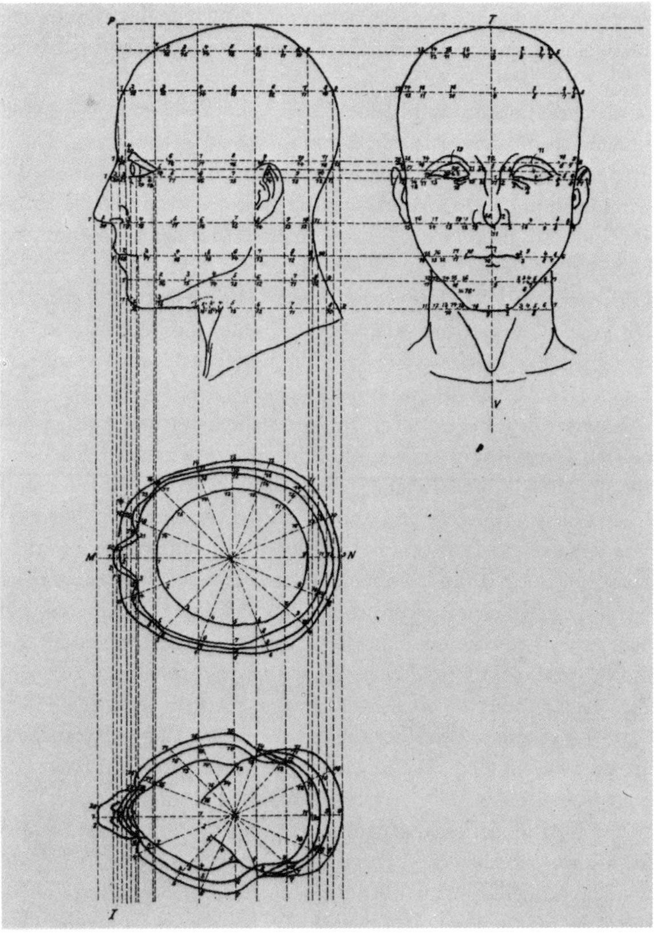

läßt sich durch sorgfältiges Beobachten und gewissenhaftes Umsetzen des Gesehenen eine derart strikt mathematische Wiedergabe umgehen.

Lassen Sie für die folgende Aufgabe Ihr Modell auf einem Stuhl Platz nehmen, der auf einem Tisch steht. Stellen Sie eine Vase mit Strohblumen neben den Stuhl. Setzen Sie sich zum Zeichnen in unmittelbarer Nähe des Tisches auf den Fußboden. Während des Zeichenvorgangs schauen Sie zu Ihrem Modell hinauf. Es ergibt sich ein hochgelegener, vertikaler Fluchtpunkt. Die Komposition hat die Form eines Dreiecks oder einer Pyramide.

Welches Format empfiehlt sich für die Zeichnung? Generell eignet sich für diese Art der Komposition das Hochformat. Doch mag es bei diesem Arrangement eventuell auch zweckmäßig sein, die Komposition im Querformat anzulegen. Lokalisieren Sie die Horizontlinie. Möglicherweise liegt sie unterhalb des Zeichenblattes. Wo befinden sich linker und rechter Fluchtpunkt des Tisches auf der Horizontlinie? Wo liegen die beiden Fluchtpunkte des Stuhls? Markieren Sie auf dem Blatt Höhe, Breite und Grundlinien der Komposition. Zeichnen Sie dann die horizontalen und vertikalen Linien des Übertragungsrasters leicht ein.

Kleine Körperteile wirken aus der Nähe betrachtet gelegentlich größer als entfernt liegende großflächigere Körperpartien. Da Sie zu Ihrem Modell hinaufblicken, betrachten Sie die Schenkel und Hüften aus größerer Entfernung als die Waden. Die korrekte Wiedergabe der Proportionen erfordert sorgfältiges Beobachten. Die Größenverhältnisse können in der Zeichnung durchaus richtig wiedergegeben sein, wenn eine Wade größer erscheint als ein Schenkel. Wenn Sie mit Hilfe des Bleistifts ›peilen‹, achten Sie auf die Proportionen von Füßen, Waden und Schenkeln, wie sie aus Ihrer Sicht wahrzunehmen sind. Lassen Sie sich ausreichend Zeit beim Einzeichnen der Hauptlinien. Indem Sie langsam vorgehen, erhalten Sie ein Gefühl für die korrekte Wiedergabe der Proportionen (Abb. 9.7).

Um die Proportionen genau wiedergeben zu können, verwenden Sie die horizontalen Verstrebungen des Hockers oder des Stuhls, auf dem das Modell sitzt, oder benutzen Sie andere Orientierungshilfen, die Ihnen das Arrangement bietet: zum Beispiel die Höhe der Vase

9.7 Hauptlinien für eine Komposition

oder die unterschiedliche Höhe der einzelnen Blumen. Benutzen Sie diese Fixpunkte so lange, bis Sie die Proportionen endgültig festgelegt haben.

Konturieren Sie nun die perspektivisch verkürzten, einander überschneidenden Formen der Figur, wie Sie Ihnen aus Ihrer Sicht erscheinen. Sie sollten jetzt nicht der Versuchung erliegen, eine ›echte‹ scheinbar realistische Darstellung zeichnen zu wollen, sondern darauf achten, mit ausdrucksvoller Linie zu arbeiten. Die ersten, eher zögernd gezeichneten Linien sind die sensibelsten. Benutzen Sie nicht fortwährend den Radiergummi. Ihr Ziel ist die sensible, ansprechende Zeichnung und nicht schablonenhafte Perfektion. Eine schnell gekritzelte Konturlinie ist ebenso ausdruckslos wie eine mit dem Lineal gezogene Linie. Zwingen Sie sich, die charakteristischen Merkmale des Gesehenen zu zeichnen. Die Linie sollte den Unterschied zwischen Modell und Stuhl deutlich werden lassen.

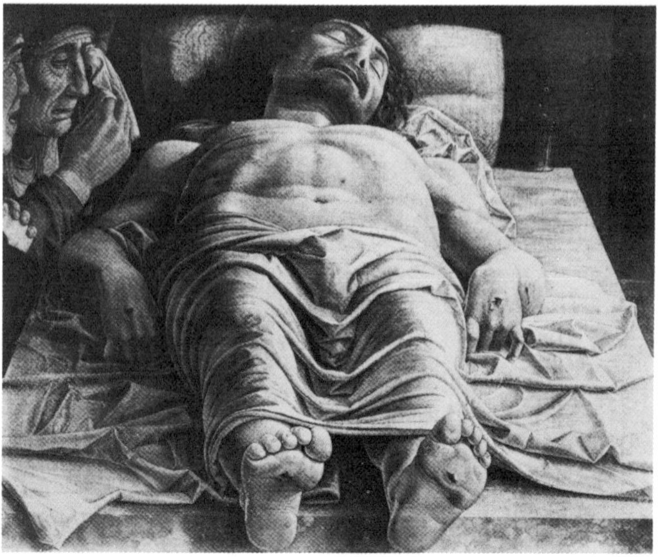

9.8 Andrea Mantegna (1431–1506), *Der tote Christus,* 1470, Tempera auf Leinwand, 79,4 × 68 cm, Pinacoteca de Brera, Mailand

Ein Problem, das alle Anfänger bei der perspektivischen Wiedergabe von Figuren haben, besteht darin, daß sie verschiedene Ansichten in einer Zeichnung vereinigen. Dabei kann es geschehen, daß die eine Ansicht die Unterseite des Stuhls sowie Beine und Hüften des Modells zeigt. Dann wechselt der Zeichner unerwartet den Blickwinkel, indem er das Modell aus erhöhter Sicht oder aus der Seitenansicht wiedergibt. Dieses Problem können Sie umgehen, indem Sie langsam und konzentriert arbeiten. Wenn Sie die horizontalen und vertikalen Maßlinien gewissenhaft als Orientierungshilfen nutzen, sollte Sie das vor derart groben Fehlern bewahren und andererseits Ihre Fähigkeiten fördern, genauer zu beobachten.

Die folgende Frage soll keineswegs Mantegnas Werk schmälern. Doch sind Sie in der Lage, die perspektivischen Unstimmigkeiten in seinem Bild *Der tote Christus* (Abb. 9.8) herauszufinden und zu beschreiben? Sollten Sie sie nicht sofort entdecken, so zeichnen Sie die Horizontlinie mit dem Fluchtpunkt über das Bild.

III Die Geste

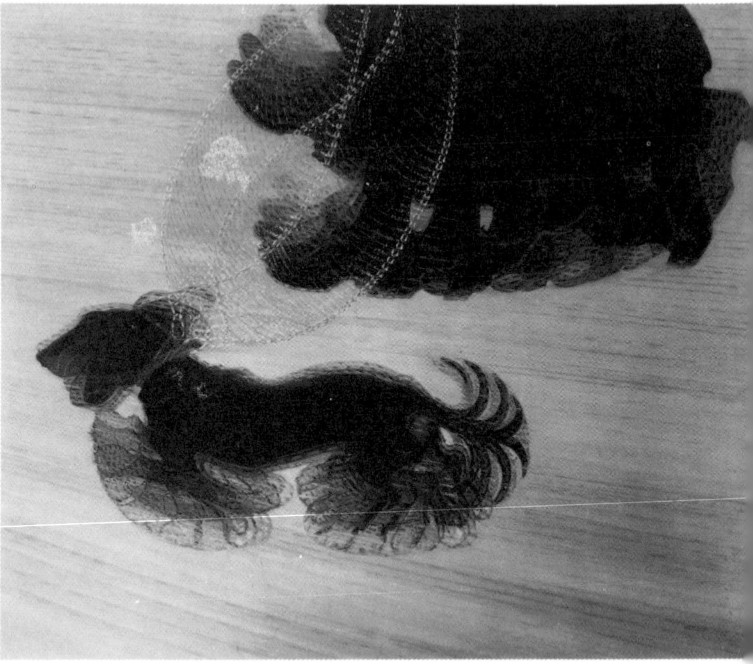

10.1 Giacomo Balla (1871–1958), *Bewegungen eines an der Leine geführten Hundes,* 1912, Öl auf Leinwand, 89 × 116 cm, George F. Goodyear and the Buffalo Fine Arts Academy, New York

.2 Eugène Delacroix (1798–1863), *Berittener Araber beim Angriff eines Panthers,* um 1840, Graphitstift, 24 × 20 cm, Fogg Art Museum, Harvard University, Bequest Meta and Paul J. Sachs, Cambridge, Massachusetts

10.3 Eugène Delacroix (1798–1863), *Sultan zu Pferde,* um 1845, Feder und Tusche, 21 × 15 cm, Musée du Louvre, Paris

4 Alberto Giacometti (1901–1966), *Sitzender Mann,* 1953, Bleistiftzeichnung, 50 × 32,5 cm, Museum Ludwig, Köln

10.5 William Turner (1775–1851), *Boote beim Abschleppen von Kriegsschiffen,* um 1800, Skizzenbuch-Aquarell, 46 × 30 cm, British Museum, London

0.6 Auguste Rodin (1840–1917), *Stehender Akt,* 1900–05, Aquarell und Bleistift, 45 × 32 cm, Art Institute of Chicago

10.7 Pietro Longhi (eigentlich Pietro Falca, 1702–1785), *Venezianische Weinhandlung,* ur 1750, Feder auf Bister, 18 × 28 cm, Art Institute of Chicago

8 Emil Nolde (1867–1956), *Hamburger Hafen,* 1910, Pinsel und Tusche, 32 × 47 cm, Art Institute of Chicago

10.9 Ann Poor, *Gefesselter nervenkranker Patient auf einer Tragbahre,* 1945, Tusche auf Biste
48 × 66 cm, Art Institute of Chicago

10.10 Pierre Paul Prud'hon (1758–1823), *Skizzenblatt,* um 1808, Pinsel in schwarzer Tusche, 29 × 44 cm, Art Institute of Chicago

10 Die fixierte Geste

Arbeitsmaterialien
Bleistifte, 3B und 4B – Block Zeitungspapier, Format DIN A 3

Es fällt schwer, eine exakte Definition für die Geste zu finden. Zunächst einmal handelt es sich um die Umsetzung wesentlicher Merkmale der gesehenen Formen in die Zeichnung. Die Geste beschreibt die rhythmische Struktur, die ›fließenden Linien‹ der Formen. Sie drückt sowohl statische wie dynamische Energie aus und stellt damit gleichsam die kinetische Abstraktion der Gesamtform dar. Eine Schwierigkeit ergibt sich dadurch, daß das Verständnis für die Arbeit sich erst *nach* dem Zeichnen entwickelt.

Bisher stellten Ihre Zeichnungen stabile, klar umrissene Formen dar. Allerdings kommen Konturlinien in der Natur nicht vor. Doch um die Umrisse einzelner Objekte deutlich voneinander trennen zu können, verwendet man in der Zeichnung eine willkürlich gewählte Konturlinie. Eine Geste in der Konturlinie wiederzugeben, hieße jedoch das Wesen der Geste zu verkennen. Das Ergebnis wäre eine schnell gezeichnete Kontur, keine Geste (Abb. 10.11).

Die Geste drückt zunächst einmal die fließenden rhythmischen Strukturen des betrachteten Objekts aus (Abb. 10.12).

Die Linie der Geste beschreibt keine Einzelheiten. Sie hat lediglich andeutende Funktion. In unserem Beispiel (Abb. 10.12) betont sie die Verschmelzung des Lampenschirms mit dem Lampenständer; sie gibt die ›organisch-fließende‹ Struktur der Lampe wieder. Sie isoliert den in sich geschlossenen linearen Rhythmus der Lampe. Das Wesen der Geste ist schwer zu erfassen. Die Geste entsteht aus einem Komplex unterschiedlicher Wahrnehmungen. Sie beschreibt Gewichtsverteilungen, Bewegungen, Kräfteverhältnisse, physiognomische Eigenschaften sowie Zeitabläufe, von denen noch die Rede sein wird. Die Linie der Geste erfaßt die *wesentlichen Merk-*

10.11 Mit gezackter Linie rasch skizzierter Schädel

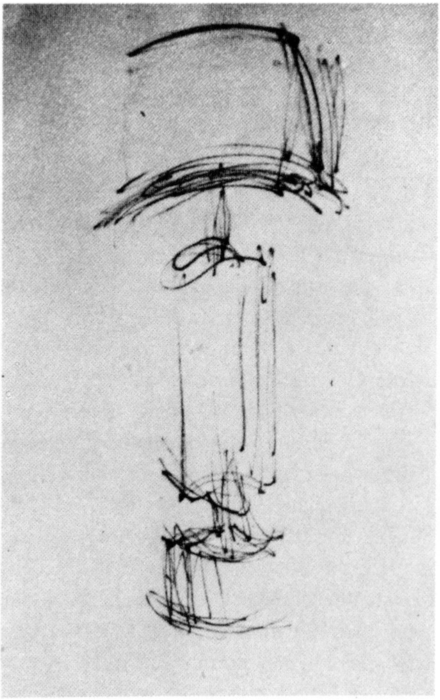

10.12 Fixierte Geste einer Lampe

male, die Grundstruktur der Gesamtform. Diese Merkmale müssen in Ihrer Zeichnung zum Ausdruck kommen.

Ihre ersten gestischen Arbeiten werden sicher sehr unterschiedlich ausfallen. Es wird Ihnen nur teilweise gelingen, den Charakter der Geste wiederzugeben. Vielleicht sind sie ein nachlässiger Beobachter, der mehr auf das Blatt schaut, statt sich auf die Merkmale des zu zeichnenden Objekts zu konzentrieren. Oder aber Sie geben sich große Mühe, die Aufgabe zu verstehen, doch gelingt es Ihnen nicht, das Gesehene umzusetzen. Geben Sie nicht auf. Jeder Zeichner verfügt über unterschiedliche emotionale Voraussetzungen und hat jeweils andere Vorstellungen über das, was er zu sehen glaubt. Doch mit wachsender zeichnerischer Erfahrung gelangen Sie zu einer geschulten und differenzierten Wahrnehmung. Erfolge werden sich durch wiederholtes Üben einstellen.

Eine wesentliche Bedeutung kommt der Geste beim Zeichnen von Figuren zu. Dabei gilt es, die ›Sprache des Körpers‹, das heißt unterschiedliche Körperhaltungen auszudrücken. Es kommt nicht darauf an, die Figur exakt wiederzugeben. Abbildung 10.13 zeigt eine Figur in fixierter Geste.

Die Geste einer Figur umfaßt die gesamte Gestalt, einschließlich Kopf und Rumpf, Armen und Beinen. Ertasten Sie die Figur mit den Augen und geben Sie wieder, was Sie sehen, so als wäre Ihr Bleistift der Meißel eines Bildhauers.

Bei den hier gezeigten Illustrationen handelt es sich um Darstellungen verschiedener Zeichner (Abb. 10.14 und 10.15). Kopieren Sie nicht die Zeichnungen anderer! Geben Sie die Geste der Figur so wieder, wie sie von Ihnen erfahren wird, denn mit der Linie drücken Sie *Ihre* individuelle Wahrnehmung aus.

Es wundert nicht, wenn dabei Schwierigkeiten auftreten können. Am Anfang mag es geschehen, daß die Gesten, die Sie wiedergeben, ›Strichmännchen‹ und Skeletten oder Draht- bzw. Ballonfiguren ähneln. Um derartige Fehler zu vermeiden, achten Sie darauf, daß Sie die rhythmische Körperstruktur des Modells mit wenigen gestaltenden Linien wiedergeben. Doch die Verwendung zu weniger Linien führt wiederum zu Darstellungen von ›Strichmännchen‹. In dieser Aufgabe kommt es darauf an, die rhythmischen Hauptlinien der Körperstrukturen mit einfachen, charakteristischen Stri-

10.13 Fixierte Geste einer Figur, Schülerzeichnung, Bleistift auf Zeitungspapier

10.14 Geste einer Figur, Schülerzeichnung, Bleistift auf Zeitungspapier

10.15 Geste einer Figur, Schülerzeichnung, Bleistift auf Zeitungspapier

chen wiederzugeben. Später werden Sie wie ein Bildhauer die gesamte Figur darstellen.

Die Benutzung von billigem Zeitungspapier sollte Sie zu möglichst vielen Übungszeichnungen ermutigen. Lassen Sie sich für die Zeichnungen jeweils etwa eine Minute Zeit, und beachten Sie die organisch fließende Struktur des Modells. Diese Aufgabe wird Sie zwei Stunden in Anspruch nehmen, wobei Ihnen die Wahl des Modells überlassen bleibt. Sie können Kinder, Freunde oder den Ehepartner zeichnen – wer immer sich Ihnen zur Verfügung stellt.

11 Die Geste im Bewegungsablauf

Arbeitsmaterialien
Bleistift 2B oder Pastellstift Nr. 2 – Zeitungspapier – Modell

Als Leonardo da Vinci den Auftrag erhielt, ein Wandgemälde in der Sala della Signoria im Palazzo Vecchio zu malen, wählte er das Thema der Anghiari-Schlacht. *Sich aufbäumendes Pferd,* eine von vielen Vorzeichnungen für das Fresko, zeigt eine Studie zu Bewegungsabläufen, die ein sich aufbäumendes und den Kopf zurückwerfendes Pferd vollführt (Abb. 11.1). Leonardo hat das Fresko, für das die Zeichnung eine Teilskizze darstellt, nie ausgeführt. Der Karton, der mit dem auszuführenden Werk maßstabsgleiche Entwurf, ist heute nicht mehr vorhanden, er wurde nur in einer Nachzeichnung von Rubens bewahrt. Leonardos Absicht war es, nicht den einzelnen Kämpfer darzustellen, sondern weit darüber hinausgehend das Wesen der Schlacht in einem für alle Zeit gültigen Bild festzuhalten.

Eine Schwierigkeit am Anfang Ihrer zeichnerischen Entwicklung besteht darin, Bewegung in der Zeichnung wiederzugeben. Sie kann auf unterschiedliche Weise festgehalten und dargestellt werden.

Ein Fotograf zum Beispiel hält die Bewegung mit seiner Kamera fest. Ferner gibt es Bewegungsabläufe, die aus einzelnen Phasen bestehen, wie Treppensteigen, Tennisspielen, Hürdenlaufen usw. Eine weitere Möglichkeit der Darstellung besteht darin, einzelne Bewegungsphasen zu einer Einheit zusammenzufassen. So lassen sich Zeit- und Bewegungsabläufe in einer Abfolge ausgewählter Einzelbilder, collageähnlich zusammengestellt, in einer Darstellung wiedergeben.

Diese Einzelbilder ›eingefrorener‹ Bewegungsabläufe sollen den Ausgangspunkt unserer Arbeit in diesem Kapitel bilden. Die Aufgabe besteht darin, drei Einzelposen in einer Zeichnung zu vereini-

11.1 Leonardo da Vinci (1452–1519), *Sich aufbäumendes Pferd,* 1504, Studie für die *Anghiari-Schlacht,* Rötel, 15 × 14 cm, Royal Library, Windsor Castle, London

gen. Dabei entstehen nicht drei einzelne Zeichnungen auf einem Blatt, die jeweils unterschiedliche Bewegungsphasen wiedergeben, sondern eine Darstellung, die drei Posen eines kontinuierlichen Bewegungsablaufs zeigt. Der Bewegungseindruck ist das Ergebnis geringfügig voneinander abweichender Einzelbilder.

Für diese Aufgabe benötigen Sie ein Modell. Die Posen sollen innerhalb von neunzig Sekunden gezeichnet werden, wobei Ihnen für jede Einzelpose 20 bis 30 Sekunden Zeit zur Verfügung stehen.

Weisen Sie Ihr Modell an, einen Teil des Körpers, der Ihnen als Festpunkt für die jeweiligen Posen dient, stets in Ruhe zu halten. Ein solcher Punkt ist zum Beispiel die eine Stuhllehne umfassende Hand. Folgende Positionen wären denkbar. Erste Pose: das Modell kniet, während die Hand auf der Stuhllehne ruht. Sie haben 30 Sekunden Zeit zum Zeichnen. Zweite Pose: das Modell steht neben dem Stuhl, während die Hand auf der Stuhllehne liegt. Der Oberkörper ist leicht nach vorn geneigt. Die Beine sind gekreuzt, eine Fußspitze weist auf den Boden. Sie haben wiederum 30 Sekunden Zeit. Zeichnen Sie diese Pose über die erste. Beginnen Sie mit der Hand. Die dritte Pose zeigt das Modell auf dem Stuhl sitzend. Die Position der Hand bleibt unverändert. Sie haben nochmals 30 Sekunden Zeit. Integrieren Sie diese Pose ebenfalls in die Zeichnung. Beginnen Sie wieder mit der Hand. Sie haben nun drei Posen mit einem gemeinsamen Festpunkt gezeichnet.

11.2 Geste im Bewegungsablauf einer Figur, Schülerzeichnung, Bleistift auf Zeitungspapier

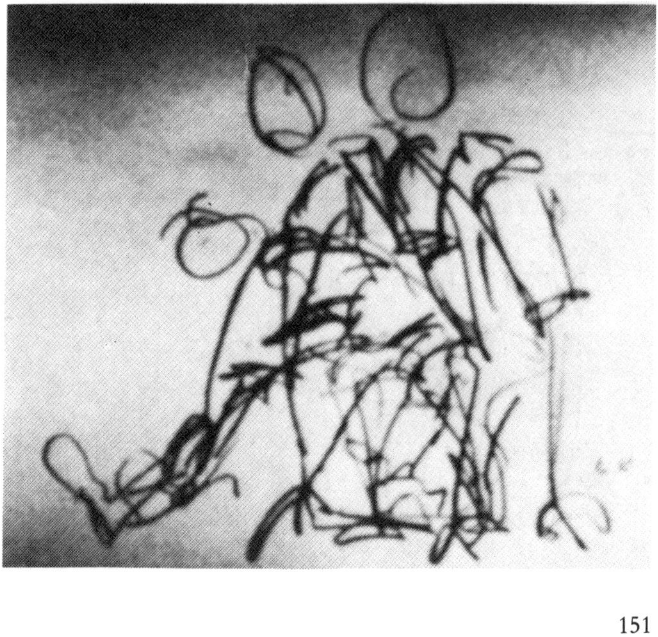

11.3
Geste im Bewegungsablauf einer Figur, Schülerzeichnung, Bleistift auf Zeitungspapier

11.4 Geste im Bewegungsablauf einer Figur, Schülerzeichnung, Bleistift auf Zeitungspapier

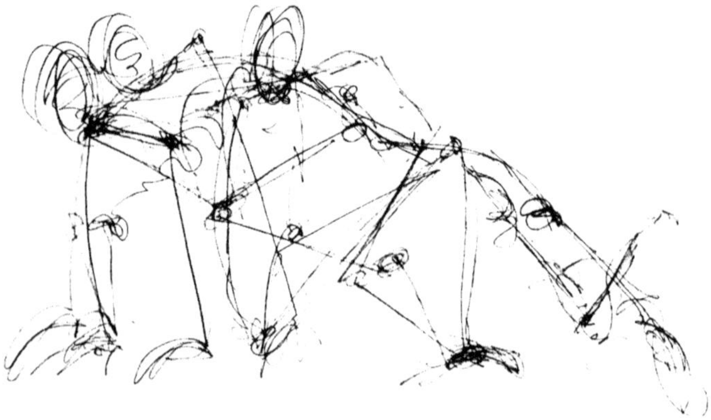

Lassen Sie sich von Ihrem Modell den Bewegungsablauf der einzelnen Posen zeigen, bevor Sie zu zeichnen beginnen. So erkennen Sie, wie Sie den Raum in der Zeichnung zweckmäßig nutzen können. Haben Sie die Absicht, lediglich Sitzposen zu zeichnen, so empfiehlt sich das Querformat. Posiert das Modell jedoch auf einem Stuhl stehend, so eignet sich das Hochformat.

Schräge Positionen wirken ungünstig, wenn der Raum nicht geschickt genutzt wird. Für manche Schrägposen ist es sinnvoll, das Querformat zu verwenden. Andere wieder erfordern das Hochformat. Es bestehen keine festen Regeln.

Weisen Sie Ihr Modell an, während des gesamten Ablaufs die Körperhaltung zu variieren, das heißt in Bewegung zu bleiben, so daß die einzelnen Posen weniger statisch wirken und nicht lediglich einen Wechsel zwischen Knien, Stehen und erneutem Knien bedeuten. Dabei können unter Umständen die raumgestaltenden Ideen von Ihrem Modell ausgehen.

Beginnen Sie die Zeichnung mit dem von Ihrem Modell bestimmten Festpunkt – mit der Hand, dem Ellbogen, dem Fuß. Zeichnen Sie dann den sich bewegenden Körper (Abb. 11.2, 11.3 und 11.4). Beachten Sie dabei, daß sich Gesten nicht mit scharfen und eckigen, sondern nur mit dynamisch geschwungenen Linien ausdrücken lassen, die die Körperbewegung beschreiben. Jeder Mensch weist individuelle körperliche Merkmale und Proportionen von Kopf, Armen, Beinen, Rumpf und Muskeln auf. Dabei sind Gewichtsverteilung, Körperschwerpunkt und Bewegungen so verschieden wie sprachliche Eigenarten.

Zeichnen Sie schnell. Geben Sie die charakteristischen Merkmale der Figur wieder. Vermeiden Sie scharfe, eckige Linien. Zeichnen Sie von der Rumpfmitte ausgehend zunächst den ›Kern‹ der Figur, dann den gesamten Körperumfang. Die zeichnerische Wiedergabe von Gesten geht über die Darstellung einer Strichfigur hinaus. Sollten Sie noch immer nicht genau wissen, was das Wesen einer Gestenzeichnung ausmacht, so reduzieren Sie die Bleistiftstriche bis auf wenige Linien, die die rhythmische Grundstruktur des Modells wiedergeben.

Verwenden Sie dunklere Linien für die Bereiche des Körpers, die starke Anspannung oder Belastung zeigen. Versuchen Sie mit dem

Stift die Grenzbereiche der körperlichen Bewegungsfähigkeit aufzuzeigen, die beim Beugen und Strecken sowie beim Drehen und Kreisen des Oberkörpers erreicht werden. Die hellen und dunklen Partien in der Zeichnung stellen Gewichtsverlagerungen und unterschiedliche körperliche Anspannung dar. Später werden Sie unterschiedliche Helligkeitswerte durch Schattierung wiedergeben, um damit die plastische Wirkung von Formen zu erzielen.

In dem Augenblick, da Sie im Sinne ›rhythmischer Figuren‹ zu denken beginnen, werden Sie in der Lage sein, rhythmische Bewegung wiederzugeben.

12 Die physiognomische Geste

Arbeitsmaterialien
Bleistift 3B oder Pastellstift No. 2 – Zeitungspapier – Modell

Die physiognomische Geste zeigt das Modell in einer Pose größtmöglicher körperlicher Anspannung. Eine solche Pose sollte so lange gehalten werden, bis Sie in der Lage sind, den von Ihrem Modell verspürten Schmerz nachzuempfinden. Nehmen Sie 30 bis 40 Sekunden lang eine ähnliche Haltung ein, um den Schmerz der Anspannung am eigenen Körper zu erfahren. Zeichnen Sie dann die Pose, und zwar nicht als Kontur, sondern als Geste. Dabei geben Sie die typischen Merkmale der physiognomischen Geste wieder, indem Sie den Spannungsdruck am ganzen Körper verspüren und in die Zeichnung umsetzen. Beginnen Sie mit der Zeichnung erst, nachdem Sie herausgefunden haben, in welchen Körperregionen Ihr Modell die stärkste körperliche Anspannung verspürt. Geben Sie zunächst die Körperpartien wieder, die den höchsten Grad von Belastung zeigen. Zeichnen Sie dann die restlichen Körperbereiche.

Sollten Sie nicht in der Lage sein, den Spannungsdruck visuell zu erfassen, so nehmen Sie die Haltung Ihres Modells ein, um die Belastung am eigenen Körper zu verspüren. Geben Sie die Körperbereiche in der Zeichnung wieder, in denen Sie Schmerz empfinden. Bilden die Schultern einen Bereich größerer Anspannung, wobei die eine Schulter stärkerer Belastung ausgesetzt ist als die andere, so muß dieser Unterschied in der Zeichnung zum Ausdruck kommen. Geben Sie nach und nach alle angespannten Körperpartien wieder. Bei den belasteten Bereichen handelt es sich um Körperstellen, deren Proportionen Sie berücksichtigen sollten, auch wenn Sie das Modell nicht realistisch wiedergeben. Variieren Sie den Druck des Bleistifts, indem Sie die Körperzonen größerer Anspannung stärker betonen (Abb. 12.1, 12.2 und 12.3).

◁ 12.1 Physiognomische Geste einer Figur, Schülerzeichnung, Tinte auf Zeitungspapier

12.2 Physiognomische Geste einer Figur, Schülerzeichnung, Pastell auf Zeitungspapier

12.3 Physiognomische Geste einer Figur, Schülerzeichnung, Bleistift auf Zeitungspapier

Die Geste beschreibt sowohl Gefühle als auch Wahrnehmungen. Der Zeichner muß dabei die Symptome körperlicher Anspannung seines Modells erkennen und in die Zeichnung umsetzen.

Bisher haben wir uns in den einzelnen Übungen mit den verschiedenen Elementen der Geste auseinandergesetzt, die zum Verständnis des Gesamtkomplexes notwendig sind. Die Übungen entsprechen den in Anatomiebüchern verwendeten transparenten Folien, die Knochenbau, Blutkreislauf, innere Organe sowie Muskeln und Nervensystem zeigen.

Zunächst stellt eine Geste gewöhnlich die aus rhythmischen Linien bestehende fließende Struktur des Körpers dar. Um mehr Merkmale mit der Geste auszudrücken, muß eine weitere ›Folie‹ hinzugefügt werden. Gibt der Zeichner in seiner Darstellung die angespannte Haltung seines Modells wieder, die die körperliche Belastung in unterschiedlichen Bewegungsphasen zeigt, so beschreibt er gleichzeitig den Bewegungsablauf, indem er mehrere geringfügig voneinander abweichende Einzelbilder in einer Zeichnung zusammenfaßt. Die ›Folie‹, der Teilbereich der Geste, den Sie sich in dieser Aufgabe erarbeiten, beinhaltet sämtliche Merkmale der vorangegangenen Übungen.

Sollten Sie noch immer nicht genau wissen, was es bedeutet, Gesten zu zeichnen, so beginnen Sie noch einmal mit den Linien, die die rhythmische Körperstruktur des Modells am deutlichsten wiedergeben. Üben Sie solange, bis Sie in der Lage sind, weitere charakteristische Merkmale der Figur in die Zeichnung zu integrieren. Doch beachten Sie, daß das Ziel Ihrer Arbeit nicht die anatomisch genaue Wiedergabe der Figur ist, sondern daß Sie körperliche Anspannung und Belastung in der Geste ausdrücken.

An diesem Punkt des Zeichenkurses angelangt, verlieren einige Schüler gewöhnlich die Geduld, da sie nicht mehr wissen, woran sie eigentlich arbeiten. Sie stellen fest, daß ihre Mitschüler unter Umständen mit der Problematik einer Aufgabe besser zurechtkommen als sie selbst. Auch Sie mögen jetzt enttäuscht reagieren. Doch lassen Sie sich nicht entmutigen. Arbeiten Sie weiter.

Das Verständnis für die Arbeit wird sich erst nach Ihren Übungen einstellen. Üben Sie solange, bis der Erfolg Ihre Mühe belohnt. Zeichnen lernen bedeutet, sich Techniken schrittweise anzueignen, wobei Sie die einzelnen Übungen individuell bewältigen müssen. Dabei können Sie nichts falsch machen. Sie erzielen entweder gute oder schlechte Ergebnisse. Das Lehrbuch kann Ihnen lediglich die Grundlagen vermitteln, während *Sie* zeichnen und es auf *Ihre* Arbeit ankommt.

Ihr Modell kann Ihnen bei der Aufgabe die Arbeit erleichtern, wenn es vertraute Körperhaltungen einnimmt, indem es zum Beispiel die Pose eines Hockey- oder Golfspielers oder eines Tauchers imitiert. Den gleichen Zweck erfüllen Posen, in denen sich das Modell gegen eine Wand stemmt, an einer Kette zieht oder einen Stuhl hochhebt.

Seien Sie ausdauernd, und lassen Sie sich nicht entmutigen. Die Entdeckung, das sogenannte ›Aha‹-Erlebnis, wird sich dann einstellen, wenn Sie die Anspannung, die Ihr Modell empfindet, am eigenen Körper verspüren und in die Zeichnung umsetzen können.

13 Die seitenverkehrte Geste

Arbeitsmaterialien
Bleistift 3B oder Pastellstift No. 2 – Zeitungspapier – Modell

Die seitenverkehrte Geste läßt sich leicht beschreiben, doch ist sie keineswegs leicht zu zeichnen. Bei dieser Aufgabe handelt es sich um eine Übung, die von Ihnen die Fähigkeit des raschen Umdenkens und Umsetzens verlangt. Innerhalb von 60 Sekunden soll jetzt eine Geste spiegelverkehrt wiedergegeben werden.

Dabei sollte Ihr Modell eine Grundstellung einnehmen, die etwa der Stoß- oder Sprungposition beim Fechten entspricht, das heißt sie sollte eine zur Seite ausgeführte Bewegung – nach links oder rechts – zeigen. Geht die Bewegung nach links, so zeichnen Sie sie spiegelverkehrt, als ginge sie nach rechts.

Es gibt eine Reihe weiterer Positionen aus dem Bereich des Sports, die sich für die Aufgabe anbieten – die Pose des Golf- oder Hockeyspielers, des Tennis- oder Curlingspielers oder die des Diskuswerfers, um nur wenige zu nennen. Einige Posen aus dem täglichen Leben, etwa die Haltung von jemandem, der in eine Badewanne steigt oder einen schweren Gegenstand unter dem Arm trägt oder einfach den Körper zur Seite dreht, sind ebenfalls günstig. Im Grunde eignet sich jede Pose für die Aufgabe, die eine Gewichtsverlagerung auf die eine oder andere Körperseite impliziert.

Die Positionen sollten nicht länger als 60 Sekunden gehalten werden. Möglicherweise stellen Sie am Anfang fest, daß Sie zunächst nicht in der Lage sind, die Pose in ihr Spiegelbild umzusetzen. Eine seitenverkehrte Geste zu zeichnen, verlangt von Ihnen äußerste Konzentration. Doch werden Sie bald erkennen, wie mit jeder Zeichnung die Qualität Ihrer Arbeit besser wird.

Wenn Sie nach 20 oder 30 Übungszeichnungen Posen spiegelverkehrt wiedergeben können, sollten Sie für weitere Übungen auch die angespannten Körperpartien des Modells berücksichtigen. Variieren Sie den Druck des Bleistifts, indem Sie höhere Belastung stärker betonen. Um die Aufgabe noch etwas komplizierter zu gestalten: Versuchen Sie die Gesamtfigur mit den Augen zu ›ertasten‹. Der menschliche Körper hat bekanntermaßen die Form eines ›Zylinders‹, die seine plastische Wirkung begründet. Geben Sie die hervortretenden Körperpartien mit leichten und die weiter im Hintergrund liegenden Körperteile mit dicken Strichen wieder.

Die seitenverkehrte Geste zeigt also sowohl physiognomische Aspekte wie auch das Volumen des menschlichen Körpers.

14 Der Bewegungsablauf des Gehens in der Geste und die Bedeutung der Geste für die Komposition

Arbeitsmaterial

Bleistifte 2B – 80 Bogen Zeitungspapier DIN A7 – ein Ort mit Fußgängern

Die Aussicht, mit 80 Papierbogen des Formats DIN A 7 zu arbeiten, mag Sie zunächst verwirren. Verwenden Sie zehn Bogen Zeitungspapier eines DIN A 4 Blocks. Ein Blatt ergibt jeweils acht Bogen des Formats DIN A 7, die sich mit einem Papierschneider leicht zurechtschneiden lassen. Achten Sie darauf, daß Sie das Papier sauber schneiden, da sich abgerissene Kanten störend auf Ihre Arbeit auswirken.

In Kapitel 11 beschäftigten wir uns bereits mit der Wiedergabe von Bewegungsabläufen. Dabei handelte es sich um die Darstellung von Bewegung mit Hilfe von drei geringfügig voneinander abweichenden Einzelposen, die in einer Zeichnung zusammengefaßt wurden.

In dieser Aufgabe geht es nun um den in der Geste wiedergegebenen Gesamteindruck des Bewegungsablaufs, wie er beim Gehen entsteht. Dabei ist die Darstellung des gesamten Ablaufs naturgemäß eindrucksvoller als die Wiedergabe seiner Einzelphasen. Sie sollen jetzt in der Zeichnung die Gesamtheit der für den Gang einer Person charakteristischen Merkmale festhalten. Die Darstellung zeigt nicht mehr drei übereinander gezeichnete Einzelposen, sondern der gesamte Bewegungsablauf wird nun in *einer* Zeichnung wiedergegeben.

Nachdem Sie das Papier zugeschnitten haben, gilt es, einen für die Arbeit geeigneten Ort zu finden. Schmale Flure sind auf jeden Fall nicht empfehlenswert. Dort gehen die Leute zu schnell an Ihnen vorüber, so daß Sie keine Möglichkeit haben, sie zu zeichnen.

Eine günstige Arbeitsgelegenheit ergibt sich, wenn Sie sich in etwa 20 Metern Entfernung von einem relativ unbelebten Gehsteig aufhalten. Hier haben Sie genügend Zeit, Passanten zu beobachten und den gesamten Ablauf der Gehbewegung im Profil festzuhalten. Gelegentlich ist auch die Eingangshalle einer Bücherei geräumig genug, um dort zu arbeiten. Weitere Möglichkeiten bieten Ihnen Flughäfen, Bahnhöfe und die breiten Gehsteige einer Großstadt.

Für eine Zeichnung stehen Ihnen fünf bis zwanzig Sekunden zur Verfügung. In dieser Zeit müssen Sie darauf achten, wie die Person während des Gehens den Oberkörper bewegt, wie sie die Füße setzt und über den Ballen abrollen läßt, wie sie Bücher oder Pakete trägt, wie die Kleidung im Wind flattert – all das muß erfaßt und zeichnerisch umgesetzt werden. Dabei sollten Sie vorwiegend ›blind‹ zeichnen, also dabei nicht auf das Blatt schauen. So sind Sie gezwungen, die Person besonders aufmerksam zu beobachten.

Menschen gehen auf unterschiedliche Weise. Arbeiten Sie diese Unterschiede heraus, indem Sie die individuellen Gehweisen karikieren. Doch zeichnen Sie keine *Cartoons.* Mit der Karikatur sollen Sie durchaus überzeichnen, ohne dabei jedoch zu spotten oder zu werten.

Berücksichtigen Sie die für den Gang einer Person charakteristische Körperhaltung. Es gibt Leute, die während des Laufens ihre Schultern im Gehrhythmus mitbewegen, dabei den Oberkörper aber geradehalten. Dicke Menschen neigen dazu, beim Gehen die Oberschenkel nach außen zu rollen, während Bauch und Gesäß zu ›kreisen‹ scheinen. Manche Leute haben einen hüpfenden Gang und laufen dabei so ruckartig, als litten sie unter einem schweren Schluckauf. Schwangere Frauen neigen den Oberkörper zurück, um so die Gewichtsverlagerung nach vorn zu kompensieren.

Trägt jemand schwere Bücher unter dem Arm, so wird er bestrebt sein, die einseitige Belastung zur anderen Körperseite hin auszugleichen. Halten Sie nach Fußgängern Ausschau, die einen ungewöhnlichen Gang haben. Da gibt es Leute, die schlurfen oder watscheln, Riesenschritte nehmen oder auf den Zehenspitzen gehen.

Beziehen Sie auch die Kleidung der Person in die Zeichnung ein, wenn sich damit Bewegung wiedergeben läßt. Natürlich sollen und können Sie nicht innerhalb von zehn Sekunden die gesamte Kleidung der Figur erfassen. Zeichnen Sie zum Beispiel den Rock einer Frau, wenn er für die Wiedergabe des Bewegungseindrucks unerläßlich ist. Beschreiben Sie auch die Bewegung einer Jacke, wenn sich damit der Gang einer Person charakterisieren läßt.

Es liegt in Ihrem Ermessen, wie viele Linien Sie in der Skizze verwenden. Es empfiehlt sich, die Linien, die eine sich kontinuierlich wiederholende Bewegung beschreiben, mehrfach zu verwenden, wenn sie die individuelle Gehweise einer Person betonen. Langes, wallendes Haar läßt sich auf diese Weise am besten darstellen. Doch achten Sie darauf, daß Sie nicht versehentlich Cartoons zeichnen. Es geht in dieser Aufgabe lediglich darum, die charakteristischen Merkmale der individuellen Gehweise eines Menschen wiederzugeben. Zeichnen Sie spielerisch, doch nehmen Sie die Arbeit ernst (Abb. 14.1).

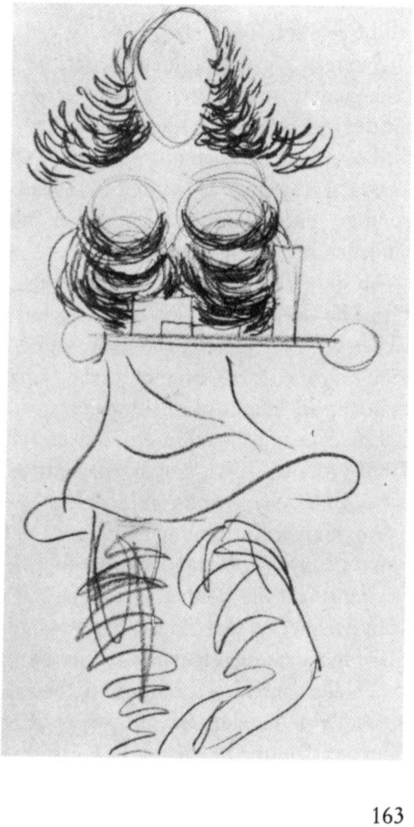

14.1 Schreitende Kellnerin als gestenhafter Bewegungseindruck, Schülerzeichnung, Pastellstift auf Zeitungspapier

Manchmal sind Schüler bei ihrer Arbeit derart auf die Beschreibung des Bewegungsablaufs fixiert, daß sie dabei die Darstellung der Person vernachlässigen. Da die Bewegung von der menschlichen Figur ausgeht, müssen in der Zeichnung auch die individuellen Merkmale der Person berücksichtigt werden. Doch um es noch einmal zu sagen: Die im Verlauf einer Übung gezeichneten Gesten zeigen keine vollständigen Figuren. Sie stellen vielmehr Elemente der Bewegung verkürzend dar.

Den Bewegungsablauf in der Geste auszudrücken, ist für viele eine unangenehme Aufgabe. Sollten sich von 80 Zeichnungen zehn oder fünfzehn als brauchbar erweisen, so haben Sie recht erfolgreich gearbeitet. Selbst wenn nur eine oder zwei Zeichnungen den Bewegungseindruck einer gehenden Person wiedergeben, so hat sich Ihre Mühe gelohnt.

Zwingen Sie sich immer wieder, genau zu beobachten und zu erkennen, worin sich individuelle Gehweisen unterscheiden. Halten Sie die wesentlichen Merkmale fest. Im Verlauf Ihrer Arbeit werden Sie bemerken, daß sich mit wenigen Strichen viel Charakteristisches aussagen läßt und daß Sie den Gang einer Person nicht mit Details, sondern mit den Linien wiedergeben müssen, die den Bewegungseindruck vermitteln (Abb. 14.2).

An dieser Stelle wollen wir uns auch mit der Funktion, die die Geste für die Komposition einer Zeichnung hat, beschäftigen. Denn sicher wird es Situationen geben, in denen Ihnen kein Fußgänger zum Zeichnen zur Verfügung steht. Nutzen Sie solche ›Dürreperioden‹, um an Kompositionsübungen zu arbeiten (Abb. 14.3).

Eine sitzende Position ermöglicht Ihnen eine Drehung um 360 Grad (vorausgesetzt, Sie sitzen nicht an eine Wand gelehnt) und bietet Ihnen eine Reihe von Motiven.

Aus einiger Entfernung betrachtet, läßt sich ein ganzes Gebäude, einschließlich Gehsteige, Bäume und Sträucher, überblicken und wiedergeben. Sie können sich auch auf einen Teil des Gebäudes, zum Beispiel auf den Hauseingang – zu dem eventuell ein Treppengeländer, Laternenpfosten oder Skulpturen gehören –, konzentrieren. Sollte das Motiv für Sie uninteressant werden, so suchen Sie sich ein anderes. Mit einer schnell gezeichneten Kontur verfehlen Sie den Sinn der Übung. Ihr Ziel ist die Geste.

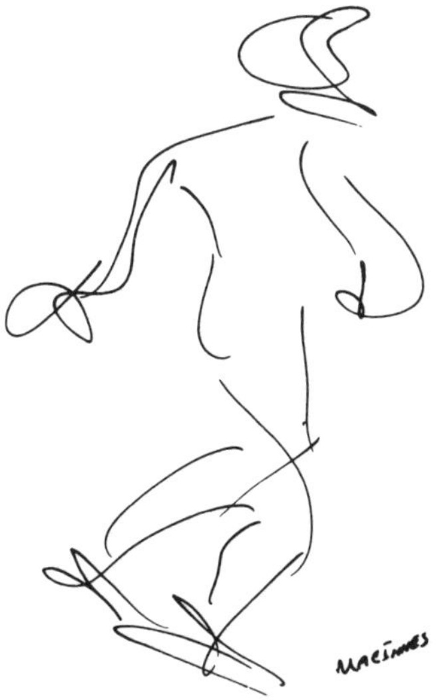

14.2 Laufender Mann mit Tennisschläger, Schülerzeichnung in Bleistift auf Zeitungspapier

14.3 Ein Hauseingang mit Treppe, Kompositionsskizze als Geste

Formen, die sich in der Mitte des Zeichenblattes befinden, wirken uninteressant. Die Wiedergabe von Gehsteigen führt leicht zu schiefen Kompositionen, die den Blick des Betrachters über den Rand des Blattes hinausgehen lassen. Versuchen Sie, die Linien, die zu einer schiefen Komposition führen, auszugleichen, indem Sie andere Teile der Zeichnung stärker betonen. Achten Sie auf U-förmige Bogengänge und Einfahrten. Es ist schwierig, solche Formen in einer Komposition auszugleichen. Versuchen Sie es. Nur so können Sie es lernen.

Von nun an sollten Sie aus verschiedenen Gründen für jede Zeichnung, die Sie anfertigen, zunächst eine in der Geste gezeichnete Kompositionsskizze anlegen. Diese Skizzen können Ihnen bei der Auswahl der günstigsten Perspektive behilflich sein. Wenn auch diese Art von Skizzen schnell auszuführen ist, sollte ihre Funktion für die fertige Zeichnung nicht unterschätzt werden.

Darüber hinaus läßt sich mit einer solchen Skizze erkennen, wie in der Zeichnung die Massen – bewegte wie unbewegte – zu verteilen sind. Die Geste hat lediglich die Aufgabe, Formen anzudeuten. Sie gibt keine festen Umrisse wieder, sondern löst die Formen auf. Sie beschreibt die charakteristischen Merkmale der Formen, die Sie später konturieren oder durch Schattierung herausarbeiten und vervollkommnen.

Zu einer ausdrucksvollen Darstellung gelangen Sie nur, indem Sie zunächst die charakteristischen Formen des Gesehenen in der kleinformatigen Skizze fixieren und anschließend die Hauptlinien der Komposition in der Zeichnung festlegen. Sollten Sie diese wichtigen Vorstufen einer Zeichnung nicht berücksichtigen, so ist es nicht ausgeschlossen, daß Sie die Kontraste richtig wiedergeben. Die Zeichnung kann durchaus eine gewisse Ähnlichkeit mit dem Motiv aufweisen, doch wird die Darstellung Ihren individuellen Ausdruck vermissen lassen.

In der Zeichenkunst wie in der Malerei ist die Geste schließlich auch zur eigenständigen Form der Darstellung geworden. Deshalb werden wir uns in Kapitel 25 ausführlicher mit der Geste als Zeichen- oder Maltechnik auseinandersetzen. Das Bild *Der Frühling* des Malers und Radierers Sir Frank Brangwyn zeigt ein Mädchen mit Enten in hohem Gras, dargestellt in der sanften Bewegung der Geste (Abb. 14.4.).

IV Der Übergang zu den Tonwerten: Volumina und Oberflächenstrukturen

◁ 14.4 Frank Brangwyn (1867–1966), *Frühling,* 1919, Öl auf Leinwand, 50 × 49,5 cm, Des Moines Art Center

15 Die Plastik eines Kopfes

Arbeitsmaterialien

2–3 Pfund Modellierton – eine kleine Kork- oder Styroporkugel – Zahnstocher –
Werkzeuge zum Modellieren (schmale scharfkantige oder runde Metall- oder Holzscheiben, Löffelstiele, Q-Tips, Nagelfeilen usw.)
2 Spiegel oder vier Fotos aus einem Schnellfotoautomaten, die Sie von vorn, von der Seite und von hinten zeigen – ein Holzklotz (Kantenlänge 7 cm) als Unterlage für die Plastik

Die Raumillusion ist das scheinbare Abbild des Raumes auf der Bildebene. Ein Maler oder Zeichner erzeugt diese Raumtiefe auf der Bildfläche. Bei einer Plastik oder einem Flachrelief geht es weniger darum, Tiefenwirkung zu erzeugen oder den Hintergrund wiederzugeben, als vielmehr darum, Wölbungen und Rundungen zu gestalten. Der Bildhauer formt ein Objekt aus einer Tonmasse und macht einen »Raum sichtbar, den man betasten kann«.[1] Die fertige Plastik ruht in ihrem eigenen sie umgebenden dreidimensionalen Raum (Abb. 15.1). Mit anderen Worten: Der Raum, den die Plastik in einem Raum einnimmt, ist der Teil des Raumes, den sie durch ihr eigenes Volumen verdrängt. Und die Umgebung sollte das Werk in seiner Wirkung fördern und ergänzen. Damit sind wir zum Komplex des positiven und negativen Raums zurückgekehrt.

In dieser Aufgabe unterbrechen wir einmal die gewohnten Zeichenübungen, um im Bereich des Modellierens Erfahrungen zu sammeln, damit Sie plastische Rundungen und Wölbungen, das heißt die Verteilung von Massen besser verstehen lernen. Die Arbeit mit Ton gibt Ihnen die Möglichkeit, die gesamte Plastizität der Form, die Sie beim Zeichnen von einem festen Standpunkt gewöhnlich nicht wahrnehmen können, umfassend zu erfahren. Wenn Sie später wieder zu zeichnen beginnen, sollten Sie in der Lage sein, mit der Linie mehr ausdrücken sowie die Problematik des Räumlich-Plastischen besser bewältigen und die im Hintergrund verborgenen Flächen eines Objekts andeuten zu können als vorher.

Die Aufgabe wird Sie zwischen zwölf und 40 Stunden in Anspruch nehmen. Sie sollten wissen, daß Sie viel Arbeit erwartet. Gehen Sie dabei zu schnell vor, so wird man es der Plastik ansehen.

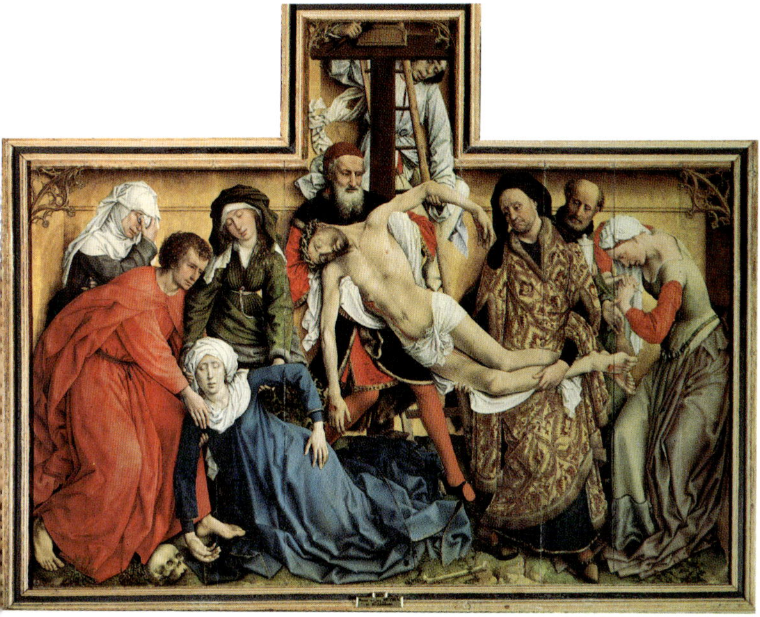

1 Rogier van der Weyden (etwa 1400–1460), *Kreuzabnahme,* um 1435, Öl auf Holz, 220 × 262 cm, Museo del Prado, Madrid

1a Schülerzeichnung zur Komposition der Farbformen von Farbtafel 1

2 Raffael (eigentlich Raffaello Sanzio, 1483–1520), *Der wunderbare Fischzug,* 1515–16, Karton, Gouache auf Papier, 358 × 427 cm, Victoria and Albert Museum, London

3 Peter Paul Rubens (1577–1640), *Die Niederlage Sanheribs,* 1616–18, Öl auf Holz, 98 × 123 cm, Alte Pinakothek, München

4 Pierre Paul Prud'hon (1758–1823), *Die Quelle,* um 1801, schwarze und weiße Kreide a
blauem Papier, Sterling and Francine Clark Institute, Williamstown

5 Rembrandt Harmensz. van Rijn (1606–1669), *Sitzender nach vorn geneigter weiblicher Ak*
1660–62, Tusche und Bister, 29 × 16 cm, British Museum, London

6 Auguste Renoir (1841–1919), *Le Moulin de la Galette,* 1876, Öl auf Leinwand, 131 × 175 cm, Musée du Louvre, Paris

James Ensor (1860–1949), *Der sterbende Vater des Künstlers,* 1887, Pastellstift, Koninklijk Museum voor Schone Kunsten, Antwerpen

8 Richard Lindner (geb. 1901), *Hello,* 1966, Öl auf Leinwand, 177,8 × 152,4 cm, Privatsammlung, New York

Ihr eigener Kopf ist Ihnen sicher am vertrautesten. Jeder Kopf zeigt individuelle Merkmale und Besonderheiten. Da wir es in dieser Aufgabe mit den charakteristischen Feinheiten einer Kopfform zu tun haben, eignet sich auch der eigene Kopf als Vorlage für die Arbeit. Daraus ergibt sich zudem der Vorteil, daß Sie die Arbeit fortsetzen können, wann immer Sie die Zeit dazu haben.

Bevor Sie mit dem Modellieren beginnen, sollten Sie Ihren Kopf auf folgende Weise systematisch ertasten: Erfühlen Sie bei geschlossenen Augen vom Genick ausgehend mit beiden Händen Ihre Schultern. Verlaufen sie in einem flachen Winkel unterhalb der Halskrümmung? Normalerweise ist das der Fall. Betasten Sie nun die Halsgegend. Erfühlen Sie die vordere untere Partie des Halses im Bereich des Schlüsselbeins. Tasten Sie sich die Kehle hinauf. Wie fühlt sich die Wölbung der Speiseröhre an? Tritt sie über die seitlich gelegenen Halsmuskeln hinaus? An welcher Stelle laufen die Halsmuskeln mit den Muskeln der Schulterpartie zusammen?

Ertasten Sie nun die Wölbung der Wirbelsäule im Nackenbereich. An welchen Stellen treten die Halswirbel hervor, und wo befinden sich die Muskeln? Erfühlen Sie die Wölbungen hinter den Ohren. (Gewöhnlich verwenden Schüler in diesem Bereich der Plastik zuviel Ton.)

Wo befindet sich das Kiefergelenk? In welcher Höhe liegen Ihre Ohren im Verhältnis zum Kieferbogen?

Ertasten Sie jetzt den Hinterkopf. An welcher Stelle beginnt er sich zu wölben? Befühlen Sie mit den Fingern beider Hände den gesamten Hinterkopf, indem Sie die Daumen jeweils in Ohrhöhe ansetzen und die Hände nach oben und unten bewegen. In welchem Bereich befindet sich seine stärkste Wölbung? Liegt sie in der Mitte des Kopfes? Verläuft Ihre Schädeldecke von der Mitte ab gewölbt oder zunächst flach, um erst zu Beginn der Stirnpartie abrupt abzufallen? Lassen Sie Ihre Finger von der Schädeldecke seitlich zu den Ohren hinab und weiter zu den Schläfen gleiten. Verengt sich Ihr Kopf an dieser Stelle? Fahren Sie jetzt über die Wangenknochen bis zum Unterkiefer. Treten Ihre Wangenknochen weiter hervor als der Kiefer?

Verläuft Ihre Stirn eher gerade oder schräg? Wie fügen sich die Augenbrauen zwischen den Schläfen und den Wangenknochen ein?

15.1 Jacob Epstein (1880–1959), *Büste Albert Einsteins*, 1933, Bronze, 42,5 cm hoch, Des Moines Art Center

Wie weit ist Ihr Haaransatz von den Augenbrauen entfernt? Ertasten Sie die Unebenheiten Ihrer Stirn. Lassen Sie Ihre Finger über die Brauen zu den Augen gleiten. Erfühlen Sie die Knochenstruktur der Augenhöhlen, die Wölbung der Augen sowie die Augenlider. Ertasten Sie die Augenhöhlen von den Brauen bis zur Nasenwurzel. Wo befindet sich die Nasenwurzel im Verhältnis zu den Augen? Treten die Wangen weiter hervor als der Nasenrücken?

Lassen Sie vom Nasenrücken ausgehend die Finger beider Hände über Wangen und Mund hinweggleiten. Wie weit ist die Nase von der Oberlippe entfernt?

Wo befinden sich die Mundwinkel im Verhältnis zu den Nasenlöchern und den äußeren Augenwinkeln? (Prüfen Sie mit Hilfe eines Spiegels, ob die Mundwinkel mit den Pupillen auf einer Linie liegen.)

Halten Sie Ihren Zeigefinger senkrecht unter die Nasenspitze. Berühren die Lippen den Finger? Halten Sie den Zeigefinger waagerecht unter die Unterlippe. Wie stark ist die Einbuchtung vor dem Kinnansatz? Wie breit ist Ihr Kinn? Ist es breiter oder schmaler als der Mund?

Ertasten Sie die fleischigen Partien unterhalb des Kinns zwischen Unterkiefer und Halsansatz.

Der nächste Schritt ist die maßstabsgetreue Zeichnung Ihres Kopfes in Vorderansicht und Seitenansicht. Der fertige Kopf hat eine Höhe von etwa zehn Zentimetern. Einschließlich Hals- und Schulterpartie mißt er etwa 13 Zentimeter. Zeichnen Sie den Entwurf der Plastik auf einem Bogen Konzeptpapier im Maßstab 1:1. Beginnen Sie mit der Vorderansicht Ihres Kopfes. Benutzen Sie dazu die entsprechende Fotovorlage. Übertragen Sie die spezifischen Abmessungen Ihres Gesichts mit Hilfe eines Rasters von der Fotografie in die Zeichnung – Brauen, Nase, Augen, Mund und Kinn.

Verfahren Sie bei der Darstellung der Seitenansicht nach der gleichen Methode. Gehen Sie bei der Wiedergabe der Augen- und Nasenpartie besonders sorgfältig vor; das Auge befindet sich hinter der Braue – die Nase beginnt an der Krümmung der Augenbraue, nicht in der Mitte der Stirn. Wollen Sie beide Ansichten des Kopfes auf einem Blatt darstellen, so lassen sich die charakteristischen Merkmale auf den horizontalen Linien des Rasters von der Vorderansicht in die Seitenansicht übertragen (Abb. 15.2).

15.2 Maßstabgetreue Zeichnung eines Kopfes in Vorder- und Seitenansicht

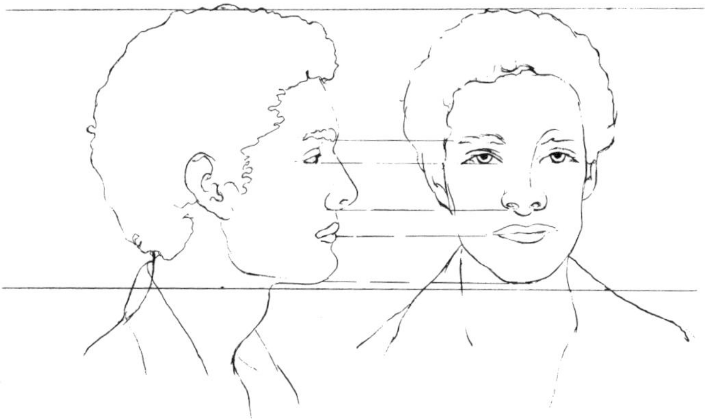

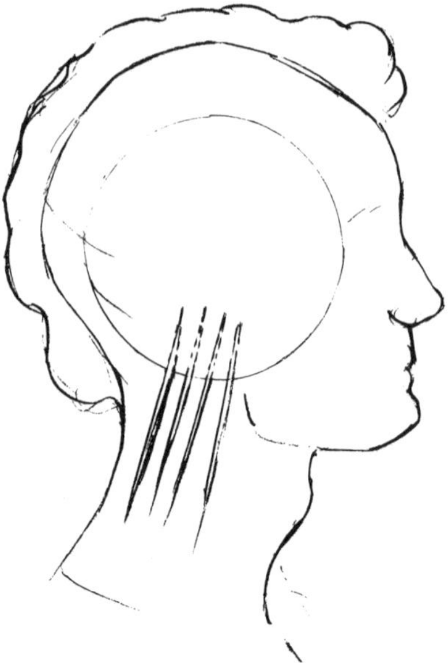

15.3 Das innere Gerüst einer Plastik

Nun können Sie mit dem Modellieren beginnen. Zunächst müssen Sie das innere Gerüst der Plastik anfertigen (Abb. 15.3). Kneten Sie den Ton, und legen Sie eine Schicht um die Korkkugel. Um dem Hals Festigkeit zu verleihen, stecken Sie vier Zahnstocher (oder Drahtstifte) dicht nebeneinander in die Kugel. Beachten Sie, daß der Kopf nicht senkrecht auf dem Hals steht. Halten Sie die Kugel etwas nach vorn geneigt, während Sie Hals- und Schulterpartie formen. Die Rohform des Kopfes erhalten Sie, indem Sie die Modelliermasse von der Halspartie ausgehend um die Korkkugel verteilen, bis der Kopf eiförmig ist. Da ein Kopf keine einheitlich glatte Oberflächenstruktur aufweist, muß der Ton den charakteristischen Merkmalen Ihres Kopfes entsprechend geformt werden (Abb. 15.3).

Arbeiten Sie die ungefähre Kopfform heraus. Gestalten Sie das Gesicht von den Augenbrauen bis zum Kinn, ohne Details zu berücksichtigen. Formen Sie das Profil der Plastik nach der Fotovorlage oder nach Ihrem Abbild im Spiegel. Legen Sie die Einkerbung über der Nase in Höhe der Augenbrauen fest, und gestalten Sie die Form der Nase. Bilden Sie die Wangen heraus.

Die Gestaltung der Augenpartie ist schwieriger. Drücken Sie dazu Vertiefungen in die Masse, in die Sie kleine Tonkugeln einfügen. Verwenden Sie für die Augenlider schmale Wülste, die Sie über die ›Augäpfel‹ legen. Glätten Sie die Partien um Augen, Nase und Wangen.

Nachdem Sie diese Vorarbeiten beendet haben, stellen Sie die Plastik auf den als Unterlage dienenden Holzklotz. Auf diese Weise ist die Plastik für Sie an allen Seiten leicht erreichbar, indem Sie den Sockel so drehen können, wie es für die Arbeit erforderlich ist. Da die Tonmasse durch Handwärme und Reibung an den Fingern klebt, sollten Sie nun zum Modellieren der Feinheiten die für diesen Zweck bestimmten Werkzeuge benutzen.

Der letzte Arbeitsgang besteht in der Gestaltung der Haarpartien. Hier gibt es eine Reihe unterschiedlicher Techniken. Sie können den Ton durch eine Kartoffelquetsche pressen oder kleine Schlangen formen. Sie können das ›Haar‹ flechten, die Tonmasse mit einem Kamm bearbeiten oder mit einem Zahnstocher einritzen. Lassen Sie Ihren Erfindungsgeist spielen.

15.4/5 Plastik eines Kopfes, Vorderansicht und Seitenansicht einer Schülerarbeit

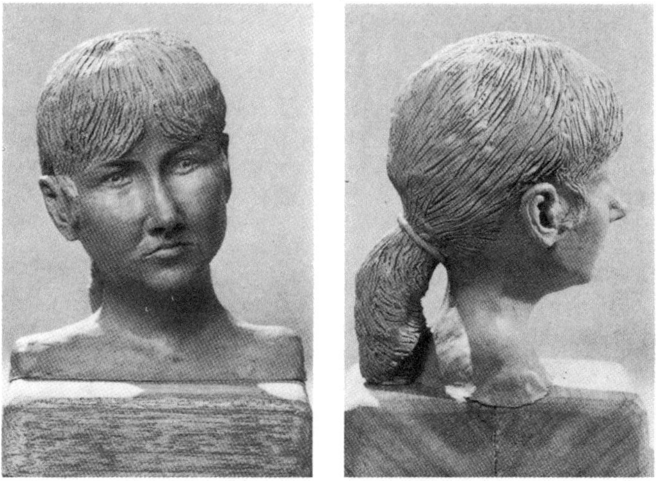

Um die individuellen Merkmale Ihres Kopfes herauszuarbeiten, ist es immer wieder erforderlich, die Plastik mit dem Foto oder dem Spiegelbild zu vergleichen. Das gilt besonders für die Wiedergabe des Profils. Ihre Arbeit zeigt Mängel, wenn die Wangen zu dick sind, das Kinn zu weit hervorragt, die Lippen zu schmal sind, wenn der Kopf eher kugel- statt eiförmig ist, die Augen eine zu große Entfernung zum Mund aufweisen, wenn die Nase zu lang oder zu kurz ist und die Augen unterschiedlich groß sind.

Da zwei bis drei Pfund Ton in Verbindung mit einem aus einer Korkkugel und Zahnstochern bestehenden Gerüst lediglich eine Miniaturplastik ergeben, ist es besonders schwierig, Kopfform und Gesichtszüge exakt zu gestalten (Abb. 15.4 und 15.5).

Ton trocknet im Laufe der Zeit aus und wird rissig. Wenn Ihnen die Plastik so gut gefällt, daß Sie sie trotzdem aufheben möchten, sollten Sie sie auf einen geeigneteren Sockel aus Holz oder Metall stellen. Wählen Sie für den Kopf eine passende Umgebung, die ihn gebührend zur Geltung bringt – z. B. eine Nische, ein Podest in Fensternähe oder ein Bücherbord.

Anmerkung

1 Susanne K. Langer, Feeling and Form, New York 1953, S. 90.

16 Der Tonwert und die Geste – die gestaltete Geste

Arbeitsmaterialien
Bleistift 3B oder Feinminen-Druckstift – Minen 0,5 mm, 2B oder 3B – 4 Bogen Karteikarton – die Tonplastik – Modell

Wie sich am Gerüst einer Plastik durch Hinzufügen von Tonmasse allmählich Rundungen und Wölbungen herausbilden, so entstehen plastische Formen in der modulierten oder modellierten Zeichnung um einen rhythmischen Kern herum. Doch gibt die modellierte oder gestaltete Geste Strukturen mit einer ununterbrochenen, kontinuierlich in die verschiedensten Richtungen verlaufenden Linie wieder und bildet auf diese Weise Wölbungen, Vertiefungen und negative Formen heraus.

Beim ›Modulieren‹ oder ›Modellieren‹ in der Geste zeigt sich die Fähigkeit der Linie, Licht und Schatten wiederzugeben. Hier bieten sich zwei Möglichkeiten der Darstellung an. Man vermag durch variablen Druck des Bleistifts und unterschiedliche Liniendichte Gewicht, Spannung und Belastung des Körpers anzudeuten. Darüber hinaus lassen sich mit der Linie die verschiedenen Helligkeitswerte einer Oberfläche wiedergeben. Henry Moores aquarellierte Kreidezeichnung *Frauen beim Aufwickeln von Wolle* zeigt beide Möglichkeiten (Abb. 16.1).

Da es nicht ausreicht, lediglich zu lernen, wie man Tonwerte in der Zeichnung moduliert, wollen wir mit einer Aufgabe beginnen, die der ertasteten blinden Kontur, einer Übung, die Sie bereits kennen, verwandt ist. Zeichnen Sie innerhalb von zehn Minuten eine ›blinde Studie‹ Ihres Kopfes in modulierter Geste. Ertasten Sie dabei mit der freien Hand Ihren Kopf, und geben Sie mit variiertem Druck des Bleistifts seine Wölbungen und Rundungen wieder. Die Zeichnung sollte den Kopf etwa in Lebensgröße darstellen. Erforschen Sie die Topographie von Kopf und Hals, und geben Sie gleichzeitig alle Einzelheiten mit einer ununterbrochenen ›tastenden‹ Linie wieder. Da Sie Ihren Kopf bereits als Plastik dargestellt haben, zeichnen Sie nun so, als würden Sie ihn noch einmal mit der Linie modellieren. Ihre zweidimensionale Darstellung zeigt dann eine ›allseitige‹ Ansicht Ihres Kopfes (vergleichbar der Grundidee des Analytischen Kubismus, den wir in Kapitel 29 untersuchen wollen).

Benutzen Sie für die zweite Übung Ihre Tonplastik in der Vorder- oder Seitenansicht als Vorlage, und geben Sie mit variiertem Bleistiftdruck die Licht- und Schattenpartien der Plastik wieder. Stellen Sie den Kopf in seiner natürlichen Größe dar.

Nachdem Sie Rundungen und Wölbungen sowie Licht und Schatten in der Geste wiedergegeben haben, sollen Sie nun beide Arten der Darstellung in den folgenden Übungen jeweils in der Zeichnung vereinigen. Ihre Arbeitstechnik wird sich dadurch zwar kaum ändern, doch sollten Sie, bevor Sie zu zeichnen beginnen, genau wissen, was Sie darstellen.

In der folgenden Übung sollen Sie den Kopf Ihres Modells darstellen, wobei es Ihnen überlassen ist, welche Ansicht Sie wählen.

16.1 Henry Moore, *Frauen beim Aufwickeln von Wolle,* 1949, Aquarell und Pastellstift, 34 × 63,5 cm, Museum of Modern Art, New York. Gift of Mr. and Mrs. John A. Pope in honor of Paul J. Sachs

Um in etwa zu verstehen, was mit modulierter Geste gemeint ist, stellen Sie sich vor, Sie wickelten einen Faden, eine Schnur oder einen dünnen Draht in die verschiedensten Richtungen um den Kopf des Modells, bis er vollkommen eingehüllt ist. Dabei sollen Sie die charakteristischen Merkmale, die das Gesicht Ihres Modells aufweist, nicht im Detail wiedergeben, sondern lediglich Strukturen andeuten.

Denken Sie daran, den Raum in der Zeichnung bildwirksam aufzuteilen. Unvorteilhaft ist es, den Kopf in der Mitte des Blattes zu zeichnen. Beachten Sie auch, daß die Größe der Darstellung im richtigen Verhältnis zum Format des Blattes steht. Die Antwort auf die Frage, wie Sie zu einer guten Komposition gelangen, können nur Sie selbst geben.

Zeichnen Sie, während Sie mit den Augen den Kopf Ihres Modells ertasten. Nehmen Sie den Bleistift nicht vom Papier. Geben Sie mit der Linie wieder, was Sie sehen. Bedenken Sie, daß der Kopf Rundungen aufweist und daß Sie seine Wölbungen und Vertiefungen wiedergeben. Allmählich wird der Kopf auf Ihrem Blatt Gestalt annehmen. Schauen Sie auf Ihr Modell, weniger auf das Papier. Ertasten Sie besonders sorgfältig die Gegend um Nase, Augen und Ohren. Die einzelnen Merkmale sollten mit möglichst vielen Linien wiedergegeben werden, um Strukturen zu betonen sowie die Plastizität der Gesamtform anzudeuten.

Die Vermutung mag naheliegen, die Aufgabe sei zu lösen, indem Sie Augen-, Ohr- und Nasenpartie in der Konturlinie zeichnen und anschließend mit zahlreichen Linien verbinden. Doch würden Sie damit das Ziel der Übung verfehlen. Vielmehr kommt es darauf an, daß Sie die Strukturen und Dimensionen, die Steigungen und Neigungen, das gesamte Volumen des Kopfes gleichsam wie ein kleiner Käfer ertasten, der ziellos jeden Winkel des Gesichts erforscht (Abb. 16.2).

Bei der Wiedergabe von Licht- und Schattenzonen wird Ihnen jedoch die Arbeit dadurch erleichtert, daß das vom Gesicht des Modells reflektierte Licht gleichzeitig das Volumen des Kopfes deutlich hervortreten läßt. Verwenden Sie zarte Linien für die helleren Partien und kräftigere, dichtere Linien für die Schattenzonen. Wie bereits erwähnt, sollen Sie allerdings neben der Plastizität

16.2 Kopfdarstellung in strukturierender Geste, Tinte auf Karteikarton, Schülerzeichnung

der Gesamtform auch Gewicht, Belastung und Anspannung mit sensibler Linie wiedergeben.

In der nächsten Aufgabe gilt es, die gesamte Figur in der modulierten Geste darzustellen. Verwenden Sie dazu ein Zeichenblatt des Formats DIN A 4. Versuchen Sie, das Volumen mit einer ununterbrochenen, die Figur scheinbar umspannenden Linie wiederzugeben (Abb. 16.3).

Die letzte Zeichnung dieses Kapitels sollte die Figur vor einem einfach strukturierten Hintergrund zeigen. Lassen Sie Ihr Modell auf einem Hocker Platz nehmen, während es eine Schale mit Blumen in der Hand hält und dabei aus einem Fenster schaut. Oder lassen Sie es neben einem Blumentopf knien.

Skizzieren Sie die Umrisse der Komposition. Bestimmen Sie die horizontalen und vertikalen Abmessungen, und legen Sie die Proportionen mit den Hauptlinien der Komposition fest. Arbeiten Sie nun mit durchgehenden Linien langsam und sorgfältig die Wölbungen und Vertiefungen der Figur sowie die Hintergrundstrukturen heraus (Abb. 16.4).

16.3 Figur in modulierter Geste, Schülerzeichnung, Bleistift auf Zeitungspapier

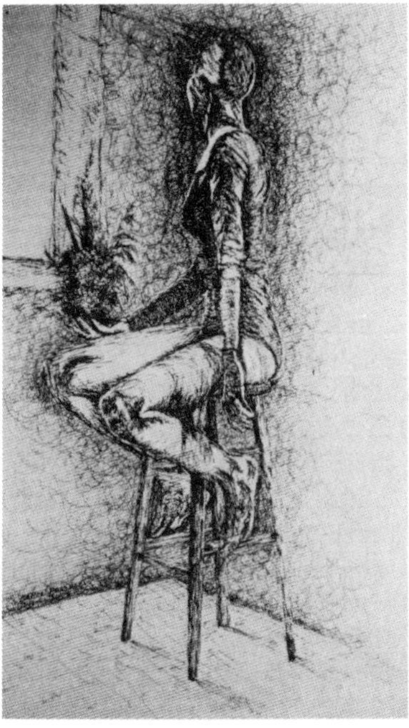

16.4 Figur in modulierter Geste, Schülerzeichnung, Tinte auf weißem Zeichenpapier

17 Das Drei-Ton-Schema

Arbeitsmaterialien

1 Bogen Karteikarton Format DIN A 3 – je eine Flasche farbige, weiße und schwarze Tusche – verschiedene kleine Pinsel – zwei kleine Gefäße zum Mischen der Tusche – ein Arrangement mit Modell oder ein Stilleben

Wir kommen nun zum letzten von drei Übergangskapiteln. Beim Modellieren der Tonplastik hatten wir es mit ›echten‹ Wölbungen zu tun. Danach beschäftigten wir uns mit dem angedeuteten Volumen der gestalteten Geste, indem wir Licht- und Schattenpartien körperlicher Anspannung und Belastung sowie unterschiedliche Helligkeitswerte einer Oberfläche in die Zeichnung umsetzten. Die Aufgabe dieses Kapitels besteht darin, die konturierten Umrisse flacher Formen mit drei verschiedenen Ton- oder Helligkeitsstufen – hell, mittel und dunkel – wiederzugeben. Auch mit dieser Art der Darstellung läßt sich räumlich-plastische Wirkung erzielen.

In gewisser Hinsicht entspricht diese Übung den Entwicklungsstufen der griechischen Vasenmalerei. Zwischen etwa 1050 und 700 v. Chr. brachte der geometrische Stil der griechischen Kunst Töpferwaren mit einheitlichen schwarzen Mustern hervor (Abb. 17.1). Bei diesen Mustern handelt es sich um Schmuckbänder, die aus Zickzackreihen, Kreisen und Punkten bestehen. Es wurden keine Schatten wiedergegeben.

Der orientalisierende Stil der griechischen Vasenmalerei (etwa 700–620 v. Chr.) zeigt Figuren als Silhouetten (Abb. 17.2). Vereinzelt findet man auch beide Arten der Darstellung auf einer Vase. In die schwarze Glasur der Tonware wurden Muster geritzt, die u. a. Waffen und Tuchfalten zeigen. Über die schwarze Glasur wurde weiße und purpurfarbene Lasur gelegt, um gewisse Bereiche scheinbar hervortreten zu lassen.

In der archaischen Periode (etwa 600–480 v. Chr.) vollzog sich allmählich der Übergang vom schwarzfigurigen zum rotfigurigen Stil (Abb. 17.3). Die Figuren wurden jetzt nicht mehr mühsam in

17.1 Attische Dipylon-Vase, 8. Jahrhundert v. Chr., 108 cm hoch, Metropolitan Museum of Art, Rogers Fund, New York

die Glasur geritzt, sondern aus freier Hand mit dem Pinsel aufgetragen, wobei von nun an auch Verkürzungen sowie einander überschneidende Gliedmaßen in den Darstellungen zu finden sind. So verwendeten die griechischen Töpfer Linien, unterschiedliche Tonwerte und Farben, um auf diese Weise eine gewisse – wenn auch begrenzte – räumliche Tiefenwirkung zu erzielen.

Wie die griechischen Kunsthandwerker des 5. vorchristlichen Jahrhunderts sollen Sie in dieser Aufgabe wieder mit der Konturlinie arbeiten und zugleich Farbe in drei verschiedenen Tonwerten in die Zeichnung integrieren. Dabei wird auch Ihre Darstellung eine geringe Tiefenwirkung aufweisen.

Die grundlegende Aufgabe dieser Übung, in der Sie nach einem Stilleben oder nach einem Modell in einem Arrangement arbeiten, besteht darin, den gesehenen dreidimensionalen Raum mit flachen, voneinander isolierten, nicht modulierten Formen wiederzugeben. Sie werden zu einer räumlich-plastischen Darstellung gelangen,

17.2 Arkesilas-Maler, Lakonische Schale, um 565–560 v. Chr., Keramik, 19 cm hoch, 38 cm ∅, Bibliothèque Nationale, Paris

17.3 *Eos und Memnon,* um 490–480 v. Chr., Schaleninneres einer attischen rotfigurigen Kylix, 27 cm ∅, Musée du Louvre, Paris

wenngleich die Raumillusion auf einer Anordnung flacher Formen beruht.

Ein Arrangement mag mehr als einen halben Meter Tiefe haben, doch werden seine Objekte, die Draperie sowie das Modell flach erscheinen, wenn Sie die Formen ohne ihre Tiefendimension wiedergeben und die Gesamtstruktur einschließlich des Hintergrundes lediglich als flache Formen betrachten.

Bereiten Sie das Arrangement vor und plazieren Sie Ihr Modell. Richten Sie einen Scheinwerfer auf die Szenerie, während der übrige Raum abgedunkelt bleibt. Skizzieren Sie verschiedene Ansichten des Arrangements, und wählen Sie die für die Komposition interessanteste aus. Zeichnen Sie mit dem Bleistift den Gesamtentwurf der Komposition. Kneifen Sie die Augen zusammen, um die Formen, die zu unterschiedlichen Helligkeitsbereichen gehören, besser unterscheiden zu können.

Stellen Sie fest, welche der Formen zum hellsten Bereich des Arrangements gehören. Entspricht der hellste Ton eines grauen Vorhangstoffs der hellsten Stelle einer braunen glasierten Keramikflasche? Gehören alle weißen, gelbweißen, hellgrauen und hellbraunen Partien des Arrangements zur hellsten Tonstufe oder einige bereits zum mittleren Helligkeitsbereich? Bedenken Sie, Sie zeichnen keine Objekte, die Sie anschließend kolorieren. Sie zeichnen Formen, die Sie einem bestimmten Helligkeitsbereich zuordnen, von denen jedoch einige zu einer angrenzenden Tonstufe gehören können. Der Glanz einer Flasche, die Falten eines Vorhangstoffes sowie die hellste Stelle im Haar Ihres Modells können jeweils dem hellsten Tonwert zugeordnet werden. Der Modulationsbereich des Lichts umfaßt allerdings mehr als lediglich helle, mittlere und dunkle Grau- und Farbwerte.

Betrachten Sie einmal die Objekte und Formen in Ihrem Zimmer, so entdecken Sie ein breites Spektrum farblicher Abstufungen, das sich von den extrem hellen bis zu den extrem dunklen Werten erstreckt. Da Sie keine farblichen Übergänge modulieren, müssen Sie sich entscheiden, welche Formen des Arrangements Sie den jeweiligen Helligkeitsbereichen zuordnen.

Indem Sie das gesamte Arrangement mit in sich geschlossenen flachen Formen unterschiedlicher Tonwerte wiedergeben, setzen

17.4 Schülerzeichnung im Drei-Ton-Schema, abgetönte Sepia auf Karteikarton

Sie das Gesehene sinnvoll in die Zeichnung um. Diese Art der Darstellung wird Ihre zeichnerische Entwicklung fördern und Sie davon abbringen, Objekte lediglich zu kopieren (Abb. 17.4).

Bestimmen Sie zunächst alle Formen der hellsten Tonstufe, und geben Sie diese mit einer geschlossenen Konturlinie wieder.

Suchen Sie dann alle dunklen Formen heraus. Beachten Sie dabei, daß der Schatten eines Fußes dem Helligkeitswert eines unbeleuchteten Stuhlbeins entsprechen kann und daß in der Zeichnung womöglich beide im Bereich der dunklen Tonstufe liegen.

Die restlichen Formen gehören zwangsläufig zur mittleren Tonstufe.

Wie beim ›Malen nach Zahlen‹ sollten Sie sich nun ein System schaffen, das Ihnen die Arbeit erleichtert, wenn Sie später die einzelnen Tonfelder mit farbiger Tinte ausfüllen. Verwenden Sie

Zahlen (1, 2, 3) oder Buchstaben (H, M, D). Die Aufgabe zeigt in der Tat eine gewisse Ähnlichkeit mit dem Ausmalen vorgezeichneter Figuren in einem Malbuch. Doch kommt dieser Übung in der gegenwärtigen Phase Ihrer zeichnerischen Entwicklung wesentliche Bedeutung zu.

Zum Kolorieren der Formen eignet sich fast jede farbige Tusche – blau, rot, orange, sepia, grün oder purpur. Verwenden Sie zum Abtönen schwarze und weiße Tusche.

Die von Ihnen gewählte Farbe entspricht dem mittleren Tonwert in der Zeichnung. Mischen Sie nun in einem kleinen Gefäß etwas Tusche Ihrer Wahl mit einer ausreichenden Menge weißer Tusche, so erhalten Sie den hellen Tonwert. Verfahren Sie in gleicher Weise mit der Herstellung des dunklen Tonwerts. Stellen Sie von beiden Tönungen ausreichende Mengen her, um die verschiedenen Tonfelder in einem Arbeitsgang ausmalen zu können.

Farbige Zeichentusche deckt unterschiedlich gut. Sollten Sie eine Farbe gewählt haben, die sich nicht mit einem Mal gleichmäßig

17.5 Schülerzeichnung im Drei-Ton-Schema, abgetönte orangefarbene Tusche auf Karteikarton

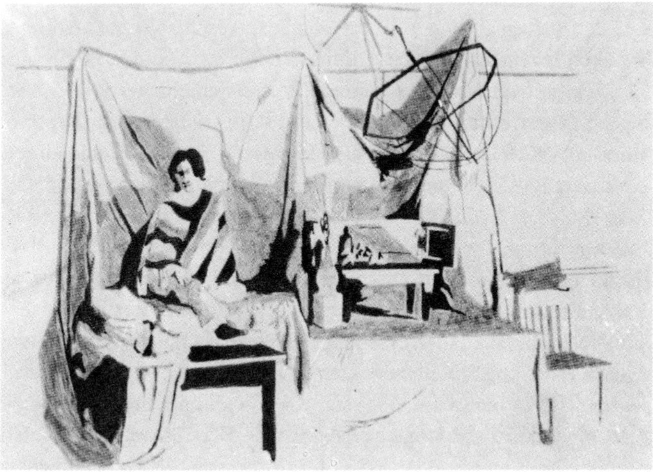

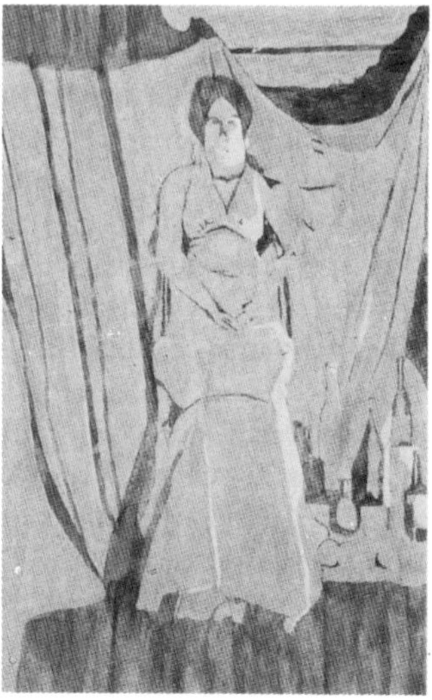

17.6/7 Schülerzeichnungen im Drei-Ton-Schema, abgetönte khakifarbene Tusche auf Karteikarton und abgetönte rote Tusche auf Karteikarton

verteilen läßt, so empfiehlt es sich, die Tusche ein zweites Mal aufzutragen.

Alle Formen sollten vollkommen ausgetuscht werden. Arbeiten Sie nach Ihrem Zahlen- oder Buchstabensystem, um die einzelnen Formen mit den entsprechenden Tonwerten zu verbinden. Am besten läßt sich die Tusche mit einem Pinsel auftragen. Sie können allerdings auch einen Isographen mit breiter Spitze dazu benutzen. Kolorieren Sie von links nach rechts und von oben nach unten (Abb. 17.4–17.7).

Diese Übung wurde in das Buch aufgenommen, um Sie dazu anzuregen, von Farben zu abstrahieren, ohne auf die Objekte als Farbträger zu achten. Dabei übernehmen die unterschiedlichen Tonwerte die Rolle der Formen, die trotz der flachen Darstellung eine erstaunliche räumliche Tiefenwirkung entstehen lassen.
Die gestaltete, modellierte Geste, das Drei-Ton-Schema sowie die Tonwertstudien der folgenden Kapitel befassen sich auf unterschiedliche Weise mit der Raumillusion. Zwar beruht Zeichnen als

Form künstlerischen Ausdrucks nicht ausschließlich auf der Wiedergabe räumlicher Tiefe, doch hat uns die Kunst der westlichen Welt im Laufe der Jahrhunderte gelehrt, daß es die Aufgabe der Kunst sei, die Welt so darzustellen, wie sie uns erscheint. Die Übungen dieses Zeichenkurses für Anfänger beschäftigen sich eingehend mit den Phänomenen der Perspektive. Doch sollten Sie diese Auseinandersetzung mit den Problemen des Raumes als eine Art des ›Sehenlernens‹ verstehen.

18.1 Claude Lorrain (1600–1682), *Tiberlandschaft oberhalb von Rom. Ausblick vom Monte Mario,* um 1640, Pinsel und Bister, 18,7 × 27 cm, British Museum, London

V Die Graumodulation

18.2 Odilon Redon (1840–1916), *Lesender Mann,* 1892, Lithographie, 31 × 24 cm, Sotheby Parke Bernet, London

3.3 Henri Ignace Fantin-Latour (1836–1904), *Rosenstrauß,* 1879, Lithographie, 44 × 35 cm
Des Moines Art Center

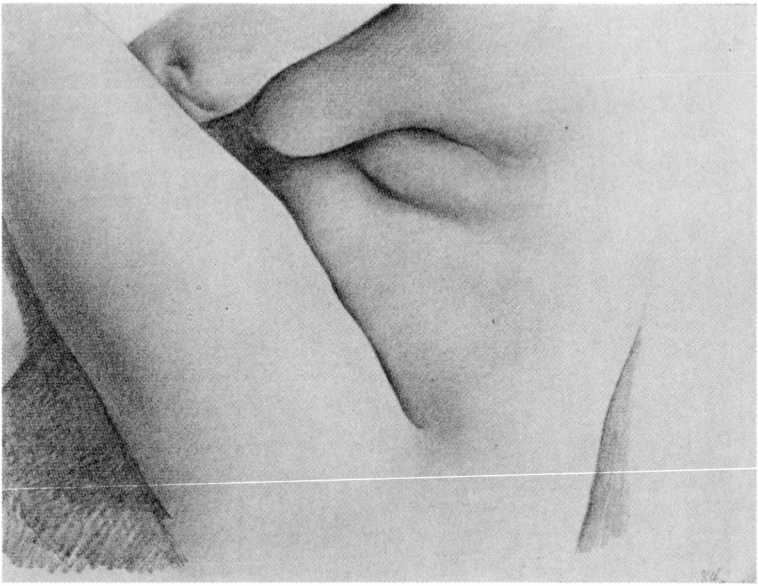

18.4 Charles Sheeler (1883–1965), *Akttorso,* 1924, Bleistiftzeichnung, 12 × 16 cm, Art Institute of Chicago

18.5 Piet Mondrian (1872–1944), *Bäume an der Gein,* um 1902, Kohlezeichnung, 47 × 62 cm, Art Institute of Chicago

18.6 Francesco Guardi (1712–1793), *Anbetung der Hirten,* um 1750, Feder in Tusche, braune und graue Lavierung über roter Kreide, 38,7 × 51,7 cm, Art Institute of Chicago

7 Mary Cassatt (1845–1926), *Nicolle und ihre Mutter,* um 1900, Pastellzeichnung, 64 × 53 cm, Des Moines Art Center

18.8 Georges Seurat (1859–1891), *Die Mutter des Künstlers, vor einem Fenster sitzend,* ur
1882, schwarzer Pastellstift über brauner Tinte, 16 × 12 cm, Metropolitan Museum of Ar
New York

18.9 Jean-Baptiste Carpeaux (1827–1875), *Sitzende Frau,* um 1850, schwarze und weiße Kreide, 23 × 16 cm, Art Institute of Chicago

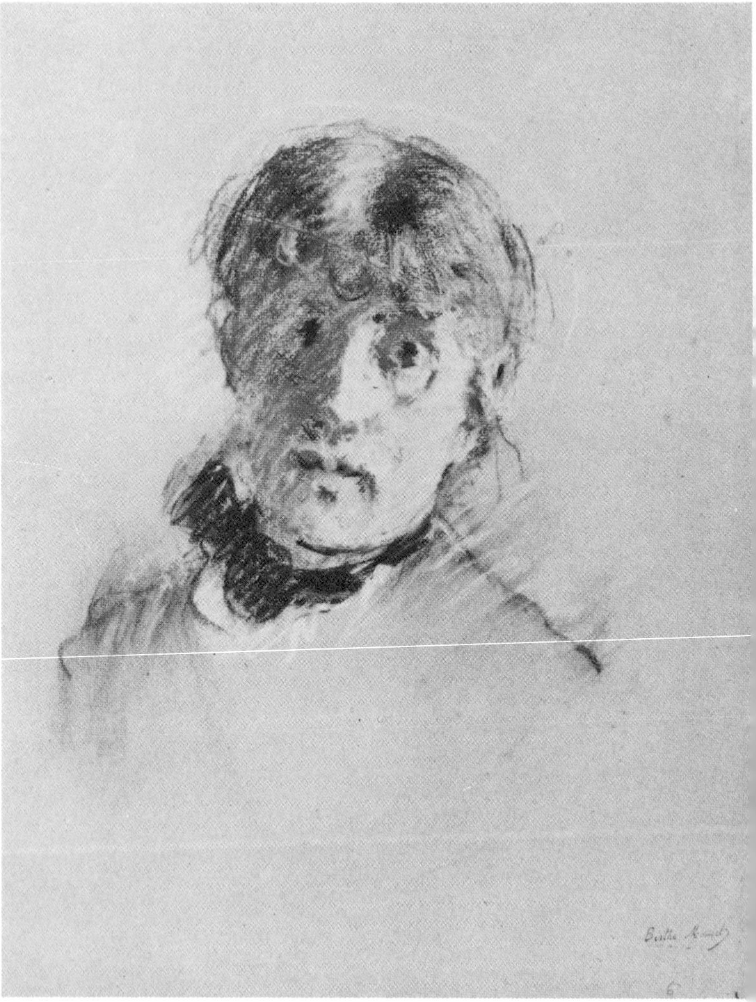

18.10 Berthe Morisot (1845–1895), *Selbstbildnis,* 1885, Pastellzeichnung, 46 × 35,5 cm, A
Institute of Chicago

18 Tonwertstudien

Arbeitsmaterialien

Holzkohlepulver und Kohlestäbchen oder schwarze Kreide – weißes oder cremefarbenes Kohlepapier – Zeitungspapier

Die von der Oberfläche eines Objekts reflektierten, auf die Netzhaut des Auges projizierten Lichtstrahlen werden im menschlichen Gehirn zu einem ›Bild‹ vereinigt. So nehmen wir in Abhängigkeit von der Stärke und der Richtung einer Lichtquelle Objekte mehr oder weniger deutlich wahr. Der Schatten stellt eine Unterbrechung des Lichts dar und wird wie das Licht in unterschiedlichen Kontraststufen wahrgenommen. Die verschiedenen Tonwerte von Hell bis Dunkel lassen sich auf einer sogenannten Grauleiter ablesen (Abb. 18.11). Farbwerte variieren in ihrer Intensität (das heißt in ihrer

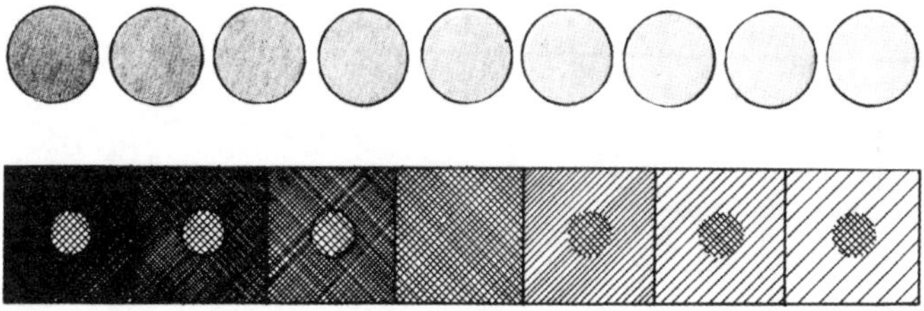

18.11 Zwei Möglichkeiten der Grauwertbestimmung

Leuchtkraft oder Trübheit) sowie in ihrer Helligkeit im Verhältnis zu den angrenzenden Farbwerten. Ein helles Grau wirkt leuchtender und heller, wenn es an einen schwarzen Ton angrenzt, dagegen trüber und dunkler, wenn es sich neben einem weißen Ton befindet.

Mit Hilfe eines Farbwertsuchers kann man den zu einem bestimmten Farbton gehörenden Grauwert bestimmen. In der Mitte eines jeden Quadrats der Grauleiter befindet sich eine kleine Öffnung. Um die für die zeichnerische Umsetzung erforderlichen monochromatischen Helligkeitswerte zu ermitteln, schaut man durch die Öffnungen der Quadrate und ordnet dem jeweiligen Farbton eines gesehenen Objekts seinen entsprechenden Grauwert zu.

M. C. Eschers *Zeichnende Hände*, eine Lithographie aus dem Jahr 1948, zeigt eine systematische Anordnung unterschiedlicher Grauwerte (Abb. 18.12). Die einzelnen Tonstufen lassen sich hier leicht erkennen:

Schlaglicht	– der Bereich größter Helligkeit
Hell	– die nächsthelle Zone
Halbton	– Mittelhell bis Mitteldunkel
Kernton	– die dunkelste Zone
reflektiertes Licht	– die von einer anderen Oberfläche abgelenkten Lichtreflexe
Schlagschatten	– der von einem lichtunterbrechenden Objekt geworfene Schatten

18.12 M. C. Escher (1898–1972), *Zeichnende Hände,* 1948, Lithographie, 29 × 34 cm, Gemeentemuseum, Den Haag

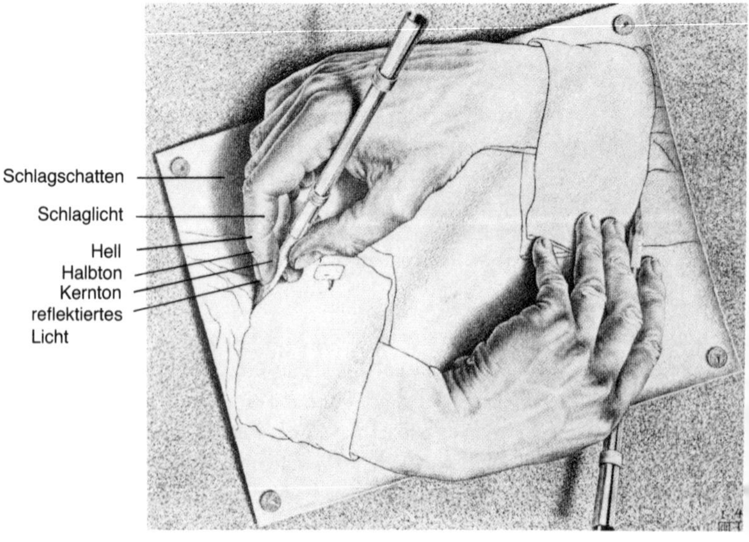

Für den Zeichenvorgang verwendet man gewöhnlich weißes Papier, auf dem mit dunklen Strichen gearbeitet wird. Für die gestufte monochromatische Helligkeitsfolge gebrauchte man im 17. Jahrhundert die italienische Bezeichnung Chiaroscuro. Im 16. Jahrhundert allerdings meinte *chiaro* (›hell‹) und *oscuro* (›dunkel‹) etwas anderes. *Chiaro oscuro* bezeichnete eine Arbeitstechnik, bei der die Formen mit weißem Zeichenmaterial auf einem einfarbigen Untergrund mittlerer Tönung wiedergegeben wurden. Die dunklen Töne waren von nahezu zweitrangiger Bedeutung im Vergleich zu dem dramatischen Kontrast der verwendeten Weißklänge. Die Tönung des Papiers bildete den mittleren Tonwert, der zwischen den atmosphärisch hellen und den in Schatten gehüllten Formen liegt.

In der Aufgabe dieses Kapitels sollen Sie mit einer Palette von Grautönen – weiß bis schwarz – arbeiten. Es geht also um das Hell-Dunkel-Problem. Doch um Irrtümern vorzubeugen: es handelt sich hier lediglich um eine ›Tonwertstudie‹.

Mit unterschiedlichen Grauwerten lassen sich räumliche Tiefe und Plastizität wiedergeben. Das heißt: Grauwerte sind in Schwarzweißklänge umgesetzte Farbwerte, mit denen perspektivische oder räumliche Beziehungen dargestellt werden können. Sie verleihen einer Zeichnung dynamischen Ausdruck, haben eine spezifische Aussagekraft und geben Stimmungen wieder.

Um zu ausdrucksvoller Arbeit zu gelangen, muß der Anfänger lernen, Grautöne nuanciert miteinander in Beziehung zu setzen. Ob Sie in Ihrer Darstellung mit den Grauwerten des hellen oder dunklen Bereichs der Tonskala arbeiten oder ob Sie die gesamte Palette von Weiß bis Schwarz nutzen, wichtig ist allein, daß die fertige Zeichnung die bereits vorgezeichneten strukturierten Formen – die Anordnung plastischer Rundungen und Wölbungen im Raum – deutlich betont. Die plastischen Rundungen und Wölbungen bringen einerseits die von einem Gegenstand ausgehenden physiognomischen Merkmale zum Ausdruck und geben andererseits die geometrische Grundform des betreffenden Objekts (z. B. die zylindrische Form einer Flasche) wieder. In Kapitel 20 werden wir uns ausführlich mit der Problematik geometrischer Formen auseinandersetzen.

Wie beim Drei-Ton-Schema sollen Sie zunächst während der gesamten kompositorischen Arbeit die jeweils verschiedenen Tonstufen angehörenden Grauwerte von den darzustellenden Objekten getrennt betrachten, um Farbtöne differenziert sehen zu lernen. In diesem Kapitel beschäftigen wir uns mit den Lokalfarben, das heißt mit den Farbwerten, wie sie dem Auge erscheinen. Das nächste Kapitel behandelt die Umkehrung von Grauwerten, wobei die hellen Töne gegen dunkle und die dunklen gegen helle Tonwerte ausgetauscht werden sollen. Kapitel 20 führt Sie dann in das Zeichnen geometrischer Formen ein. Hier werden Schattierungen Strich für Strich erarbeitet.

Um es noch einmal zu sagen: Die Aufgabe dieses Kapitels besteht darin, während der gesamten kompositorischen Arbeit die jeweils gleichen Tonfelder herauszufinden und zu zeichnen, ohne dabei die wiederzugebenden Objekte zu berücksichtigen. Diese Übung bringt Sie allerdings insofern einen Schritt voran, als daß Sie die Tonformen nicht nur konturieren, sondern auch anschließend modellieren. Beim Modellieren gilt es, die Tonfelder harmonisch miteinander zu verbinden. Dabei ist ein ständiger Augenkontakt zum darzustellenden, gesehenen Objekt unerläßlich, während Sie die hellen Partien mit den mittelhellen, die mittelhellen mit den dunklen Partien sowie die dunklen mit den schwarzen Bereichen der Zeichnung verschmelzen.

Es fällt leicht, eine Flasche lediglich als einzeln stehendes Objekt zu betrachten. Doch verfehlen Sie das Ziel der Übung, wenn Sie die Gegenstände voneinander isoliert wiedergeben und sie anschließend kolorieren (das heißt in diesem Fall mit Grautönen schattieren). Zu einem Objekt gehört ein Umfeld. Leider sieht ein isoliert dargestellter Gegenstand gelegentlich ›gut‹ aus, und ein Anfänger ist davon überzeugt, daß diese Art der zeichnerischen Wiedergabe zufriedenstellend ist (Abb. 18.13).

Doch zu einer guten Zeichnung gehört mehr. Was geschieht in der Zeichnung mit dem die Objekte verbindenden Hintergrund?

Wie die positiven Formen herausgearbeitet werden müssen, so muß auch der negative Raum gestaltet werden. Werden beide Einheiten jeweils für sich wiedergegeben, so ist die Zeichnung unbefriedigend. Wenn Sie zunächst die einzelnen Grauwertbereiche

18.13 Isoliert gezeichnete Flasche, Schülerzeichnung in Holzkohle auf weißem Zeichenpapier

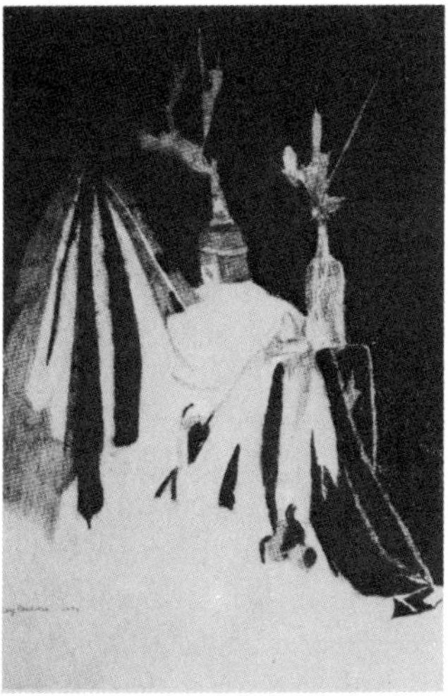

18.14 Stilleben mit flachen, nicht modulierten Tonfeldern, Schülerzeichnung in Holzkohle auf Kohlepapier

des gesamten Stillebens als flache Formenmuster festlegen und dann die plastischen Wölbungen sowie die Leerräume des Hintergrundes ausgestalten, so sollte es Ihnen nicht schwerfallen, einen geschlossenen ästhetischen Raum wiederzugeben.

Arrangieren Sie ein Stilleben, das von nur einer Lichtquelle angeleuchtet werden sollte. Berücksichtigen Sie beim Arrangieren des Stillebens das Material, das Sie verwenden. Achten Sie auf die Verteilung der Gewichte und auf die Anordnung der Tuchmassen. Beachten Sie auch die Farben der einzelnen Objekte. Die einzelnen Objekte reagieren unterschiedlich auf das Licht, was Sie sich für ihre spätere Verwendung merken sollten.

Skizzieren Sie verschiedene Ansichten des Arrangements. Wählen Sie die Skizze, die Ihnen für die Komposition am geeignetsten erscheint, und nehmen Sie für die Arbeit den Standort ein, von dem aus Sie die Skizze angefertigt haben. Legen Sie jetzt auf einem neuen Blatt die Umrisse des Stillebens mit gestrichelter Linie fest.

Beginnen Sie zunächst mit den Tonfeldern. Kneifen Sie die Augen zusammen, und betrachten Sie das Stilleben etwa eine Minute lang. Dabei sollten die hellsten und dunkelsten Partien deutlich hervortreten. Auch die Konturen der Tonfelder lassen sich besser erkennen, wenn Sie während des Zeichnens die Augen wiederholt zusammenkneifen.

Ihnen stehen sechs Grauvarianten zur Verfügung – Schlaglichter, helle Zonen, Halbtöne, Kerntöne, Zonen reflektierten Lichts (falls vorhanden) sowie die im Schlagschatten liegenden Partien des Stillebens. Bedenken Sie, daß der Halbton einer Flasche dem Kernton einer hellblauen Tuchmasse entsprechen kann. Beide gehören zur gleichen Tonstufe.

Die Tönung Ihres Zeichenpapiers entspricht der hellsten Tonstufe, dem Schlaglicht. Enthält das Stilleben keine Schlaglichter (oder sehr helle Partien), so entspricht die Tönung des Papiers dem nächsthellen Wert der Tonfolge, also der hellen Tonstufe. Die nächstdunkleren Tonformen zeichnen Sie in der Reihenfolge, wie

18.15 Stilleben mit modulierten Tonfeldern, Schülerzeichnung in Holzkohle auf weißem Zeichenpapier

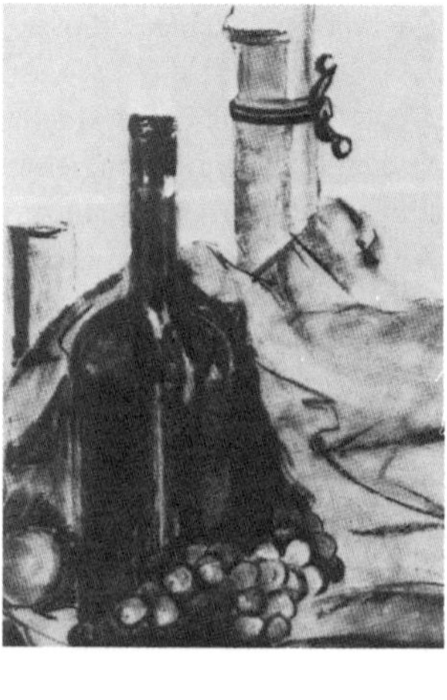

18.16 Stilleben mit fließend ineinander übergehenden, modulierten Tonfeldern, Schülerzeichnung in Holzkohle auf Zeitungspapier

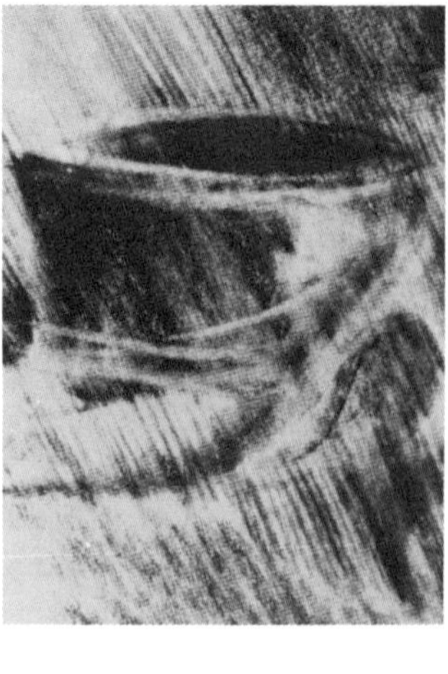

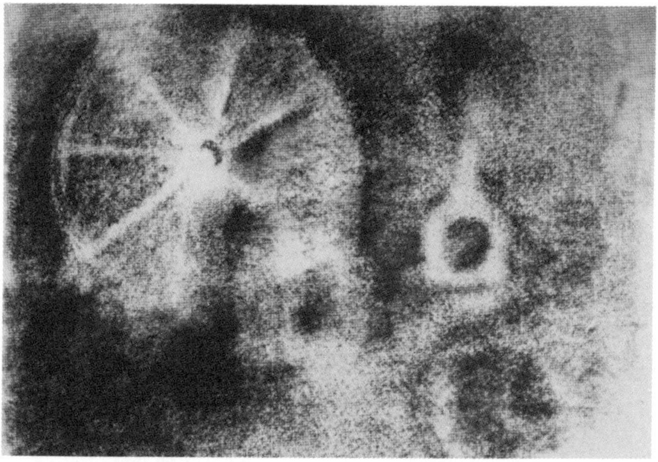

18.17 Räumliche Tiefe andeutendes Stilleben, Schülerzeichnung in Holzkohle auf Kohlepapier

Sie sie im Stilleben antreffen. Schattieren Sie dann in jeweils getrennten Arbeitsgängen alle Formen des Stillebens in den entsprechenden Tonwerten. Ihre Zeichnung gibt das Stilleben jetzt in der Form eines flachen Musters wieder (Abb. 18.14). Sie stellt eine Reihe aufeinanderfolgender Flächen dar.

Beginnen Sie nun mit dem Modellieren der Tonfelder, indem Sie die Holzkohle an den Konturen der Formen verwischen, um so harmonische Übergänge zu modulieren. Benutzen Sie dazu die Finger, oder verwenden Sie ein Papierröllchen, ein weiches Leder- oder Papiertuch. Schauen Sie dabei immer wieder auf das Stilleben, während Sie die Tonfelder miteinander verbinden. Vermischen Sie die mittleren Töne mit den hellen, so erhalten Sie mittelhelle Tonwerte. Verschmelzen Sie die mittleren Tonwerte mit den Kerntönen, so erhalten Sie mitteldunkle Zwischenwerte. (Dunklere Kerntöne können Sie herstellen, wenn Sie statt Holzkohlepulver Kohlestäbchen verwenden.) Ihre Zeichnung sollte jetzt die Verteilung der Gewichte, das Material der verwendeten Objekte, die Strukturen und plastischen Wölbungen des Stillebens deutlich erkennen lassen.

Damit zeigt Ihre Darstellung ein dem Stilleben sehr ähnliches Arrangement von Objekten und von deren räumlichen Beziehungen. Ihre Arbeit ist das Ergebnis einer genauen Untersuchung der Tonwerte, der Gestaltung positiver und negativer Formen sowie der Erforschung und der zeichnerischen Umsetzung der Gewichtsverteilung und der Strukturen des Stillebens (Abb. 18.15, 18.16 und 18.17).

19 Die Umkehrung von Tonwerten

Arbeitsmaterialien
schwarzes Kohlepapier – weiße und graue Kreide

Sie werden feststellen, daß es einen Unterschied gibt, wenn Sie statt auf weißem auf schwarzem Papier zeichnen. Eine Zeichnung auf getöntem Papier wirkt im allgemeinen dunkler, und es ergeben sich schwächere Kontraststufen. Mit Bedacht wählt der Künstler den ›Grund‹ (eine etwas ungenaue Bezeichnung für den Bildträger, der weiß oder getönt sein kann), auf dem eine Zeichnung oder ein Bild entstehen soll. In der Sprache des Künstlers bezeichnet der ›Grund‹ die Grundierung des Bildträgers, bei dem es sich um eine Wand, eine Leinwand oder um Papier handeln kann. Eine solche Grundierung besteht üblicherweise entweder aus einer dünnen Leim-Kreide-Schicht oder aus einem in Wasser gelösten Gips-Gelatine-Gemisch. Die Grundierung sorgt u. a. für eine einheitliche Oberfläche des Bildträgers und hat einen sanften Einfluß auf die Wirkung der in Bild oder Zeichnung verwendeten Farben bzw. Grautöne.

Kennzeichnend für die Präraffaeliten, eine Gruppe junger englischer Maler um 1850, war die besondere Leuchtkraft der von ihnen benutzten Farben, die sie auf einen nassen, sehr hellen Grund auftrugen. Michelangelo verwendete gelegentlich eine hellgrüne in Wasser gelöste Erdfarbe als Grundierung. Leonardo dagegen empfahl einen weißen Untergrund. Die venezianischen Maler bevorzugten dunkle, in braunen oder bräunlichroten Tönen gehaltene Grundierungen, während die Künstler aus Florenz eine Vorliebe für einen hellgrauen Grund entwickelten.

Der schwarze ›Grund‹, den Sie für diese Übung verwenden werden, wirkt sich auf jeden Strich aus, das heißt er bleibt bei jedem Strich, den Sie auf dem Papier ziehen, sichtbar. In dieser Aufgabe sollen Sie allerdings auch die künstlerischen Möglichkeiten, die Ihnen das Arbeitsmaterial bietet, erkunden.

Der *Normalwert,* gelegentlich auch als *Lokalwert* bezeichnet, stellt den Grundton einer Farbe dar, wie er durch die Reflexion des Lichts mit dem Auge wahrgenommen wird. Der Normalwert gehört zu den grundlegenden Bestandteilen der meisten Zeichnungen und Bilder. Um einen umgekehrten Tonwert wahrzunehmen, ist es nicht erforderlich, daß sich die Reflexion des Lichts ändert. Es handelt sich hier lediglich um ein Vertauschen der hellen gegen dunkle bzw. der dunklen gegen helle Töne. Mit der Verwendung eines dunklen Untergrundes und durch die Umkehrung der Tonwerte ergeben sich neue dynamische Ausdrucksmöglichkeiten. Auf diese Weise lassen sich Stimmungen wiedergeben. Von den Zeichnungen geht eine seltsam gespenstische Wirkung aus. Wenn Sie z. B. eine im Sonnenlicht stehende Kiefer darstellen, geben Sie durch die Umkehrung der Tonwerte – indem Sie den Stamm des Baumes hell und die Nadelspitzen dunkel zeichnen – eine eigentümlich beschwörende Szenerie wieder.

An sehr sonnigen Tagen, wenn die Kontraste scharf sind, läßt es sich besonders gut mit umgekehrten Tonwerten in der freien Natur arbeiten. Denn extreme Farbwerte sind bei starker Lichteinstrahlung deutlicher zu erkennen. Suchen Sie sich ein interessantes Motiv in einem Park, auf einem Bauernhof, auf einer Straße oder an einem anderen Ort. Bestimmen Sie wieder mit einigen kleinen Skizzen die für die Komposition geeignetste Ansicht, und suchen Sie sich einen bequemen Platz zum Sitzen. Legen Sie nun mit weißer oder grauer Kreide die Umrisse des Darzustellenden auf dem Kohlepapier fest, und zeichnen Sie die Hauptlinien der Komposition ein. Vergessen Sie nicht die Horizontlinie zu fixieren. Deuten Sie sie mit einer gepunkteten oder durchgehenden Linie an, damit Ihre Perspektive konstant bleibt.

Schauen Sie zunächst auf die hellsten Tonwerte, auf die Schlaglichter – sie entsprechen dem Schwärzegrad Ihres Papiers. Zeichnen Sie jetzt die Formen aus dem Bereich der hellen Tonstufe. Suchen Sie das Motiv ausschließlich nach den hellen Tönen ab, und geben Sie sie in einem Arbeitsgang als nächstdunkle Formen wieder. Lassen Sie den schwarzen Untergrund durch die graue Kreideschicht schimmern, um so die gewünschten Tonwerte zu erhalten. Zeichnen Sie anschließend die Halbtöne des mittleren Helligkeitsbereichs. Ver-

19.1 Darstellung eines Gebäudegangs unter Verwendung umgekehrter Grauwerte, Schülerzeichnung in weißer Kreide auf schwarzem Kohlepapier

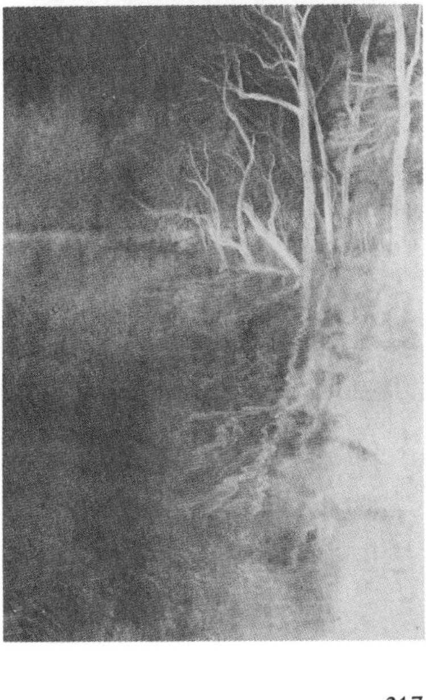

19.2 Darstellung einer Landschaft unter Verwendung umgekehrter Grauwerte, Schülerzeichnung in weißer Kreide auf schwarzem Kohlepapier

gessen Sie dabei nicht, daß Sie den Lokalwert umkehren müssen. Die mittleren Tonformen haben auf weißem wie auf schwarzem Untergrund den gleichen Tonwert. Vergleicht man die auf einen weißen Grund aufgetragenen mittelhellen Töne mit denen auf einem schwarzen Grund, so scheinen sie – bedingt durch das unterschiedliche Zeichenmaterial wie durch den Untergrund – in ihrem Helligkeitsgrad zu divergieren. Doch ist ihr Grauwert nahezu identisch.

Wenn Sie jetzt wieder alle Formen des Motivs ihren entsprechenden Tonwerten zuordnen, verwenden Sie zwar noch einmal die gleiche Arbeitstechnik wie in der vorangegangenen Aufgabe. Doch verbessern Sie gleichzeitig – wie in den Übungen zur seitenverkehrten Geste und zum umgekehrten Stilleben – Ihre Konzentrationsfähigkeit, wenn Sie die Wirklichkeit durch Umkehren der Tonwerte quasi ›auf den Kopf stellen‹.

Die fließenden Übergänge der die räumliche Tiefe vermittelnden Hell-Dunkel-Modulation erhalten Sie, indem Sie die Kreideschichten der einzelnen Tonfelder miteinander verreiben und vermischen. Sie haben in Ihrer Zeichnung Tonwerte und eventuell auch Wölbungen umgekehrt wiedergegeben. Wie verhält es sich mit der Wiedergabe der Raumtiefe? Im allgemeinen befinden sich die hellen Zonen im Vordergrund, während die dunklen in die Tiefe zu reichen scheinen. Oder gibt Ihre Zeichnung die Raumtiefe so wieder wie eine Darstellung, bei der die lokalen oder natürlichen Grauwerte verwendet wurden und die die üblichen volumetrischen Formen zeigt? Hat sich Ihr Gefühl für den Raum durch die Umkehrung der Tonwerte zu einer anderen Dimension, zu einer mysteriösen Aufhebung von Raum und Zeit verleiten lassen (Abb. 19.1 und 19.2)?

Die Graumodulation ist ein interessantes Phänomen. Es ist zwar sehr wichtig, die Feinheiten des Schattierens zu beherrschen, doch geht es im jetzigen Stadium Ihrer zeichnerischen Entwicklung nicht allein um die Bestimmung und Verteilung der Grauwerte. Ihr nächster Schritt auf dem Weg, ausdrucksvoll zeichnen zu lernen, besteht in der genauen Analyse geometrischer Strukturen von Wölbungen und Höhlungen, die Sie anschließend schattieren sollen.

20 Die Schattierung in der Draperie

Arbeitsmaterialien
graues, braunes oder schieferblaues Kohlepapier – weiße und graue Pastellstifte oder: weißes oder gelbweißes Kohlepapier – Holzkohle – Papierröllchen

Filippo Brunelleschi, der berühmte Architekt des *Quattrocento* (italienische Bezeichnung für die Kunst des 15. Jahrhunderts), ist Ihnen sicherlich noch als Mitbegründer der Regeln für die Linearperspektive in Erinnerung. Zu jener Zeit bemühten sich die meisten Künstler um eine realistische räumlich-plastische Wiedergabe der Wirklichkeit. Dazu studierten sie die Kunstwerke aus der klassischen Periode der griechischen Antike (etwa 500–200 v. Chr.), da die Griechen ihrer Meinung nach Harmonie, Ausdruck und Form in der Kunst fast zur Vollkommenheit gebracht hatten. Im Verlauf der gesamten italienischen Renaissance bemühten sich die Künstler, ihren klassischen griechischen Vorbildern nachzueifern. Dabei verwendeten sie Brunelleschis Gesetze der Raumillusion und andere wissenschaftlich exakte Methoden, um ihre ästhetischen Vorstellungen zu verwirklichen.

Da sich die griechischen wie die italienischen Künstler mit der Darstellung von Figuren beschäftigten, gehörte es auch zu ihrer Aufgabe, sich mit dem Faltenwurf eines Gewandes auseinanderzusetzen. Die Werke beider Epochen zeigen Darstellungen, in denen Körper und Gewand zu einer Einheit verschmelzen. Damit erhielt die realistisch genaue Wiedergabe des Faltenwurfs einen zentralen Stellenwert (Abb. 20.1).

Das Thema Figur und Gewand wurde in einem Zeitraum von tausend Jahren von den verschiedensten Künstlern diverser Schulen und Länder – von Athen bis Florenz – unterschiedlich behandelt, bis es zu einer neuen Festlegung ästhetischer Normen kam. Während sich die florentinischen Künstler an den Schönheitsidealen der klassischen griechischen Kunst orientierten, beziehen wir unsere ästhetischen Normen aus der Renaissance.

Zu diesen Normen gehören u. a. die geometrischen Grundformen – Würfel, Quader, Kegel, Zylinder, Kugel, Pyramide und Prisma. Alle Formen, die wir wahrnehmen – in der Natur vorkommende wie von Menschen geschaffene –, lassen sich auf ihre geometrischen Grundeinheiten zurückführen. So bilden der Stamm und die Äste eines Baumes eine Anhäufung zylindrischer Formen. Häuser werden zu Würfeln oder Quadern, Hügel zu Halbkugeln, eine Nase erhält die Form einer Pyramide, ein Kopf wird zur Kugel. (Etwas vereinfachend gesagt, bilden nach Paul Cézanne die Kugel, der Kegel und der Zylinder die Grundeinheiten aller in der Natur vorkommenden Formen.) Da Position wie Volumen gesehener Formen schwer zu bestimmen sind, unterlaufen Anfängern häufig Fehler in ihrer Darstellung, indem Objekte als Flächen wiedergegeben werden. Mit horizontalen und vertikalen Hilfslinien lassen sich Höhe und Breite eines Gegenstandes festlegen. Bei der Bestimmung der Tiefendimension wird Ihnen andererseits das Erkennen der geometrischen Grundform eines betreffenden Objekts eine wertvolle Hilfe sein. Was das Auge wahrnimmt, wird im Gehirn des Menschen verarbeitet. Hat eine gegebene Form z. B. eine Tiefenausdehnung von 90 cm, wird in der Zeichnung jedoch als Fläche wiedergegeben, so stimmt die vom Gehirn erteilte Information mit der in Darstellung umgesetzten Wahrnehmung nicht überein. Natürlich wirkt sich gewissenhaftes Planen und Entwerfen aller volumetrischen Formen der Komposition, bevor Sie zu schattieren beginnen, später vorteilhaft auf die Qualität Ihrer Zeichnung aus.

Beim Zeichnen von Faltenwürfen läßt sich auf einfache Weise lernen, wie man Formen auf ihre geometrischen Grundstrukturen reduziert, da die Wölbungen des Tuches, die Stoffalten, deutlich als Kegel oder Pyramiden zu erkennen sind.

Drapieren Sie zunächst verschiedene Tücher unterschiedlichen Materials. Verwenden Sie breite oder lange Stoffbahnen, schwere oder leichte Stoffe. Sackleinwand und Seide fallen auf verschiedene Weise. Samt und Leder verhalten sich unterschiedlich. Bei Stoffen, die auf der einen Seite glänzen und auf der anderen Seite stumpf sind, lassen sich die volumetrischen Formen besonders deutlich erkennen. Befestigen Sie den Stoff an einer Wand oder an einem schwarzen Brett. Hängen Sie ihn über einen Kleiderbügel, oder drapieren

20.1 Lorenzo di Credi (um 1458–1537), *Der hl. Bartholomäus,* um 1510, Bleistift, weiße und rote Kreide auf braunem Papier, 40 × 17 cm, Musée du Louvre, Paris

Sie ihn über den Ast eines Baumes. Wählen Sie die Ihrer Meinung nach geeignetste Form der Drapierung. Manche Künstler haben das Material vor dem Drapieren in Gips getaucht, ließen es anschließend trocknen und zeichneten dann das Arrangement. Lassen Sie sich Zeit beim Drapieren des Tuches, und gestalten Sie ein möglichst kompliziertes Arrangement.

Beim Zeichnen drapierter Stoffbehänge treten immer wieder zwei kompositorische Schwierigkeiten auf. So besteht die Gefahr, daß die Komposition über den Rand des Blattes hinausläuft oder ›im Raum hängt‹. Ist das Material eines Arrangements lang und schwer und verläuft es horizontal zum Boden, so wirken die vielen U-Formen häufig monoton und reizlos und lassen den Blick des Betrachters in Wellenlinien über den Rand des Zeichenblattes hinausgehen. Diesen Mangel können Sie beheben, indem Sie lediglich die interessanteste Partie der Draperie für die Zeichnung verwenden und die Randzonen abschatten, das heißt die seitlichen Konturen verwischen, so daß sie harmonisch in den Hintergrund übergehen und so das gesamte Arrangement andeuten. Damit ist das Kompositionsproblem insofern gelöst, als daß die Darstellung geschlossen und räumlich gefestigt wirkt.

Skizzieren Sie erneut verschiedene Ansichten der Draperie. Lassen Sie sich für jede Skizze eine bis zwei Minuten Zeit. Wählen Sie Ihren Standort nach der Skizze, auf der die für die Komposition interessanteste Ansicht zu sehen ist, und legen Sie die Umrisse der Gesamtkomposition fest. Verwenden Sie die Hauptlinien der Komposition, um die Proportionen zu bestimmen. Vergessen Sie nicht, die Horizontlinie einzuzeichnen. Studieren Sie während des Zeichnens die volumetrischen Formen sorgfältig und genau. Konturieren Sie mit leichtem Bleistiftdruck die geometrischen Grundstrukturen der gesehenen Formen. Sollten Sie aus Ihrer Position keine geometrischen Grundformen erkennen können, so treten Sie näher an das Arrangement heran, und achten Sie besonders auf die Stellen, an denen sich die äußeren Stoffalten nach innen zu wölben beginnen. Wenn Sie an Ihren Standort zurückgekehrt sind, achten Sie darauf, wie das Licht die Wölbungen und Höhlungen des Tuches betont und so die aus länglichen Pyramiden oder Kegeln bestehenden Strukturen sichtbar werden läßt. Nachdem Sie die geometrischen

Grundformen leicht konturiert haben, beobachten Sie, wie das Licht auf der Oberfläche des Stoffes spielt, und beginnen Sie mit dem Schattieren der Tonwerte in der Technik, die Sie in der vorangegangenen Übung angewandt haben.

Wie Sie inzwischen wissen, gehört das Schattieren zu den schwierigsten Teilen des Zeichenvorgangs. Inwieweit die Hell-Dunkel-Verteilung das bereits Strukturierte betont, hängt natürlich von Ihrer Fähigkeit zu sehen und zu zeichnen ab. Es gibt eine Reihe verschiedener Arbeitstechniken. Wichtig aber ist vor allem, daß Sie das komplexe und differenzierte Wechselspiel von Grauwerten in der Komposition erkennen und verstehen lernen. Zu einer sensiblen, ausdrucksvollen Zeichnung gelangen Sie nicht, indem Sie hastig arbeiten.

20.2 Die schattierte Struktur einer Stoffdrapierung, Schülerzeichnung

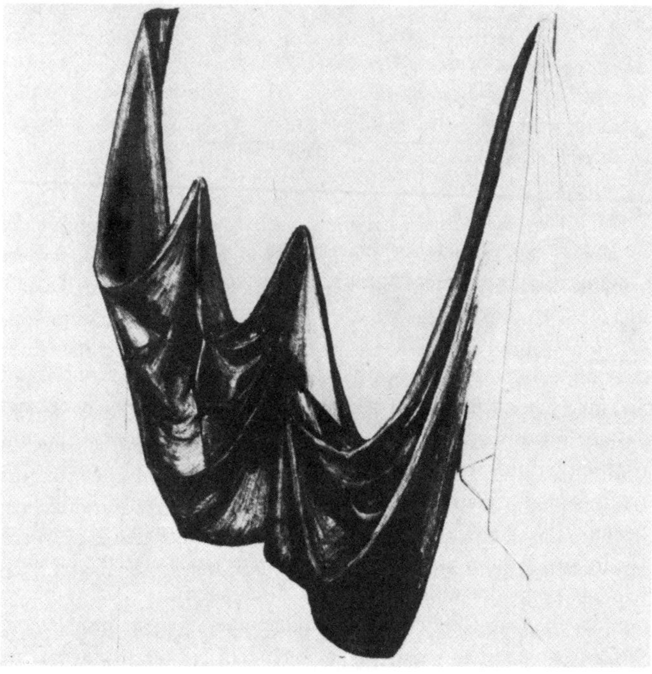

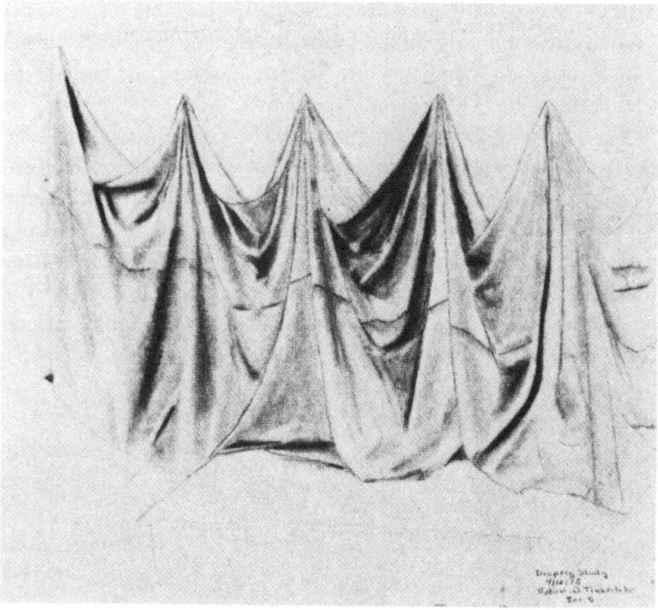

20.3 Die schattierte Struktur einer Stoffdrapierung, Schülerzeichnung

Sollten Sie die Absicht haben, zunächst wieder alle Formen der verschiedenen Tonstufen festzulegen, weil sich diese Arbeitsweise bewährt hat, so bleiben Sie bei diesem Schema. Wenn Sie sich allerdings dazu entschließen, die Formen jeweils einzeln zu modulieren, so achten Sie auf die kompositorische Einheitlichkeit Ihrer Darstellung. Unterbrechen Sie die Arbeit sofort, wenn Sie feststellen, daß Sie die Formen lediglich ›kolorieren‹. Beginnen Sie von neuem, indem Sie nun wieder die den jeweiligen Tonstufen angehörenden Grauwerte der gesamten Komposition bestimmen und die Tonwerte miteinander verbinden. Denken Sie daran, die einzelnen Stoffalten nach den dunkelsten Grauwerten (den Kerntönen), nach den Zonen reflektierten Lichts sowie nach den im Schlagschatten liegenden Formen abzusuchen.

Sie können allerdings auch einmal in umgekehrter Reihenfolge arbeiten, indem Sie mit den dunklen Tonwerten anfangen. Wenn Sie auf Kohlepapier mittlerer Tönung (grau, braun, schieferblau) arbeiten, können Sie die dunklen Zwischenwerte bis schwarz für die dunklen und die unterschiedlich gestuften hellen Töne bis weiß für die hellen Partien der Komposition verwenden. Die Tönung des Papiers entspricht dann den mittleren Tonwerten, und Ihre Zeichnung stellt eine moderne Chiaroscuro-Version dar. Mit einem weichen, zylinderförmig zusammengedrehten Papierröllchen läßt sich Holzkohle oder Kreide auf dem Papier gut verteilen und verwischen. Sie können allerdings auch mit den Fingern arbeiten oder ein weiches Lederläppchen verwenden (Abb. 20.2 und 20.3).

Wie sehr sich Künstler um eine realistische Wiedergabe des Faltenwurfs bemüht haben, zeigt Mantegnas Zeichnung *Der heilige Jakobus wird zur Richtstatt geführt* (Abb. 20.4). Zunächst wurde der Körper dargestellt und dann das Gewand darübergezeichnet.

Abgesehen von der formalen Struktur der Drapierung benutzten Künstler die Wiedergabe des Gewandes häufig dazu, bestimmte Charakterzüge der dargestellten Personen zu verdeutlichen. Gelegentlich scheinen Gewänder ungeachtet der sie tragenden Figuren

20.4 Andrea Mantegna (1431–1506), *Der heilige Jakobus wird zur Richtstatt geführt,* um 1455, Federzeichnung, 10 × 15 cm, British Museum, London

20.5 Meister von Flémalle (Robert Campin), *Mérode-Hausandacht-Altar* (Mittelteil), um 1420–28, Öl auf Holz, 40 × 40 cm, Metropolitan Museum of Art, The Cloisters Coll., Purchase, New York

20.6 Sandro Botticelli (eigentlich Alessandro di Mariano del Filipepi, 1445–1510), *Die drei Grazien,* Ausschnitt aus *Primavera,* um 1478, Temperafarbe auf Holz, Uffizien, Florenz ▷

ein gewisses ›Eigenleben‹ zu haben. Die nachfolgende Zusammenstellung von Illustrationen aus verschiedenen Kunstepochen zeigt, daß das Gewand in jeder der Darstellungen unterschiedliche Funktionen erfüllt, was in Linienführung, Schattierung und Kompositionstechnik wie auch in der Wiedergabe der Formen und Strukturen erkennbar wird (Abb. 20.5, 20.6, 20.7, 20.8 und 20.9).

20.7 Jan Vermeer (1632–1675), *Die Allegorie der Malerei,* um 1665–70, Öl auf Leinwand, 120 × 100 cm, Kunsthistorisches Museum, Wien

20.8 Jean-Auguste Dominique Ingres (1780–1867), *Napoleon I. auf dem Thron,* ▷ um 1806, Öl auf Leinwand, 266 × 160 cm, Musée de l'Armée, Paris

20.9 Gustave Doré (1832–1883), *Bibelleser in einem Nachtasyl*, aus *London: Eine Wallfahrt*, um 1870, Holzschnitt, 15 × 12 cm

21 Die Wiedergabe eines Stillebens – eine Ansicht, drei Beleuchtungspositionen

Arbeitsmaterialien

3 Bogen Kohlepapier heller oder mittlerer Tönung DIN A3 – Kohlestift – Papierröllchen – mehrere Bogen Zeitungspapier, DIN A3

Ganz gleich, ob Sie für die Darstellung eines bestimmten Motivs die Grauwerte aus dem dunklen Bereich der Tonskala verwenden oder jeweils mit den hellen oder mittleren Tonwerten arbeiten, jede Übung setzt ein genaues, differenziertes Beobachten voraus. In dieser Aufgabe sollen Sie nur die dunklen Grautöne verwenden, um Schatten, Kerntöne und Schlagschatten wiederzugeben.

Die dunklen modulierten Tonwertformen neigen dazu, nicht gezeichnete plastische Wölbungen anzudeuten. Die nicht wiedergegebenen hellen und mittelhellen Tonwertformen sind dann negative Formen. Da diese negative Formen von den modulierten dunklen Tonwertformen umschlossen werden, deuten sie mit Hilfe der Schattenpartien Rundungen und Wölbungen an. Die Schattenformen verändern sich je nach der Position der Lichtquelle. Da Sie aber in dieser Übung an einem festen Standort arbeiten, bleiben die durch die Schatten angedeuteten Wölbungen konstant (Abb. 21.1, 21.2 und 21.3).

In Ihren Darstellungen sollte die Fülle der sich in dieser Aufgabe bietenden zeichnerischen Möglichkeiten deutlich zum Ausdruck kommen. Selbst in einer jahrelangen eingehenden Beschäftigung mit dem Stilleben lassen sich kaum alle technischen geschweige denn philosophischen oder theoretischen Möglichkeiten der Wiedergabe erschöpfend behandeln. Das Motiv, mit dem Sie in dieser Aufgabe arbeiten, läßt sich auch mit den hellen oder mittleren Tonwerten wiedergeben. Dabei wäre es denkbar, daß die Lichtquelle von Darstellung zu Darstellung jeweils um 30 Grad differiert. Man kann die Übungen mit jedem Mittel, mit jeder Farbe und auf jedem Papier ausführen. Die Wahl der Mittel hat Signalcharakter. Das heißt der

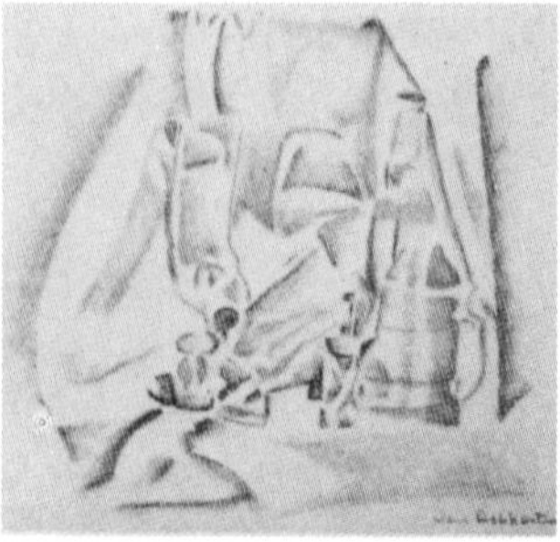

21.1 Stilleben, Lichtquelle links

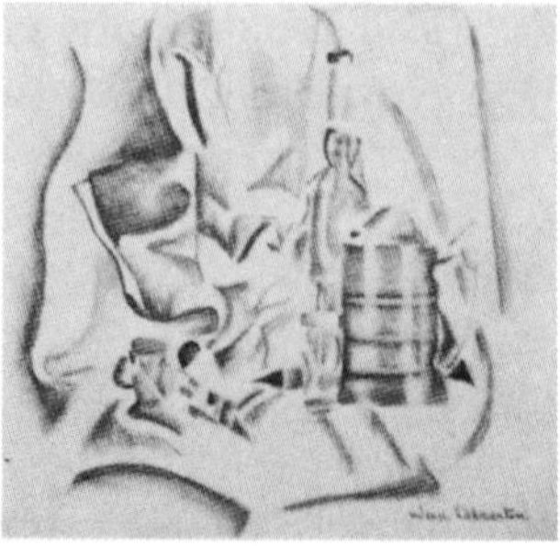

21.2 Lichtquelle in der Mitte

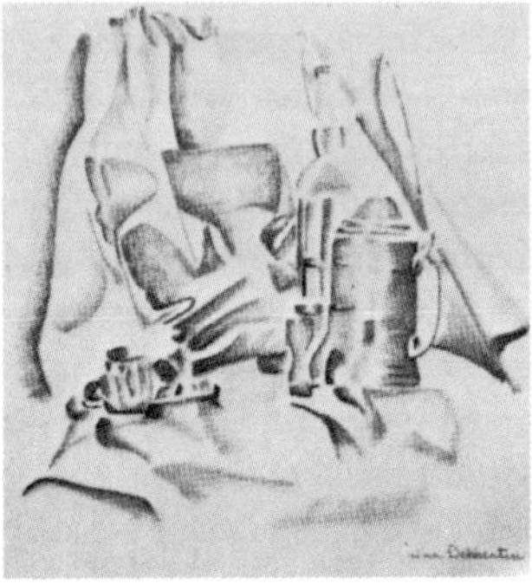

21.3 Lichtquelle rechts

Fortschritt Ihrer zeichnerischen Entwicklung ist an der Wahl Ihrer Mittel zu erkennen. Doch sollen Sie hier mit den dunklen Grauwerten arbeiten.

Das geeignetste Motiv für diese Aufgabe ist das Stilleben. Verwenden Sie zur Beleuchtung Ihres Arrangements einen Scheinwerfer (oder eine andere einzelne Lichtquelle, z. B. eine kleine Schreibtischlampe). Der Raum sollte ansonsten abgedunkelt sein. Für die Komposition des Stillebens eignen sich nahezu alle Objekte, die klar erkennbare Formen aufweisen und deren Schatten deutlich sichtbar sind – Schuhe, Flaschen, Vasen, Blumen, Strohblumen, ausgediente Maschinenteile. Eine Anhäufung lose geschichteter Kleidungsstücke erweist sich allerdings als unbrauchbar.

Jede Ihrer Zeichnungen soll die gleiche Ansicht des Stillebens wiedergeben. Ermitteln Sie die wirkungsvollste Ansicht des Arrangements, indem Sie es wieder aus mehreren unterschiedlichen Positionen skizzieren.

Legen Sie anschließend die drei Beleuchtungspositionen fest. Hier bieten sich folgende Kombinationsmöglichkeiten an: weit links – Mitte – weit rechts; links – Mitte oben – rechts; links – Mitte unten – rechts.

Erarbeiten Sie nun zunächst in Einzelstudien jede der drei Beleuchtungspositionen auf einem Bogen Zeitungspapier des Formats DIN A5. Lassen Sie sich für jede Studie etwa fünf bis zehn Minuten Zeit. Stellen Sie fest, ob die Anordnung der wiedergegebenen Tonformen jeweils eine ausdrucksvolle Komposition ermöglicht. Können die Formen für sich stehen und ergeben Sie eine zufriedenstellende Komposition, so setzen Sie die Arbeit auf dem Kohlepapier fort. Sollte das nicht der Fall sein, wählen Sie eine andere Ansicht, oder verändern Sie die Beleuchtungspositionen.

Legen Sie auf dem ersten Bogen Kohlepapier die Umrisse des Stillebens mit gestrichelter Linie fest, und zeichnen Sie die Hauptlinien der Komposition ein. Skizzieren Sie mit leichtem Bleistiftdruck die Konturen der einzelnen Formen vor. Die Skizze sollte gut auszuradieren sein oder allein durch die zeichnende Bewegung der Hand (ohne Bleistift) angedeutet werden. Denn auch ohne das Gesehene auf dem Papier festzuhalten, läßt sich die Wahrnehmung des Auges in eine ›zeichnerische‹ Tätigkeit umsetzen.

Kneifen Sie die Augen zusammen und zeichnen Sie lediglich die dunklen Formen – die Schatten, die innerhalb der Schatten liegenden Kerntöne sowie die Schlagschatten. Ihre Komposition zeigt jetzt auch sämtliche hellen und mittelhellen Tonwerte. Sie sind mit der Tönung des Papiers identisch und bilden zusammen eine große negative Form. Wenn es Ihnen gelingt, die dunklen Formen bildwirksam wiederzugeben und wenn Sie die Tonwerte mit dem Papierröllchen oder mit den Fingern ausdrucksvoll modulieren, erhalten Sie eine Darstellung, die sämtliche plastischen Wölbungen des Stillebens anzudeuten vermag. Verwenden Sie die gleiche Arbeitsmethode für die beiden anderen Darstellungen (Abb.21.1, 21.2 und 21.3).

22.1 Jacques Villon (1875–1963), *Renée de Trois Quarts,* 1911, Kaltnadelradierung, 34 × 25 cm, Baltimore Museum of Art, Baltimore

22.2 Giorgio Morandi (1890–1964), *Großes Stilleben mit Kaffeekanne,* 1933, Radierung, 25 × 35 cm, Art Institute of Chicago

22 Die Kreuzschraffur

Arbeitsmaterialien

Konstruktionspapier mittlerer Tönung – weißer und schwarzer Farbstift – Stilleben oder Modell in einem Arrangement – Scheinwerfer oder helles Tageslicht

Mit Kreuzschraffur bezeichnet man eine Zeichentechnik, in der eine Vielzahl kurzer, einander überschneidender paralleler Linien dazu verwendet wird, Wölbungen wie negative Formen einer Komposition tonwertig darzustellen.

Wie die nachfolgenden Illustrationen zeigen, hat die Schraffurtechnik – ein im Tiefdruck häufig benutztes Verfahren – wesentlichen Anteil an der Darstellung des Motivs (Abb. 22.1, 22.2, 22.3 und 22.4). Arbeitstechnik, Material, Vorstellung und Motiv bilden in jedem der Stiche eine in sich geschlossene Einheit. (Eine Erläute-

rung zum Unterschied von Motiv und Thema finden Sie in Kapitel 26.) Die von den Stichen ausgehende Wirkung beruht zum Teil auf der Emotionalität der Linie. Villons rational dynamische Striche sagen mehr über Renée aus, als die bloße Darstellung des Gesichts wiedergibt (Abb. 22.1). Morandis sorgsam gezogene Linien beschreiben die einfachen, poetisch-plastischen Formen eines Stilllebens (Abb. 22.2). Hogarth gibt mit seinen sparsam gesetzten Strichen eine fast karikaturhafte Darstellung des verblüfften, etwas anekdotenhaft wirkenden *Lord Lovat* (Abb. 22.3). Rembrandts eher fließende Linien vermitteln auf unmittelbare Weise Kraft, Weisheit und Demut des betagten jüdischen Patriarchen sowie die fröhliche Ausgelassenheit eines geliebten Kindes (Abb. 22.4).

Die Ermahnung »Lassen Sie Ihren Stift führen, von dem, was Sie sehen« ist durchaus wörtlich gemeint. Das von Ihnen gewählte Thema bedingt und beeinflußt Ihre Arbeitsweise – die Mittel, die Vorstellungen und die Strichführung. Sollte eine Arbeitstechnik für Sie jemals wichtiger werden als der Inhalt Ihrer Arbeit, so haben Sie sich auf ein Schema festgelegt, und Schema bedeutet immer ›geplante Wirkung‹. Einem Schema verhaftet sein heißt nicht anerkennen, daß die Kunst eine Eigendynamik besitzt, die mit schablonenhafter Arbeit nicht berücksichtigt wird. Um es noch einmal zu sagen: Die verschiedenen Arbeitstechniken müssen am Anfang eines Zeichenkurses in jeweils voneinander getrennten Übungen erlernt werden, wie es dem Aufbau dieses Lehrgangs entspricht.

Für die folgende Übung benötigen Sie wieder ein Stilleben oder ein Modell in einem Arrangement. Sie können die Szenerie mit einem Scheinwerfer beleuchten oder aber bei hellem Tageslicht arbeiten.

Skizzieren Sie mehrere unterschiedliche Ansichten des Stillebens, um Ihren Standort zu bestimmen. Halten Sie die Umrisse und markantesten Punkte der Komposition mit gestrichelter Linie fest. Verwenden Sie die horizontalen und vertikalen Hilfslinien zur Bestimmung der Größenverhältnisse. Skizzieren Sie die Konturen der Formen im Arrangement leicht vor. Oder benutzen Sie wieder Hand und Zeigefinger, um die *Strukturen* der gesehenen Formen zu erkennen. Legen Sie nun mit leichtem Bleistiftdruck die Umrisse der geometrischen Grundformen fest. Es mag für Ihre Arbeit durchaus

22.3 William Hogarth, (1697–1764), *Simon Lord Lovat*, 1746, Radierung, 36 × 25 cm, Des Moines Art Center

von Vorteil sein, wenn Sie das Arrangement einmal von den Seiten sowie von der Rückseite her betrachten, um festzustellen, wo Massen und Wölbungen entstehen, wo sie enden, wo sie gestützt werden oder ineinander übergehen. Die Voraussetzung zum Schattieren schaffen Sie, indem Sie die Formen und Volumen der Komposition skizzieren und die geometrischen Grundstrukturen festlegen.

Beim Schraffieren entsteht die Schattierung durch unterschiedliche Strichdichte und durch variierten Druck des Stiftes. Dunkle Partien werden mit dichten, helle Partien mit weiter auseinander liegenden Linien und schwächerem Druck wiedergegeben. Für diese Übung stehen Ihnen zusätzlich weitere Mittel zur Verfügung: getöntes Papier sowie ein weißer und schwarzer Farbstift.

Die mittlere Tönung des Papiers entspricht den mittelhellen Tonwerten der Komposition. Dichte, kräftig gezogene weiße

22.4 Rembrandt Harmensz. van Rijn (1609–1669), *Abraham liebkost Isaak,* um 1637, Radierung, 12 × 9 cm, Des Moines Art Center

Linien ergeben die hellsten Tonwerte. Breite, kräftige schwarze Linien bilden die dunkelsten Töne der Komposition. Lassen Sie (bei unterschiedlichem Druck des Farbstifts) weiße und schwarze Linien einander überschneiden, so erhalten Sie hellere oder dunklere Zwischentöne. Bedenken Sie, daß die Tönung des Papiers der mittelhellen Tonstufe entspricht.

Wie wollen Sie in dieser Aufgabe beim Schattieren vorgehen? Beginnen Sie mit den hellen Tonwerten oder mit den dunklen? Oder möchten Sie von der mittelhellen Tönung des Papiers ausgehen? Welche Technik hat sich bisher für Sie bewährt? Wählen Sie die Arbeitsweise, die Sie für richtig halten. Doch achten Sie immer darauf, daß Sie die gesamte Komposition einheitlich gestalten.

Gewiß ist es wichtig, die einzelnen Tonwerte für die unterschiedlichen Helligkeitsbereiche des Arrangements zu erkennen und in die Zeichnung umzusetzen. Mit dieser Übung sollten Sie allerdings in Ihrer Arbeit über diesen Punkt hinausgelangen. Arbeiten Sie konzentriert und genau, damit Sie nicht die komplizierten Licht- und Schattenverhältnisse und differenzierten Wölbungen und Rundungen der Formen als flache Muster in Ihrer Zeichnung wiedergeben, was bei dieser Arbeitstechnik leicht geschehen kann. Verwenden Sie die Ihnen bekannten Tonstufen – Schlaglichter, helle Töne, mittel-

22.5 Theo van Rysselberghe (1862–1962), *Marie Sethe am Klavier,* 1891, Pastellstift, 32 × 36 cm, Art Institute of Chicago

22.6 Darstellung in Kreuzschraffur, Schülerzeichnung mit schwarzem und weißem Farbstift auf Konstruktionspapier

22.7 Darstellung in Kreuzschraffur, Schülerzeichnung mit schwarzem und weißem Farbstift auf Konstruktionspapier

helle Töne, Schatten, Kerntöne, reflektiertes Licht und Schlagschatten. Beachten Sie, wo Tonwerte einander überschneiden und Zwischentöne bilden.

Wie Sie in Abb. 22.5 sehen können, zeigt Theo van Rysselberghes Pastellzeichnung keine Konturlinien. Die Massen entstehen durch die Schraffur. Die Konturen verschwimmen; sie sind lediglich angedeutet. Ihre Zeichnung mag durchaus Wölbungen aufweisen, die – einem aus dem Nebel auftauchenden Schiff vergleichbar – aus dem Papier herauszuragen scheinen. Gibt die Zeichnung durch Geste und geometrische Strukturen die typischen Merkmale des Darzustellenden wieder, so können die Schraffurlinien bereits an den Konturen der Formen enden oder aber sanft in die Tönung des Papiers übergehen (Abb. 22.6 und 22.7).

23 Die Strukturen einer Landschaft – eine Studie in zwei Tagen

Arbeitsmaterialien

Holzkohle und Kohlestift – Papierröllchen – helles Kohlepapier oder: Bleistift 2B, 3B oder 4B – weißes oder gelbweißes Papier – Bildsucher (leerer Dia-Rahmen) – Landschaft

In der folgenden Aufgabe sollen Sie zwei Tage nacheinander eine Landschaftsstudie erarbeiten. Der erste Tag ist der Komposition, den Kompositionsskizzen sowie den geometrischen Grundformen gewidmet, mit denen Sie seit Kapitel 20 vertraut sind. Am zweiten Tag beenden Sie die Zeichnung an dem Ort, an dem Sie tags zuvor gearbeitet haben. Dabei gilt es dann, die bereits vorgezeichneten geometrischen Grundstrukturen der Formen zu schattieren.

Der Raum, mit dem Sie sich bei Ihrer Arbeit in der Natur auseinandersetzen, unterscheidet sich in zweifacher Hinsicht von einem Innenraum, mit dem Sie es bei der Wiedergabe eines Stillebens oder eines Modells in einem Arrangement zu tun haben. Erstens befinden Sie sich in weit größerer Entfernung zum darzustellenden Motiv, so daß Sie die Formen nicht so deutlich erkennen können, und zweitens sind Sie durch wechselnde Bewölkung ständig veränderten Lichtverhältnissen ausgesetzt. Witterungseinflüsse können sich ebenfalls ungünstig auf Ihre Arbeit auswirken.

Doch hat diese ›Zurück-zur-Natur‹-Übung auch ihre Vorteile. Sie sollten inzwischen mit der Technik des Zeichnens recht gut vertraut sein. In dieser Übung haben Sie die Gelegenheit, eine durchaus ausdrucksvolle Zeichnung zu gestalten.

Die meisten Kunstschüler arbeiten sehr gern allein in der Natur. Suchen Sie sich ein Motiv, das Sie zeichnen möchten. Sie können dazu einen Bauernhof, einen Friedhof auf dem Lande, einen Golfplatz, einen privaten See oder einen Steinbruch aufsuchen. Weitere Motive bieten Ihnen ein botanischer Garten, eine Felsklippe, ein Stadtpark oder ein verlassener Küstenstreifen, um nur einige von zahlreichen Möglichkeiten zu nennen. Dabei sind die Motive, die

Ihnen eine natürliche Landschaft bietet, sicherlich ergiebiger als die einer Stadtlandschaft.

Suchen Sie sich einen Ort, an dem Sie ungestört arbeiten können und – wenn möglich – auch geschützt sind. Bei der Arbeit in der freien Natur müssen Sie auch immer mit schlechtem Wetter rechnen.

Verwenden Sie bei der Motivsuche einen ›Bildsucher‹. Dazu eignet sich zum Beispiel ein leerer Dia-Rahmen. Halten Sie den Bildsucher etwa auf halbe Armeslänge von Ihrem Gesicht entfernt, und schauen Sie mit einem Auge durch die Öffnung. Sie werden feststellen, daß sich der Rahmen als sehr nützlich für die Bestimmung einer potentiellen Komposition erweist. Zeichnen Sie sechs oder sieben unterschiedliche Kompositionsskizzen, damit Sie sich an die unendliche Weite der Landschaft gewöhnen. Wenn Sie Ihr Motiv gefunden haben, legen Sie auf dem Blatt die Horizontlinie fest, skizzieren die Umrisse sowie die horizontalen und vertikalen Hauptlinien der Komposition und bestimmen die Fluchtpunkte. Während Sie mit den Augen die Landschaft nach den Formen und Volumen absuchen, skizzieren Sie mit leichten Strichen das Gesehene vor. Markieren Sie ebenfalls leicht die geometrischen Strukturen der Formen Ihrer Komposition: Baumstämme als Zylinder, Hügel als Halbkugeln, Seen als Ellipsen, Felsen als Quader, Würfel oder Polyeder. Bedenken Sie auch die Tiefendimension der Formen. Eine Landschaft dehnt sich nicht nur in die Höhe und in die Breite aus, sondern weist auch eine beträchtliche Tiefe auf.

Eine Schwierigkeit, die sich bei der Arbeit in der freien Natur immer wieder ergibt, besteht in der zeichnerischen Umsetzung der Vielfalt gleichartiger Strukturen. Wie gibt man zum Beispiel die Fülle von Blättern an Bäumen und Büschen wieder? Um den komplexen Aufbau solcher Formgebilde erkennen und zeichnen zu können, betrachten Sie zunächst die Gesamtstruktur, indem Sie zum Beispiel eine Baumkrone als Halbkugel wiedergeben. Schauen Sie dann auf die einzelnen Blätterbüschel, und zeichnen Sie ihre geometrischen Grundformen mit leichten Strichen vor. Beobachten Sie sorgfältig und genau. Die Blätterbüschel des Silberahorns unterscheiden sich von den Nadelbüscheln einer schottischen Fichte. Reduzieren Sie alle natürlichen Formen der gesamten Komposition

23.1 Schattierte geometrische Grundformen einer Landschaft, Schülerzeichnung in Kohle auf weißem Zeichenpapier

auf ihre geometrischen Strukturen. Da die Kompositionsskizze mit den geometrischen Formen das »Gerüst« der Komposition bildet, sollten sie sorgfältig und gewissenhaft erarbeitet werden (Abb. 23.1).

Wenn Sie am folgenden Tag zur gleichen Zeit Ihre Arbeit wieder aufnehmen, überprüfen Sie noch einmal die geometrischen Strukturen der Komposition. Sie werden möglicherweise feststellen, daß Sie einige überarbeiten müssen. Am ersten Tag Ihrer Arbeit haben die Formen anders ausgesehen.

Unsere Erfahrung sagt uns, daß Hügel ›schwerer‹ sind als Baumkronen. Diesem Umstand sollten Sie nun beim Schattieren der hypothetischen geometrischen Formen Rechnung tragen. Mit dem Modulieren der Tonwerte deuten Sie schließlich die Merkmale der natürlichen Formen an, die Baumkronen zu Baumkronen und Hügel zu Hügeln werden lassen.

Entscheiden Sie, mit welchen Tonwerten Sie beginnen möchten. Denken Sie daran, Äste, Blätter und Gras im richtigen Größenverhältnis wiederzugeben. Mit dem Schattieren geben Sie dem »Gerüst« der Komposition seine äußere Gestalt. Modulieren Sie die Tonwerte jeweils einzeln, oder legen Sie zunächst alle Tonformen

23.2 Flächige Darstellung einer Landschaft, Schülerzeichnung in Kohle auf Kohlepapier

23.3 Schattierte geometrische Grundformen einer Landschaft, Schülerzeichnung in Bleistift auf weißem Zeichenpapier

23.4 Pieter Brueghel d. Ä. (um 1525–1569), *Heuernte (Juli),* 1565, aus dem Zyklus der *Monatsbilder,* Öl auf Eiche, 117 × 161 cm, Nationalgalerie, Prag

der unterschiedlichen Helligkeitsbereiche fest. Doch achten Sie vor allem darauf, daß Sie die Gesamtkomposition einheitlich gestalten. Gegebenenfalls müssen Sie einige Lokaltöne dunkleren oder helleren Tonwerten angleichen, um die Bewegung innerhalb der Komposition zu kompensieren.

Sich künstlerisch auszudrücken ist schwer. Sorgfalt und Kreativität sind dazu unerläßliche Voraussetzungen. Wenn Sie in Ihrer Arbeit die gesehene Natur schrittweise über Kompositionsskizze, geometrische Strukturen und Schattierung bis hin zur fertigen Landschaftszeichnung umsetzen, verwenden Sie eine Technik, die es Ihnen ermöglicht, zu einer sensiblen und ausdrucksvollen individuellen Darstellung zu gelangen (Abb. 23.2 und 23.3).

In Pieter Brueghels Landschaft *Heuernte* steht der Mensch im Vordergrund, während die Natur lediglich als Kulisse dient (Abb. 23.4).

Wayne Thieubaud verwendet in seiner durch elegante Einfachheit der Linienführung bestechende Zeichnung nur minimale Kontraste, während die Darstellung William Zimmermans trotz ihres kleinen

23.5 Wayne Thiebaud (geb. 1920), *Landschaft,* 1965, Bleistiftzeichnung, 23 × 31 cm, Allan Stone Gallery, New York

23.6 William Zimmerman (geb. 1920), *Eisfinger,* 1973, Acryl, 13 × 18 cm

Formats die zerklüfteten massiven Strukturen der schneebedeckten Berge mit starken Kontrasten anzudeuten vermag (Abb. 23.5 und 23.6).

VI Analytisches Zeichnen, Kunstkritik und künstlerischer Ausdruck

24 Analytische Übungen zur Komposition

Arbeitsmaterialien

Bleistifte 2B und 3B – 5–6 Bogen Transparentpapier – Buntstifte – Lineal – Kurvenlineal – Kunstalbum mit Farbreproduktionen

Musterzeichner, Architekten, Landschaftsgestalter, Schmuckdesigner, Töpfer, Maler und Zeichner, Film- und Theaterregisseure, Fotografen und Choreographen – sie alle sind bei ihrer Arbeit in erster Linie auf gute Entwürfe, Gestaltungen und Kompositionen angewiesen. Dabei beschäftigen sich einige Künstler mit den drei Dimensionen des Raumes, während andere ihre Entwürfe und Kompositionen zweidimensional gestalten.

In diesem Kapitel geht es um analytische Fragestellungen. Um zu zeigen, welche Bedeutung Linien und Formen für die Gesamtkomposition haben, sollen dabei die verschiedenen Kompositionseinheiten jeweils einzeln untersucht werden.

Für die Aufgabe benötigen Sie ein Kunstalbum mit großen farbigen Reproduktionen (möglichst 13 × 18 cm oder 18 × 24 cm). Wählen Sie Werke bedeutender Maler, die die klassischen Themen – Stilleben, Landschaft, Figur (keine Porträts!) – zeigen. Für Ihre Arbeit verwendbare Vorlagen bilden u. a. Bildreproduktionen aus der Zeit der Gotik, der Renaissance, der nördlichen Renaissance, aus dem Barock, dem Rokoko und der deutschen Gotik. Ferner eignen sich die Werke der Präraffaeliten, der Maler der Schule von Barbizon, der Klassiker und Romantiker des 19. Jahrhunderts, die Arbeiten der frühen Impressionisten, der Pointillisten und Expressionisten sowie die Werke von Malern der Hudson River School und der Ash Can School, von Pop-Art-Künstlern und Vertretern des Neuen Realismus. Abstrakte oder nichtgegenständliche Werke sind ungeeignet.

Eine Komposition beruht auf der zu einer räumlichen Einheit zusammengefaßten Anordnung ihrer Teile oder Elemente. Diese

Elemente sollen mit Hilfe analytischer Transparentpausen voneinander getrennt und einzeln sichtbar gemacht werden, so daß vier oder fünf Grundbestandteile der Komposition stufen- oder schichtweise zutage treten. Für die gesamte Aufgabe benötigen Sie lediglich eine Reproduktion eines Gemäldes. Doch verwenden Sie für die verschiedenen Teilkompositionen – die Linearkomposition, die geometrische Komposition, die Blicklinienkomposition, die Tonwertkomposition, die Farbkomposition – je einen separaten Bogen Transparentpapier. Gute Kunstalben sind wertvoll und teuer. Arbeiten Sie vorsichtig und mit leichtem Bleistiftdruck, um das Buch nicht zu beschädigen. Geben Sie acht, die Drucke sind äußerst empfindlich. Wir benutzen für unsere fünf Pausanalysen Rogier van der Weydens *Kreuzabnahme* (Farbtafel 1).

Mit Hilfe der ersten Zeichnung soll das gesamte Werk auf seine linearen Elemente reduziert werden. Linie bezeichnet in diesem Fall weder die Konturlinie noch die Linie der Geste. Die Linearkomposition gibt mit den elementaren vertikalen, horizontalen, diagonalen und kurvigen Linien Richtung wie Gegenrichtung von Figuren, natürlichen Formen, Objekten, Sagengestalten und biblischen Figuren wieder. Für diese Übung hat eine Kunstschülerin die wichtigsten linearen Aspekte des Gemäldes wiedergegeben, indem sie die Rundung eines Kopfes, die Richtung eines Armes, den Faltenwurf eines Stoffes, die Körperhaltung der Figuren sowie die horizontalen, vertikalen und diagonalen Linien von Leiter und Kreuz isolierte. Die Zeichnung läßt die rhythmisch-lineare Struktur der Kräfte und Gegenkräfte der Gesamtkomposition sichtbar werden (Abb. 24.1).

Die lineare Struktur einer Zeichnung oder eines Bildes zieht den Blick des Betrachters an und läßt ihn um einen Schwerpunkt kreisen. Die Linearkomposition eines anderen Gemäldes kann auch die in der Natur vorkommende Vielfalt vertikaler Formen wiedergeben, zum Beispiel eine Gruppe von Bäumen oder die Beine einer Herde grasender Rinder zeigen oder die horizontalen, vertikalen und diagonalen Konturen von Bauwerken, zum Beispiel von Brücken oder Gebäuden, betonen. Linien, die dramatische Farbkontraste abgrenzen, und die Binnenkonturlinien von Figuren, Gewändern und Tiergestalten können die rhythmische Harmonie einer Komposition unterstreichen.

24.1 Linearkomposition,
Schülerzeichnung

24.2 Komposition
geometrischer Formen,
Schülerzeichnung

Die zweite Analyse zeigt die geometrischen Grundstrukturen der Komposition. Legen Sie einen neuen Bogen Transparentpapier auf die Reproduktion, und reduzieren Sie Objekte wie natürliche Formen und Figuren auf ihre geometrischen Grundeinheiten. Dabei werden Arme und Beine zu Zylindern oder zu langen Rechtecken, und aus Köpfen werden Kreise und Ellipsen. In den Übungen zu Kapitel 20 haben Sie bereits mit den geometrischen Formen von Tuchfalten gearbeitet. Reduzieren Sie nun die Falten von Gewändern auf ihre geometrischen Strukturen. Schiffe, Hügel, Hüte, Kissen und eine Leier (das Musikinstrument) lassen sich auf eine gemeinsame geometrische Grundform zurückführen. Da es sich hier um eine analytische Problemstellung handelt, verwenden Sie gegebenenfalls ein Lineal für die Arbeit.

Sie sollten sich allerdings bewußt sein, daß Sie die vorhandenen Formen nicht lediglich kopieren. Sie analysieren die Formen eines Gemäldes und reduzieren sie auf die ihnen entsprechenden geometrischen Strukturen. Bei den Formen, die Sie zeichnen, handelt es sich um die Grundstrukturen plastischer Wölbungen, mit denen der Künstler die Illusion der Raumtiefe erzeugt (Abb. 24.2).

Abgesehen von den Mitteln der Linearperspektive wird in der Malerei die Tiefenwirkung grundsätzlich mit Hilfe von Farbschattierungen erzeugt. Die durch die geometrischen Strukturen bereits angedeuteten Formen werden mit Hilfe der Plastizität erzeugenden Schattierung endgültig festgelegt.

Die *Blicklinie* bezeichnet die Blickrichtung der in einem Bild dargestellten Figuren, Tier- oder Sagengestalten. Diese Definition besagt, daß Stilleben und Landschaftsbilder keine Blicklinien aufweisen. Deuten Sie auf einem neuen Bogen Transparentpapier die Blickrichtung der dargestellten Personen mit gestrichelten geraden Linien an. Sollte das von Ihnen gewählte Werk lediglich zwei oder drei Figuren zeigen, so verwenden Sie zur Darstellung der Blicklinien den Transparentbogen, der die geometrischen Strukturen wiedergibt. Eine größere Anzahl von Blicklinien sollten Sie allerdings in einer separaten Zeichnung festhalten (Abb. 24.3).

Die Schwäche einer Komposition kommt sehr oft dadurch zum Ausdruck, daß die Blicklinien der dargestellten Personen nicht klar zu erkennen sind oder ohne erkennbares Ziel in unterschiedlichen

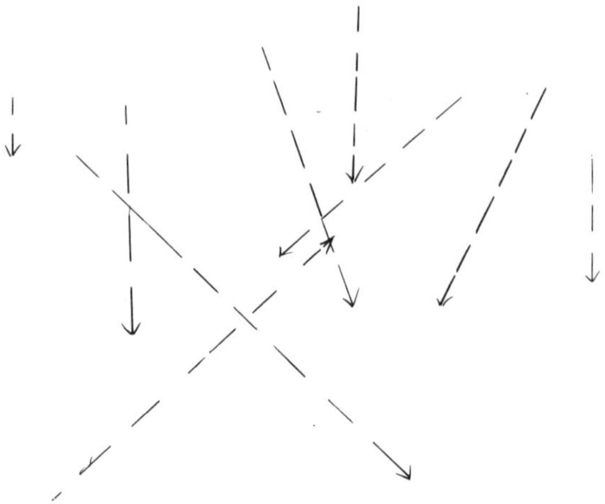

24.3 Komposition der Blicklinien, Schülerzeichung

24.4 Komposition der Tonwertformen, Schülerzeichnung

Richtungen über den Rand der Darstellung hinausgehen, wodurch die Einheitlichkeit der Komposition beeinträchtigt wird.

Die beiden Frauengestalten am äußeren linken und rechten Rand von van der Weydens *Kreuzabnahme* bilden mit ihren gesenkten Blicken und der auf die Bildmitte hinweisenden Körperhaltung den Rahmen des Gemäldes. Der Blick des Mannes auf der Leiter in der Höhe des Bilderkers ist auf die Christusfigur gerichtet und verläuft durch die Mitte der Komposition. Die von der Bildebene wegführenden Blicke der beiden links stehenden Männer treffen mit den Blicken der auf der rechten Seite stehenden Männer zusammen. Der eine Schnittpunkt der Blicklinien lenkt unsere Aufmerksamkeit auf die Stigmata der Christusfigur. Der Schnittpunkt der beiden anderen Blicklinien deutet auf die Knie der zentralen Christusfigur. Der Blick der hinter der Maria stehenden Frauengestalt ruht auf der Mutter Gottes, deren geschlossene Augen direkt auf den Betrachter gerichtet zu sein scheinen. Der in diesem Gemälde auffallende ausgeprägte Fluß der Linien von Armen und Gewandfalten läßt uns den Arm der Maria hinab zum Totenschädel verfolgen, dessen starrende Augenhöhlen uns wieder zur Hauptfigur zurückführen. Das komplizierte System der miteinander verbundenen Blicklinien, das durch den Fluß der Linien noch unterstützt wird, lenkt unsere Aufmerksamkeit in das Innere des Bildes hinein und führt den Blick zugleich in einem wiegenden Rhythmus durch die gesamte Komposition hindurch.

In der vierten Analyse beschäftigen wir uns mit den Tonwertformen. Verwenden Sie für die Zeichnung einen weiteren Bogen Transparentpapier. Es sollte Ihnen inzwischen bewußt sein, daß es sich bei den Formen, die Sie sehen, nicht um kolorierte Objekte, sondern um Tonwertformen handelt. Der rote Farbton eines Gewandes kann in seinem Grauwert mit dem Blauton einer sich dahinter befindenden Drapierung identisch sein, so daß die aus Gewand und Drapierung bestehende Gesamtform einem mittleren Grauton entspricht. Bestimmen Sie die Grauwerte der gesamten Komposition. Verwenden Sie dazu 2B und 3B Bleistifte (Abb. 24.4).

Mit Schattierung läßt sich Raumtiefe erzeugen. Tonwertformen können zu Mustern zusammengefaßt werden. Raumtiefe erzeugende Tonmuster miteinander zu verbinden heißt die subtile Hell-

Dunkel-Verteilung verstehen, mit der der Künstler die Bewegung innerhalb der Komposition betont hat.

Die letzte Kompositionsanalyse beschäftigt sich mit den Farbformen. Hier sollen Sie mit Buntstiften arbeiten. Dabei werden jeweils die einander in ihrem Farbwert entsprechenden Formen isoliert wiedergegeben. Sind in einem Bild zum Beispiel ein Halstuch, eine Mönchskutte, ein Gesicht und der Hintergrund gelbgold, so fassen Sie diese Formen zu einer großen gelbgoldenen Form zusammen.

Reduzieren Sie alle Farbtöne der Reproduktion auf fünf bis sechs sich deutlich voneinander unterscheidende Farben. Verwenden Sie die Farbstifte, die den Farbwerten des Bildes am nächsten kommen. Benutzen Sie mehr als sechs Farben, so arbeiten Sie zu lange an der Übung und verfehlen das Ziel der Aufgabe, eine generelle Übersicht über die im Gemälde verwendeten Farben zu entwerfen. Anhand dieser Analyse läßt sich die Verteilung der für einen Künstler typischen Farben innerhalb der Gesamtkomposition eines Bildes erkennen.

Geben Sie die jeweiligen Farbformen mit gleichbleibend starkem Druck des Stiftes wieder, um die Farbe einheitlich auf dem Papier zu verteilen (Farbtafel 1a).

Wie genau Sie gearbeitet haben, können Sie leicht überprüfen, indem Sie die Tonwertanalyse über die Farbanalyse legen und gegen das Licht halten. Wie ähnlich ist die Kombination beider Zeichnungen im Vergleich zur analysierten Gemäldereproduktion?

Diese Einzelanalysen sollten sich auf Ihre eigene zeichnerische Tätigkeit positiv auswirken und Ihnen in bezug auf Ansicht, Komposition, geometrische Strukturen, Schattierung und Farbverteilung zu neuen Erkenntnissen verhelfen.

25 Die Reaktionsanalyse: Eine Methode der Kunstbetrachtung

Arbeitsmaterialien
Museum – Notizblock – Bleistift

Den meisten Menschen gefällt in der Kunst wohl oder übel das, was andere ihnen vorschreiben. Dabei lassen sie im allgemeinen ihren Geschmack von den Experten, also von denjenigen bestimmen, »die es wissen müssen«. Darin liegt natürlich die Gefahr, daß sie an Dingen Gefallen finden, die sie im Grunde womöglich nicht verstehen. Um ein besseres Kunstverständnis zu erlangen, benötigen Sie eine emotionale Aufrichtigkeit und eine Anleitung zur Kunstkritik. Im Hinblick auf Ihre praktische Arbeit ergeben sich die Kenntnisse, die Sie durch eine kritische Kunstbetrachtung erwerben, gerade zum rechten Zeitpunkt. Dieses Buch kann Sie zur Aufrichtigkeit selbstverständlich lediglich auffordern. Doch mit wachsendem Urteilsvermögen werden Sie sicherlich zu einer objektiven, eigenständigen Kunstauffassung gelangen.

Natürlich sollen sich Ihre zeichnerischen Fertigkeiten verbessern. Die Kunstkritik wird Sie zu manchen Erkenntnissen über Raum und Tiefenwirkung führen. Dabei werden Sie Erfahrungen sammeln wie die Künstler vor Ihnen, deren Werke Sie betrachten. Sie werden auch Ihre eigene Arbeit besser verstehen lernen und in Ihren Zeichnungen individuelle wie allgemeine Merkmale erkennen.

Das in diesem Kapitel vorgeschlagene Verfahren der Kunstbetrachtung besteht aus vier Einzelphasen: Aufrichtigkeit, Beschreibung, Deutung und Urteil. Ihre Aufgabe besteht darin, sich mit Ihren emotionalen und intellektuellen Reaktionen auf ein Kunstwerk auseinanderzusetzen. Dabei relativieren sich beide Reaktionsweisen gegenseitig, so daß Sie auf diese Weise zu einer begründeten Deutung eines Gemäldes oder einer Zeichnung gelangen.

Zunächst zwei Tips für die Anfänger unter Ihnen: Betrachten Sie die Werke aus unterschiedlichen Blickwinkeln und wählen Sie Werke, die gegenständliche Themen zeigen.

Aufrichtigkeit: Betrachten Sie das Werk. Wie wirkt es in seiner Gesamtheit auf Sie? Welche Gefühle löst es bei Ihnen aus?

Beschreibung: Lassen Sie das Bild unabhängig von Ihren Gefühlen auf sich wirken. Beschreiben Sie das Dargestellte ausführlich. Versuchen Sie dabei Wertungen zu vermeiden. Beschreiben Sie die Darstellungsweise – tektonisch oder theatralisch. (Diese beiden Arten der Darstellung werden im Verlauf des Kapitels noch besprochen.) Einige Ihrer Beschreibungen können Sie in der nächsten Phase der Betrachtung weiterverwenden, wenn es um die Analyse des Wechselspiels von Inhalt und Form geht.

Deutung: Werten Sie die zum Thema gehörenden Komponenten des Werkes aus – verwendetes Material, formale Elemente, Blickwinkel und Darstellungsweise. Nachdem Sie die wichtigsten thematischen Aspekte herausgefunden und gedeutet haben, sollten Sie in der Lage sein, seine emotionale Aussage, seine Bedeutung zu erkennen. Was stellt das Bild insgesamt dar?

Urteil: Handelt es sich Ihrer Meinung nach um ein ausdrucksvolles Werk? In welchem Verhältnis steht Ihre Beurteilung des Werkes zu Ihren Empfindungen in der ersten Phase der Analyse?

Hier eine kurze Übersicht über die formalen Elemente:
Linie: ein einzelner gezeichneter oder gemalter horizontaler, vertikaler, diagonaler oder krummliniger Strich.
Farbe: die einzelnen in Helligkeit und Trübheit variierenden Farbtöne.
Tonwert: Helligkeitswert.
Struktur: die Oberflächenbeschaffenheit eines Materials.
Perspektive (mindestens drei Möglichkeiten der Wiedergabe räumlicher Tiefe):

1. Linearperspektive – die Verwendung von Fluchtpunkten und Fluchtlinien.
2. Luftperspektive – die Diffusion der Farben, Tonwerte und Strukturen von Vordergrund bis Hintergrund.
3. Überschneidung – einander teilweise verdeckende Formen.

Ansicht: der Standort des Künstlers bei seiner Arbeit oder der Ort, an den er den Betrachter seines Werkes versetzt.
Blicklinie: die Blickrichtung einer Figur.
Komposition: die gesamte affektive Organisation des Raumes, einschließlich der verwendeten Materialien, der formalen Elemente, der Darstellungsweise und Vorstellungen.

Jedes Werk betont unterschiedliche formale Elemente. Untersuchen Sie die wichtigsten Elemente des Werkes. Manche Künstler arbeiten zum Beispiel mit groß angelegten Flächen, während sie Linien nur sehr sparsam oder gar nicht verwenden. Einige arbeiten mit kräftigen, leuchtenden Farben; andere wieder benutzen zarte Pastelltöne. Beim Vergleich eines in kühlen blauen und grauen Pastelltönen gemalten sitzenden Akts mit einer in grellen Farben gehaltenen, das gleiche Sujet darstellenden Tuschezeichnung würde zum Beispiel ein deutlicher assoziativer und symbolischer Kontrast zutage treten.

Die bildliche Darstellung ergibt sich aus der Arbeitstechnik in Verbindung mit dem Arrangement von Farben, Linien, Schattierungen und Formen. Bestimmte Signale in einer Zeichnung oder in einem Bild machen uns auf das Thema des Werkes aufmerksam, das mehr umfaßt, als die Darstellung wiedergibt. Doch um welche der in Material, Darstellungsweise, Vorstellungen und formalen Elementen enthaltenen Signale handelt es sich, die bewirken, daß wir die im Thema verkörperte zentrale Vorstellung, die emotionale Aussage verstehen?

Die Signale des Themas sind alle Hinweise, die die Darstellung dem Betrachter über das Thema hinaus vermittelt. Die Darstellung eines Reiters zu Pferde in der Vorder-, Seiten- oder Rückansicht gibt in Bild oder Zeichnung jeweils verschiedene symbolische Bedeutungen wieder. Zeigt ein Aktbild das Modell stehend, liegend oder an einen Gegenstand gelehnt, so werden durch die jeweilige Darstellung unterschiedliche Assoziationen beim Betrachter hervorgerufen. Doch damit sie für das Thema Signalfunktion haben können, müssen Vorstellung und Darstellungsweise eine Einheit bilden. Um es noch einmal zu sagen: Die Anhaltspunkte, die Material, formale Elemente, Vorstellung und Darstellungsweise dem Thema liefern, vermitteln die emotionale Aussage, die bedeutungstragende Grundidee des Kunstwerks.

Die hier vorgetragene Methode der Kunstkritik wird Ihnen bei der Analyse der meisten Zeichnungen und Bilder, die gegenständliche Themen zeigen, von großem Nutzen sein. Doch bevor wir mit der ersten Analyse beginnen, soll noch ein weiterer wichtiger Aspekt der Kunstbetrachtung erörtert werden.

In dem Buch Heinrich Wölfflins ›Kunstgeschichtliche Grundbegriffe‹ (1915) finden wir eine Aufgliederung der radikalen Stilwandlungen in der Kunst des 16. und 17. Jahrhunderts. Wölfflin beschreibt darin ausführlich die unterschiedlichen Methoden der bildlichen Darstellung. Er hebt zwei Begriffe heraus, die den beiden wichtigsten Darstellungsweisen vom Beginn der Renaissance bis zum Ende des 17. Jahrhunderts entsprechen. Er unterscheidet Imitation und Dekoration. Zweckmäßigerweise sollte man jedoch von *tektonischer* und *theatralischer Darstellungsweise* sprechen. Zudem scheinen diese Begriffe bis ins 20. Jahrhundert hinein auf Bild und Zeichnung anwendbar zu sein. Während sich die tektonische Darstellung durch eine einheitliche formale Klarheit auszeichnet, weist die theatralische Darstellung eine einheitliche Unschärfe der Formen auf.

Die beiden Begriffe werden hier eingeführt, um Ihnen die Möglichkeit zu geben, in einem Vergleichsrahmen zu arbeiten. In ihrer reinen Form stellen tektonische wie theatralische Darstellungen Extreme dar, wie sie von Künstlern im Verlauf der letzten Jahrhunderte nur äußerst selten verwendet wurden. Wenn Sie Glück haben, finden Sie die eine oder andere Darstellungsweise andeutungsweise in den Kunstwerken, die Sie analysieren. Kennen Sie beide Systeme, so werden Sie die strukturellen (eigentlich morphologischen) Merkmale eines Werkes leichter bestimmen können.

Die hier ausgewählten Illustrationen zeigen beide Darstellungsformen in annähernd reiner Form. Sie werden hier nicht theoretisch dargelegt, da sie Ihnen lediglich als Anschauungsmaterial für Ihre spätere praktische Arbeit dienen sollen. (Tektonische Darstellung: siehe Farbtafel 2 und Abb. 25.1 – theatralische Darstellung: siehe Farbtafeln 3 und 6).

25.1 Albrecht Dürer (1471–1528), *Adam und Eva,* 1504, Kupferstich, 25,5 × 19 cm, Museum of Fine Arts, Boston

Die tektonische Darstellung

1. Linie (Konturlinie)

Die Linie bildet die Grenze zwischen den Dingen. Die Schönheit der Gesamtform wird mit sensibler Umrißlinie wiedergegeben. Die Linie dominiert über alle anderen formalen Elemente, wie Farbe oder Schattierung. Die Linie erzeugt Sicherheit. Sie zeigt einheitlich betonte Strukturen in allen Teilen des Werkes.

2. Fläche

Der Tiefenraum ist auf die Flächenmaße, Höhe und Breite, reduziert. Die Volumina befinden sich nahe und parallel zur Bildebene. Die Tiefenwirkung ist gering, obgleich mit den Mitteln der Linearperspektive gearbeitet wird.

3. Geschlossene Komposition

Die Komposition befindet sich in einem stabilen Gleichgewicht. Die Anordnung der formalen Elemente erzeugt keine Spannung, sondern harmonische Ausgeglichenheit. Jede Richtung hat ihre Gegenrichtung. Die Komposition ist in

Die theatralische Darstellung

1. Geste und Masse

Geste und Masse kommen ohne die Linie aus. Die Umrisse werden nicht betont. Die Schattierung deutet Bewegung und Empfindung an, keine geometrischen Volumina. Man betrachtet das gesamte Bild, keine Einzelheiten.

2. Raumtiefe

Der Tiefeneindruck wird durch diagonales oder spiralförmiges Fallen und Stürzen der Formen sowie durch Licht und Schatten hervorgerufen. Die Figuren befinden sich in größerer Entfernung und gelegentlich in einem schrägen Winkel zur Bildebene.

3. Offene Komposition

Die offene Komposition zeigt eine gelockerte Struktur. Sie erzeugt Spannung statt Ruhe. Diagonale Formen sprengen die tektonische Stabilität des vertikalen und horizontalen Gefüges. Die offene Komposition verbirgt ihre Struktur und versich abgeschlossen und »verweist in allen ihren Teilen auf sich selbst zurück« (Wölfflin).

stärkt so den Eindruck eines »schwankenden Gleichgewichts« (Wölfflin).

4. Verbundenheit der Teile

Die einzelnen Teile bewahren ihre Unabhängigkeit, obgleich sie mit dem Ganzen verknüpft sind. Das Ganze ist in der »Harmonie der freien Teile in sich gebunden« (Wölfflin).

4. Vereinigte Ganzheit

Ein einziges Motiv beherrscht alle Teile der Komposition. Die Teile sind uneinheitlich und miteinander vereint. Sie vermitteln den Eindruck von Bewegung und Raumtiefe.

5. Absolute Klarheit

Die Klarheit der Formen gestattet dem Betrachter, alle Teile der Komposition zu erfassen. Die einheitliche Betonung aller Bildteile regt zur Besinnlichkeit an.

5. Relative Klarheit

Objektive Klarheit wird vermieden. Der Betrachter wird zur Spekulation herausgefordert. Die Klarheit der Farben, Tonwerte und Formen fördert die Schemenhaftigkeit der Eindrücke.

Da vorausgesetzt werden kann, daß Sie mit den beiden Darstellungsweisen bereits bis zu einem gewissen Grad vertraut sind, beginnen wir nun die Analyse mit den vier Phasen, die hier noch einmal einzeln aufgeführt werden.

Aufrichtigkeit (erste Phase)

Wie wirkt das Werk in seiner Gesamtheit auf Sie? Welche Emotionen löst es aus?

Beschreibung (zweite Phase)

Beschreiben Sie das Dargestellte ausführlich und objektiv. Welche Darstellungsweise überwiegt? Die tektonische oder die theatralische? Oder finden Sie Elemente von beiden?

Deutung (dritte Phase)	Was ist die emotionale Aussage des Werkes? Untersuchen Sie das verwendete Material, die formalen Elemente, die Vorstellungen und die Darstellungsweise, soweit sie zum Thema beitragen und Bedeutung vermitteln.
Urteil (vierte Phase)	Handelt es sich um ein ausdrucksvolles Werk? (Bedenken Sie dabei Ihre Deutung in der dritten Phase.) Entspricht das jetzige Urteil Ihrem ersten Eindruck?

In der ersten Analyse wollen wir zwei Zeichnungen miteinander vergleichen, die ein ähnliches Motiv zeigen. Es handelt sich um Pierre-Paul Prud'hons Kreidezeichnung *Die Quelle* (Farbtafel 4) und Rembrandt van Rijns Tuschezeichnung *Sitzender, nach vorn geneigter weiblicher Akt* (Farbtafel 5).

Prud'hons ›Die Quelle‹

Erste Phase: Die ersten Reaktionen sind gewöhnlich: »Die Zeichnung ist schön und zart.« »Die Zeichnung läßt mich kalt. Sie interessiert mich nicht.« »Die Frau wirkt nicht natürlich.« Meine Reaktion: »Die Zeichnung wirkt ruhig und angenehm. Sie zeigt ein Urbild, das Idealbild einer Frau.«

Zweite Phase: Die Darstellung zeigt einen weiblichen Akt. Eine junge Frau sitzt auf einer mit einem Tuch drapierten Steinbank. Ihre Beine kreuzen sich an den Fußknöcheln. Ihr Blick geht hinunter zur Innenfläche der linken Hand, die sie nach oben gekehrt an der Seite des Körpers hält. Der rechte Ellbogen ruht auf ihrem Oberschenkel, während sie mit der Hand den Kopf stützt. Sie trägt ein Band im Haar.

Rechts neben der Figur fließt Wasser aus einem Felsen, das von einem kleinen Bassin aufgefangen wird.

Das Licht kommt von vorn und von oben. Die Konturen sind deutlich zu erkennen. Die L-förmig angelegte Komposition ist eben. Vertikale und horizontale Strukturen überwiegen. Die Figur befindet sich in einem kurzen Abstand parallel zur Bildebene. Die Komposition wirkt sehr gefestigt. Alle Teile sind gleichmäßig betont und deutlich zu erkennen. Das Werk weist eine auffällig starke tektonische Struktur auf.

Dritte Phase: Prud'hon verwendete schwarze und weiße Kreide auf blauem Papier. Er arbeitete mit kurzen diagonalen Strichen und modellierte sanft, um jene Lichteffekte auf dem Körper zu erzielen, die die zarten Konturen betonen. Der Gebrauch der Farben, die Mittel sowie die Behandlung des Themas verstärken den Eindruck einer idealisierten, wirklichkeitsfernen Darstellung.

Die in der Körperhaltung ausgedrückte Besinnlichkeit der Figur läßt unseren Blick in einer Bewegung, die den Konturen eines Diamanten gleicht, von den Füßen diagonal aufwärts zum Knie wandern, hoch bis zum Ellbogen, über die Diagonale des rechten Arms bis hin zur sanften Rundung des Kopfes. Der gesenkte Blick und die entspannte Haltung des Arms führen uns weiter zur geöffneten Hand. Die Finger deuten leicht auf den linken Oberschenkel und lenken den Blick zu den Füßen zurück. An ihrem Ausgangspunkt angelangt, endet hier die Bewegung, mit der die geometrischen Strukturen eines Parallelogramms nachgezeichnet werden.

Die in ihrer Grundstruktur diamantförmige Figur wird in der Komposition durch die vertikalen und horizontalen Flächen des Felsens sowie durch die sitzende Haltung der Frau gefestigt. Sie befindet sich in kurzem Abstand parallel zur Bildebene. Wir betrachten die Figur aus der Untersicht. Dabei befindet sich der Augenpunkt in Bauchhöhe der Figur, so daß wir zu ihr aufschauen. Ihre Nähe zur Bildebene und unser Blickwinkel bewirken paradoxerweise, daß wir der Figur sowohl nah wie auch gleichzeitig fern sind.

Die fließenden Linien des Tuches sowie die Bein- und Fußhaltung lassen den Blick nach links zur Quelle hinübergleiten, um symbolisch auf das ›Weib‹ als Quelle oder Ursprung des Lebens hinzudeuten. Die hier gezeigte Frau ist eher unbedeckt als nackt. Sie ist jung, schön und jungfräulich – ein idealisiertes, wirklichkeitsfernes Symbol der Weiblichkeit.

Vierte Phase: Prud'hons neoklassizistisches Werk zeigt einen weiblichen Akt, der von der ›Schönheit des ewig Weiblichen‹ durchdrungen ist. Während die zeichnerischen Fähigkeiten des Künstlers beeindrucken, erscheint die Darstellung romantisch verklärt, da ›Idealfiguren‹ in der Geschichte immer wieder periodische Verehrung gefunden haben. In der Vergangenheit mag der Zeichnung durchaus mehr Anerkennung und Würdigung zuteil geworden sein, als der heutige Betrachter aufzubringen in der Lage ist. Doch spricht das Thema ›Die Frau als Ursprung des Lebens‹ das ›weibliche Prinzip‹ an, das sowohl in der Vergangenheit wie in der Gegenwart seine Gültigkeit hat. Mein Urteil über das Werk bestätigt meine erste emotionale Reaktion.

Rembrandts ›Sitzender nach vorn geneigter weiblicher Akt‹

Rembrandt verwendete in seiner Zeichnung, die ebenfalls einen weiblichen Akt zeigt, die gleichen formalen Elemente wie Prud'hon, gebrauchte sie allerdings anders und benutzte unterschiedliche Mittel: Tusche und Bister. Setzen wir unsere Betrachtung mit diesem Werk fort.

Erste Phase: Für gewöhnlich ergeben sich folgende Erstreaktionen: »Die Zeichnung ist schön. Ich mag sie.« »Sie ist angenehm ursprünglich. Sie gefällt mir.« »Sie ist einfach, aber dynamisch.« Meine Reaktion: »Man sieht eine natürliche, einfache, schöne Frau. Die Zeichnung überrascht durch ihre Unvermitteltheit. Sie ist reizvoll.«

Zweite Phase: Die Zeichnung zeigt einen weiblichen Akt. Die Frau scheint auf einer Büchertruhe zu sitzen. Ihre rechte Ferse ruht etwas erhöht auf einem am Boden liegenden Buch. Der Oberkörper ist leicht vorgebeugt, während sie mit dem ausgestreckten Arm auf ihren linken Fußknöchel deutet. Der Blick ist ebenfalls auf den Fuß gerichtet. Die Lichtquelle befindet sich etwas über Kopfhöhe und erhellt die Figur von vorn sowie ihre linke Seitenpartie. Das Haar der Frau wird von einem Band zusammengehalten.

Die Betonung der Zeichnung liegt auf der Geste. Die Raumtiefe ist leicht angedeutet. Die Komposition weist eine gelockerte Struktur auf. Das Motiv ist wichtiger als die Details. Die Klarheit der Komposition besteht in der Unvermitteltheit der Wirkung. In der Darstellungsform überwiegt das theatralische Element.

Dritte Phase: Das dominierende lineare Element bildet der vertikale breite Pinselstrich am linken Rand der Zeichnung, der so breit ist, daß er selbst zur Form wird und damit die Linie als solche auflöst. Die Figur hebt sich von den kräftigen dunklen Pinselstrichen des Hintergrundes ab. Die dunkle Schattenstruktur läßt die positive Form der Figur besonders deutlich hervortreten.

Die Mittel – Tusche und Bister – in Verbindung mit den Erdfarbtönen unterstreichen die Natürlichkeit der Frauengestalt und ihrer Pose. Es handelt sich hier also um die Darstellung einer ›wirklichen‹ Person.

Das die Figur erhellende Licht kommt nicht aus einer heiligen oder mythischen Quelle. Es handelt sich um helles natürliches Licht, das durch ein Fenster hereinfällt. Vielleicht befindet sich noch zusätzlich eine Lampe in dem Raum. Das Licht ist direkt und intensiv, daher ergeben sich dramatsiche Kontraste der Tonformen. Es sind nur wenig mittelhelle Töne vorhanden.

Die Körperhaltung der Frau vermittelt nicht so sehr ein Gefühl des Fallens oder Stürzens, sondern eher den Eindruck einer ›Momentaufnahme‹. Die Zeichnung gibt im Gegensatz zu Prud'hons Werk die Unmittelbarkeit des Augenblicks wieder. Doch wie Prud'hon gestaltete auch Rembrandt eine L-förmige Komposition, die ein aus jeweils einander entgegengesetzten Diagonalen bestehendes Motiv zeigt. Die Diagonalen von Armen und Beinen sowie die Blicklinie der Figur lassen in beiden Zeichnungen den Blick des Betrachters in einem kontinuierlichen Bewegungsrhythmus um den Schwerpunkt der Darstellung kreisen. Doch Rembrandts Komposition wird als offen empfunden.

Rembrandts Modell ist weniger würdevoll und älter als dasjenige Prud'hons. Die Darstellung vermittelt den Eindruck, als wolle sich die Frau in gewöhnlicher Alltagsgeste am Fuß kratzen.

Obwohl beide Zeichnungen formale Ähnlichkeiten erkennen lassen – es handelt sich in beiden Fällen um die Wiedergabe eines weiblichen Akts, beide Modelle werden in sitzender Pose vor einem einfach strukturierten Hintergrund gezeigt und haben die gleiche Blickrichtung –, geben sie doch gänzlich verschiedene Vorstellungen wieder. In Rembrandts Werk sehen wir eine natürliche weibliche Person, während Prud'hon das Sinnbild einer Frau darstellt.

Vierte Phase: Rembrandt zeigt eine einfache und anspruchslose alltägliche Handlung. Diese Darstellung einer ›realen‹ Frau erinnert uns an eine profane Geste und läßt uns den Menschen erkennen und nicht über ein Ideal nachdenken. Unsere erste emotionale Reaktion auf die Zeichnung ist also im Verlauf der gesamten Analyse bekräftigt worden.

In der zweiten Analyse wollen wir Richard Lindners *Hello,* ein Ölgemälde aus dem Jahr 1966 (Farbtafel 8), analysieren.

Lindners ›Hello‹

Erste Phase: Allgemeine Reaktionen von Kunstschülern: »Das Bild stimmt mich traurig.« »Die Frau tut mir leid.« »Ich wollte das Bild nicht haben.« Meine Reaktion: »Das Bild ist sarkastisch, und es berührt mich unangenehm.«

Zweite Phase: Das Bild zeigt eine auf einem Kissen sitzende Frau, die mit einer bunten, purpur-blau-goldfarbenen Satinuniform bekleidet ist. Das Gesicht ist dem Betrachter zugewandt. Die rechte Hand hebt einen Telefonhörer ans Ohr. Es sind keine Hintergrundformen zu erkennen. Mit der linken Hand hält die Frau das Telefonkabel, während sie dabei gleichzeitig auf einen am linken Bildrand nur teilweise sichtbaren Vogel, einen Papagei, zu deuten scheint. Am linken Oberschenkel der Frau, in der Nähe der Hüfte, befindet sich eine Zielscheibe. Die Augen der Frau sind hinter einem maskenhaften Schatten verborgen.

Die Linie ist das beherrschende Formelement. Alle Teile der Komposition sind einheitlich betont. Der Raum wirkt flächenhaft vertikal und horizontal. Die stabile horizontale Symmetrie der auf dem grünen Kissen sitzenden Figur wird durch die betonten Diagonalen von Armen und Beinen aufgelöst. Die Figur befindet sich in außergewöhnlicher Nähe parallel zur Bildebene. Die Komposition verweist in allen Teilen auf sich selbst zurück. Die Teile sind zu einem Ganzen verbunden, bewahren aber ihre Unabhängigkeit. Bis auf die Augen sind alle Körperpartien der Figur deutlich zu erkennen. Trotz der grellen Farben betont das Bild die tektonische Darstellungsweise.

Dritte Phase: Lindner gebraucht ungewöhnlich dramatische Farben, die sich von dem kahlen schwarzen Hintergrund abheben. Die krassen Farbtöne, der satinähnliche Stoff sowie der Kostümschnitt der Kleidung lassen auf eine Art Uniform schließen, mit der die fade Eintönigkeit kitschiger Konformität angedeutet werden soll.

Der kleine Kopf im Verhältnis zu den massigen Hüften und Oberschenkeln sollen darauf hinweisen, daß Frauen sich eher zu anderen Dingen als zu tiefschürfendem Denken eignen. Der übergroße Mund, die verdeckten Augen und das »papageienhafte Nachplappern« unterstreichen diese Andeutungen zusätzlich.

Während die stark betonten Diagonalen der Unter- und Oberschenkel unsere Aufmerksamkeit ins Bild lenken, wird der Blick durch die sich mehrfach wiederholenden schmaleren diagonalen Streifen auf der Jacke und auf den Stiefeln sowie durch die diagonalen Kontrastformen der Arme in der Komposition festgehalten.

Die V-Form des Vogelschnabels, die im Muster der Hosennähte und in den Dreiecksformen des BHs wiederkehrt, verstärkt den bereits durch die Diagonalen begründeten optischen Bewegungsrhythmus. (In der Kunstgeschichte gilt die Gestalt des Vogels gewöhnlich als Phallussymbol.[1] Die im Bild gezeigte Ansicht sowie die Zielscheibe in der Form des Papageienkopfes, die sich in unmittelbarer Nähe rechts neben der Beingabelung der Frau befindet, sprechen für die symbolische Bedeutung des Vogels in diesem Gemälde.) Die Frau deutet mit dem Finger auf den Vogel, dessen

Blick wiederum auf sie gerichtet ist. Die Linearperspektive, die in der Figur kaum wahrnehmbar ist, erzeugt eine geringe Tiefenwirkung. Die angedeutete Tiefe des Kissens – in Verbindung mit den Konturlinien der Schenkel – führt den Blick des Betrachters erneut zum Schwerpunkt der Komposition.

Die Komposition, die die Form eines auf seiner Spitze stehenden Diamanten hat, ist trotz der relativ breiten Horizontalen des grünen Kissens nicht gefestigt. Die Instabilität der Komposition wird zudem durch die unvollständige Darstellung des Kissen gefördert. Das Bild zeigt keinen natürlichen Raum, wie wir ihn kennen. Lindners Raum ist unwirklich. Daher muß angenommen werden, daß es sich hier um eine stilisierte Wiedergabe einer weiblichen Figur handelt.

Vierte Phase: Da die dargestellte Person keinerlei individuelle Züge trägt, muß das Bild als eine sinnbildliche Aussage über einen bestimmten Frauentyp verstanden werden. Es handelt sich um eine provozierende Aussage, die in ihrer Verallgemeinerung womöglich diffamierend ist, dem Künstler allerdings eine deutliche metaphorische Darstellung ermöglicht. Auch in dieser Analyse zeigt sich, daß sich unsere ersten Reaktionen auf die im Bild wiedergegebene Vorstellung bestätigt haben.

Die meisten Aussagen über ein Bild oder eine Zeichnung lassen sich aus dem betreffenden Kunstwerk selbst ableiten. Das Werk stellt in jedem Fall immer die wichtigste Quelle dar. Sollten Sie mehr über ein Werk in Erfahrung bringen wollen, informieren Sie sich in Kunstkatalogen, oder ziehen Sie Fachbücher zu Rate. Stellen Sie das Werk in seinen historischen Zusammenhang, so wird Ihnen die im Bild ausgedrückte ›Vorstellung‹ unter Umständen in einem anderen Licht erscheinen.

Bei der Analyse eines Kunstwerks gilt es allerdings auch, Fallen zu vermeiden.

Eine solcher Fallen ist das *Erfinden von Geschichten.* Zur Beschreibung der Bildidee ist die Verwendung von Assoziationen unumgänglich. Doch sollten Sie Ihre Einfälle nicht dazu benutzen, Geschichten zu konstruieren. Sind auf einem Bild zum Beispiel ein junger Mann und eine junge Frau zu sehen, die jeweils in entgegengesetzte Richtungen blicken, so bedeutet das nicht unbedingt, daß die beiden sich nicht mögen und voneinander fliehen wollen. Wenn ein Kunstwerk bei Ihnen eine emotionale Reaktion auslöst, so werden Sie an ein bestimmtes Erlebnis in der Vergangenheit erinnert. Manche Menschen neigen in dieser Situation zur Sentimentalität, indem sie über die im Bild dargestellten Szenen, Personen oder Handlungen irrelevante Geschichten erfinden.

Heben Sie allerdings ausschließlich die formalen Aspekte eines Werkes hervor, so beschreiben Sie in der Analyse lediglich die Strukturen eines Bildes. Damit bleibt Ihre Betrachtung unvollständig, da aus ihr die Bedeutung des Werkes nicht hervorgeht. Hat ein Werk Ihrer Meinung nach tatsächlich keine Aussage, so versuchen Sie den dafür verantwortlichen Fehler in der Struktur des Bildes herauszufinden.

Setzen Sie sich nur mit Ihren Reaktionen auf die in einem Werk wiedergegebenen Vorstellungen auseinander, so wird Ihnen ebenfalls keine Analyse gelingen. Ein Kunstschüler, der den Sinn der emotionalen Aussage eines Werkes nicht versteht, ist ein ›optischer Analphabet‹, der nicht zu assoziieren in der Lage ist.

Ihre Betrachtungsweise eines bestimmten Werkes mag zwar nicht im Sinne des Künstlers sein, der es gemalt oder gezeichnet hat. Doch werden Sie den ›Wert‹ eines Kunstwerks eher verstehen und schätzen lernen, indem Sie die Elemente, die Hinweise auf Struktur und Thema analysieren, als wenn Sie lediglich über die Freude oder die moralische Entrüstung reden, die das betreffende Werk bei Ihnen auslöst.

Vermeiden Sie, den Künstler zu analysieren. Sie besuchen ein Museum, eine Gemäldegalerie oder eine Kunstausstellung, um die Werke und nicht ihre Schöpfer kennen und verstehen zu lernen. Überlassen Sie die Psychoanalyse den Psychiatern.

Besuchen Sie nun ein Museum und analysieren Sie dort einige Originale Ihrer persönlichen Wahl.

Anmerkung

1 Richard Payne Knight/Thomas Wright, Sexual Symbolism, New York 1957, S. 12.

26 Der künstlerische Ausdruck

Es mag verfrüht sein, in einem Kursus für Anfänger dem Thema ›Ausdruck‹ ein eigenes Kapitel zu widmen. Doch besteht eine große Anzahl von Schülern immer wieder darauf, daß dieses Thema im Unterricht behandelt wird. Früher oder später kommen dann Fragen wie »Ist das, was ich mache, Kunst?«, »Ist mein Stil zu erkennen?« oder »Drücke ich in meiner Arbeit etwas Besonderes aus?« Das Interesse für den künstlerischen Ausdruck ist verständlich, wenngleich es sich hier um ein komplexes Thema handelt. Es ist leider unmöglich, in diesem Kapitel eine vollständige Übersicht über die gesamte Entwicklungsgeschichte der künstlerisch-ästhetischen Normen sowie über die Geschmackswandlungen im Laufe der Jahrhunderte zu geben oder gar die vielen Theorien über die Faszination und Schönheit in der Kunst zu erwähnen. An dieser Stelle kann lediglich der Versuch unternommen werden, den Unterschied zwischen der Arbeit des Künstlers und der Aussage seines fertigen Werkes zu beschreiben.

Dabei soll auf ein grundlegendes Problem hingewiesen werden. So bemerkt Susanne Langer, daß die Ästhetik der Kunst traditionell mit logischen Problemen belastet ist, »die durch den Umstand, daß jedes Kunstwerk aus zwei einander entgegengesetzten Perspektiven betrachtet werden kann – aus der seines Schöpfers und der seiner Betrachter –, noch vergrößert werden.«[1] Diesen beiden Betrachtungsweisen wird im Verlauf dieses Buches Rechnung getragen, vor allem in dem Kapitel, das der Kunstkritik gewidmet ist. Hier geht es nicht um die Lösung philosophischer Probleme, sondern vielmehr um den Vorteil, der sich für den Anfänger daraus ergibt, daß er den Unterschied der beiden Aspekte erkennt. Sie sollten den *expressiven*

Inhalt der künstlerischen Tätigkeit von der *emotionalen Aussage* des Werkes trennen können.

Zu Beginn seiner Arbeit trifft der Künstler zunächst eine Auswahl. Das geschieht rational wie intuitiv. Er geht dabei von einem Einfall, von einer *Idee* aus, mit der er bestimmte Vorstellungen, Merkmale und Zusammenhänge verknüpft. Diese Idee mag sich zunächst in einem ersten Strich auf dem Papier ausdrücken. Es kann sich dabei aber auch bereits um eine vollständige Vorstellung handeln. Alle Entscheidungen, die der Künstler zur Darstellung seines Einfalls trifft, tragen zu seiner *Form* bei, an der seine Vorstellung für andere und nicht selten für ihn selbst sichtbar wird. Die Form wird gebildet aus der körperlichen Gestalt des Dargestellten, aus dem Maßstab, dem verwendeten Material sowie aus der integrierten Spannung und Auflösung. Spannung und Auflösung bilden zusammen das *Motiv*. Einige der hier verwendeten Termini bedürfen einer näheren Erläuterung.

Das *Motiv* ist der in einer Zeichnung oder in einem Bild wiedergegebene ›Gegenstand‹. Es befindet sich auf dem Papier bzw. auf der Leinwand. Ein Motiv umfaßt gewöhnlich eine Vielzahl von Vorstellungen, doch stellt es mehr als die Summe dieser Vorstellungen dar. (Das *Thema* oder *Sujet* bezeichnet traditionell den Stoff, die Aufgabe einer künstlerischen Darstellung, wie z. B. ein Modell, ein Stilleben, eine Landschaft, eine Erinnerung oder einen Einfall.)

Gestalt meint die Wiedergabe einer bestimmten, vom Künstler gewählten körperlichen Form. Zu ihr gehört das Material, mit dessen Hilfe sie gemalt oder gezeichnet wird. Der *Maßstab* gibt ihre Größe an. Die *integrierende Spannung* bezeichnet die Anordnung der formalen Kompositionselemente, die Darstellungsweise und die Darstellung selbst, in der der Künstler die Gesamtheit seiner Vorstellungen zusammenfassend wiedergibt. Die *Auflösung* kennzeichnet den vollendeten Ausdruck, das abgeschlossene, fertige Werk.

Der *Stil* eines Künstlers zeigt sich in der individuellen Verknüpfung von Form und Idee des Dargestellten. Er bezeichnet die persönliche Ausdrucksweise des Künstlers. Wie Fingerabdrücke einander ähnlich sind, doch höchst individuelle Merkmale aufweisen, nimmt jeder Zeichner seine Umwelt unterschiedlich wahr und gibt sie auf seine Weise wieder. Der Stil sollte nie ›konstruiert‹ werden. Insoweit wie er erlernt werden kann, entwickelt er sich durch ständiges Üben. Ihre individuellen Fertigkeiten erwerben Sie, indem Sie das Darzustellende betrachten, auswählen und immer wieder zeichnen.

Was Sie zeichnen oder malen, ist Ihnen vorgegeben. *Wie* Sie es tun, ist Ihnen überlassen. Ob Sie mit Ihrer Arbeit ein Kunstwerk schaffen, muß das Werk selbst zeigen. Die verschiedenen Betrachter beurteilen es jeweils einzeln und unabhängig voneinander. Dabei wird sich herausstellen, ob sie die Aussage des Werkes erkennen oder nicht.

Kurz gesagt, in Ihrer Arbeit zeigt sich Ihr zeichnerisches Können. Ihr Werk zeigt eine Ihren Fertigkeiten entsprechende ›Kunst‹. Der Betrachter sollte das Werk zunächst in seiner Gesamtheit auf sich wirken lassen. Dabei kommt es zu einer gefühlsmäßigen Reaktion, mit deren Hilfe die Bedeutung des Werkes erkennbar wird. Idee und Form werden nun allmählich zu analytischen Mitteln des Betrachters. Doch sind sie jetzt nicht mehr künstlerische Auswahlkriterien, sondern Elemente der Beurteilung. Von der *Idee* gehen jetzt jene Hinweise oder Signale aus (für die Darstellung, die Darstellungsweise und die formalen Elemente), die den Betrachter zu einer Stellungnahme herausfordern sowie allgemeine Vorstellungen andeuten und die emotionale Bedeutung des Dargestellten erkennen lassen. Die *Form* besteht aus den Faktoren, die die visuelle Organisation (die Komposition) demonstrieren und das Werk in seiner Gesamtheit (die Einheit der verwendeten Materialien einschließlich der Idee) wiedergeben. Idee und Form zusammen übermitteln die Bedeutung des Werkes, die die emotionalen wie die intellektuellen Reaktionen des Betrachters hervorruft sowie die Anhaltspunkte für den künstlerischen Gehalt der Darstellung liefert.

Beim Vergleich von Rodolphe Bresdins *Flucht nach Ägypten* (Abb. 26.1) mit Giovanni Domenico Tiepolos *Die Heilige Familie unter einem Bogen* (26.2) stellen wir fest, daß beide Werke aus ganz unterschiedlichen Gründen die Bezeichnung ›Kunstwerk‹ tragen.

Bresdins Lithographie hält den Betrachter auf Distanz, läßt ihn jedoch die Szene mit Interesse verfolgen. Wir betrachten eine Dreiergruppe von Personen (alle drei tragen einen Heiligenschein),

26.1 Rodolphe Bresdin (1825–1885), *Flucht nach Ägypten,* 1855, Lithographie, 56,5 × 44,5 cm

26.2 Giovanni Domenico Tiepolo (1727–1804), *Die Heilige Familie unter einem Bogen,* 1750–55, Radierung, 18,5 × 24,5 cm, Privatsammlung

die in größerer Entfernung an einem Fluß sitzen; dieser schlängelt sich durch eine Landschaft aus dicht beieinanderstehenden knorrigen Bäumen. Die insgesamt theatralische Darstellung betont einen dramatischen Augenblick im Leben dieser Familie. Die seltsam leuchtenden überirdischen Figuren in der Abgeschiedenheit der Natur erwecken in uns den Eindruck, Augenzeugen eines außergewöhnlichen Ereignisses zu sein, wenn wir die aus großer Gefahr fliehende auserwählte Familie bei ihrer Rast beobachten.

Dagegen vermittelt uns Tiepolos Radierung das Gefühl, selbst in der Menschenmenge zu stehen, die den Abschied der Familie verfolgt. Es gibt keine Anzeichen der Angst. Die tektonische Darstellung erzeugt Stabilität. Das helle Sonnenlicht und der weite, offene Raum sowie Standort und Körperhaltung der versammelten Leute erzeugen das Gefühl, daß sich die Hl. Familie am Anfang einer langen Reise befindet. Der rätselhafte Heiligenschein über dem Kopf der Maria bildet den einzigen Hinweis darauf, daß es sich hier um eine außergewöhnliche Frau handelt. So wirkt die Familie, die sich etwas von der Gruppe der Abschiednehmenden absetzt, sehr schlicht und keineswegs auffällig.

In beiden Werken bilden Form und Idee eine Einheit. Beide zeigen eine Darstellung, die deutlich symbolhaften Charakter hat. Jedes Werk gibt eine unwirkliche Welt wieder. Beide Drucke stellen einzelne überarbeitete und komponierte Vorstellungen dar. Jedes Werk zeigt Erfahrungen aus dem menschlichen Lebensbereich.

Dagegen kann bei James Ensor eine von zwei Studien, die beide den Titel *Der sterbende Vater des Künstlers* tragen, mehr überzeugen als die andere. Die mit Deckweiß auf braunem Papier (Farbtafel 7) gibt ein vollendetes Bild des Todes wieder – durchscheinende Haut, Blässe und Zeitlosigkeit, der Seele kalte Hülle. Doch im Vergleich dazu wirkt die zweite Studie weniger glaubwürdig (Abb. 26.3). Die dynamisch gesetzten Striche über der Figur erzeugen eine gereizte Stimmung, die dem friedlichen Bild des Todes gänzlich unangemessen erscheint.

Ein emotionales Problem mag eventuell in der integrierten Spannung wie in den verwendeten Materialien begründet sein. Die schweren schwarzen Striche würden sicherlich zur Wiedergabe

26.3 James Ensor (1860–1949), *Der sterbende Vater des Künstlers,* 1887, Pastellstift, Koninklijk Museum voor Schone Kunsten, Antwerpen

eines qualvolleren Todes passen. Doch hier bewirken sie eher Verwirrung zwischen Idee und Form.

Sollten Sie nicht die Absicht haben, Ihre zeichnerischen Fertigkeiten künstlerisch zu verwerten, so mögen diese Ausführungen über Ausdruck und Stil für Sie wenig Bedeutung haben. Womöglich verbinden Sie mit dem Zeichnen andere Interessen, die z. B. im Bereich der Bühnendekoration, der Webtechnik oder auf medizinischem Gebiet liegen oder aber sich auf ein anderes Fachgebiet erstrecken. Doch in jedem Fall ist das Zeichnen für Sie ein Ausdrucksmittel, selbst wenn Sie es in einem Spezialbereich anwenden. Sollten Sie sich allerdings künstlerisch betätigen wollen, um Ihre eigenen Ideen auszudrücken, so könnten die folgenden Hinweise von Interesse für Sie sein.

1. Es kann durchaus sein, daß kunstverständige Betrachter Ihre Arbeiten ablehnen. In gleicher Weise werden Sie verunsichert, wenn man Sie zu früh akzeptiert. Sie sollten Ihre Arbeiten daher erst dann

in der Öffentlichkeit zeigen, wenn Sie über ein ausreichendes, eigenes Kunstverständis verfügen. Wenn Sie nicht in der Lage sind, Ihre eigenen Fähigkeiten einzuschätzen, besteht die Gefahr, daß Sie die Hinweise, die Sie von anderen in der oben angedeuteten Form erhalten, mißdeuten.

Bevor Sie für sich in Anspruch nehmen, selbst ›Künstler‹ zu sein, sollten Sie sich mit den wichtigsten Kunstrichtungen, Theorien und Werken der (5000 Jahre alten) Kunstgeschichte vertraut machen. Bedenken Sie, daß Sie in der Tradition von vielen Künstlern stehen, die vor Ihnen gelebt und gearbeitet haben. Ein ernsthafter Künstler ist sich seines historischen Erbes bewußt.

Die Aussagekraft Ihrer Arbeit geht aus Ihren Zeichnungen hervor, nicht aus Ihren Gefühlen, die Sie über die Arbeit äußern. Aufrichtigkeit allein reicht für eine künstlerische Tätigkeit nicht aus. Es genügt auch nicht, ausschließlich seine Gefühle wiederzugeben, wenngleich die Trennlinie zwischen Persönlichkeitsdarstellung und Psychotherapie bisweilen sehr dünn ist. Das heißt nicht, daß Sie emotional belastete Themen meiden sollten. Keineswegs. Doch sind Gefühle unter künstlerischen Aspekten völlig bedeutungslos, wenn sie nicht im richtigen Verhältnis von Form und Idee wiedergegeben werden.

Wenn Sie nun fragen: »Ist das, was ich mache, ›Kunst‹?«, so lautet vermutlich die beste Antwort auf diese Frage, daß Sie, um künstlerisch kreativ werden zu können, zunächst die wesentlichen Zeichentechniken beherrschen müssen. Sowie Sie wissen, was Zeichnen bedeutet, beginnt für Sie die Auseinandersetzung mit dem Raum. Die Lösungen, die Sie finden werden, drücken Ihren Stil aus. Das Ziel dieses Buches besteht darin, Ihnen bei der Lösung dieser Probleme behilflich zu sein.

Anmerkung

1 Susanne K. Langer, Feeling and Form, New York 1953, S. 13.

VII Einige Experimente

27 Wiederholung von Motiven in einer Komposition

Arbeitsmaterialien
Kohlepapier, helle bis mittlere Tönung – Kohlestift – Papierröllchen

Experimentieren gehört zu den unentbehrlichen Bestandteilen aller Bereiche der Kunst. Jeder sucht nach Ausdrucksmöglichkeiten. Der Unterschied zwischen dem Gekritzel auf einem Schreibblock und einer im Louvre hängenden ›Kritzelei‹ besteht allerdings in der Form des Ausdrucks und – so scheint es – in der Bedeutung.

Das Experimentieren gibt Ihnen die Möglichkeit, mit Hilfe des bereits Bekannten Unbekanntes zu ergründen. Voraussetzung dazu ist jedoch, daß Sie das Verhalten von Mitteln und Materialien kennen – Bleistifte, Buntstifte, Kreidesorten, Holzkohle, Tusche, Farben, Pinsel, Federn, Papiersorten. Sie können Darstellungsweisen oder Arbeitstechniken ausprobieren, indem Sie mit Linien, Schattierungen oder Farben arbeiten, verschiedene Bildträger verwenden, unterschiedliche Perspektiven zeichnen oder Kompositionsübungen durchführen. Sie können auch mit verschiedenen bildlichen Vorstellungen – gegenständlichen wie nichtgegenständlichen – experimentieren. Im Verlauf Ihrer zeichnerischen Erfahrungen wird es Ihnen gelingen, aus der Vielzahl der sich bietenden Möglichkeiten Ihre individuelle Arbeitsweise herauszufinden.

In diesem Kapitel sowie in den beiden folgenden finden Sie Anregungen zu einigen experimentellen Übungen. Dabei handelt es sich um: die mehrfache Darstellung gleicher Motive in einer Komposition, die Wiedergabe einander unähnlicher, nicht zusammenhängender Formen, ferner um Collage- und Mischtechnik. In Kapitel 30 schließlich finden Sie weitere Vorschläge zu Übungen und Aufgaben, die Sie bereits kennen und bearbeitet haben. Damit werden sicherlich nicht alle experimentellen Möglichkeiten erschöpfend behandelt. Doch sollen diese Übungen auch lediglich die Voraussetzungen für die eigene Weiterbildung schaffen.

Im ersten Experiment geht es um die Gestaltung von Kompositionen, die aus jeweils gleichen, mehrfach gesetzten Formen bestehen. In der Lithographie *Frosch und Fliegen* (Abb. 27.1) haben Ed Ruscha und Kenneth Price eine Fliege vielfach und in unterschiedlichen Größen dargestellt. Der dem Zuschauer zugewandte Frosch zeigt dabei unverkennbar Skepsis ob seines Glückes.

René Magrittes Zeichnung *Der sehende Gedanke* (Abb. 27.2) zeigt zweimal die eigene Silhouette des Künstlers. Die eine deutet die Nacht, die andere den Tag an. Die beiden Bilder sind in einer seltsamen, tiefen Perspektive miteinander verknüpft und befinden sich in unmittelbarer Nähe einer hölzernen Wandverkleidung. Die Zeichnung zeigt eine mysteriöse Zusammenstellung einzelner Kompositionselemente.

Sie können die Formen, mit denen Sie arbeiten, horizontal, vertikal oder diagonal in Ihrer Komposition anordnen. Diese Formen können von unterschiedlicher Größe sein. Sie können von Überlebensgröße bis zur Miniatur variieren. Dabei sind auch beliebige Kombinationen unterschiedlich großer Formen in einer Komposition möglich. Sie können mit flachen oder modulierten Tonwertformen arbeiten.

27.1 Ed Ruscha (geb. 1937) und Kennth Price (geb. 1935), *Frosch und Fliegen,* 1969, Farbige Lithographie, 58,7 × 86,4 cm, Des Moines Art Center

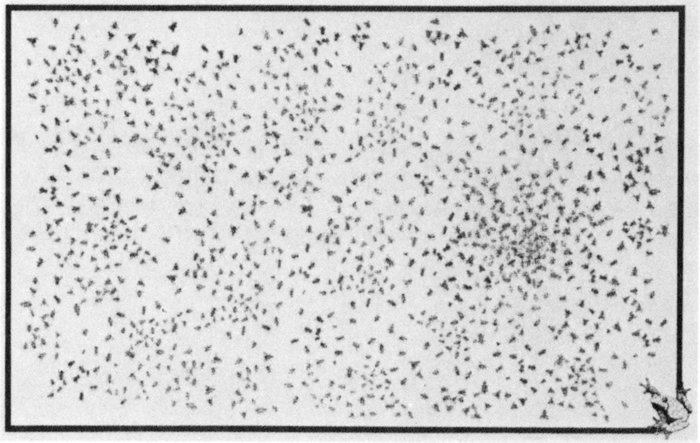

27.2 René Magritte (1898–1967), *Der sehende Gedanke,* 1965, Bleistiftzeichnung, 39,4 × 29,5 cm, Museum of Modern Art, New York, Gift of Mr. and Mrs. Charles B. Benenson

Welche Formen Sie auch immer wählen, die Darstellung soll das Objekt allein oder mit seinem Schatten wiedergeben. Ein für diese Übung geeignetes Objekt ist z. B. das schwere gußeiserne Gestell eines Zeichentisches. Hier bieten sich mehrere Darstellungsmöglichkeiten an: Sie können das Gestell perspektivisch darstellen, indem Sie jeweils kleinere, hintereinandergestaffelte Formen zeichnen oder eine kreisförmige bzw. vertikale Anordnung der Formen wiedergeben.

Plazieren Sie den Gegenstand Ihrer Wahl auf eine Tischplatte oder auf den Boden. (Reflektierende Flächen eignen sich für die Übung besonders gut.) Um für die Darstellung ausdrucksvolle Tonwertformen von Objekt und Schatten zu erhalten, sollten Sie den Gegenstand gegebenenfalls beleuchten.

Der Kompositionsskizze kommt in dieser Übung eine wichtige Bedeutung zu. Da Sie die Komposition in einzelnen Phasen entwerfen, hilft Ihnen die Skizze nicht nur die für die Darstellung günstigste Perspektive zu ermitteln, sondern sie zeigt Ihnen auch, welche Auswirkung eine Größenveränderung der Formen hat und welche Möglichkeiten sich dadurch für die Gesamtkomposition ergeben.

Legen Sie Umrisse und Hauptlinien der ersten Form einschließlich ihres Schattens mit gestrichelter Linie fest. Skizzieren Sie die Volumina und deren geometrische Formen mit leichten Strichen vor. Wie soll die zweite Form aussehen? Soll sie größer oder kleiner sein als die erste? Wo wollen Sie sie zeichnen? Skizzieren Sie die Umrisse und Hauptlinien der zweiten Form. Zeichnen Sie wieder die Volumina und deren geometrische Formen mit leichten Strichen vor. Verfahren Sie in gleicher Weise mit der dritten Form. Vervollständigen Sie die Komposition gegebenenfalls mit weiteren Formen.

Alle Formen der Komposition sollten in der Skizze exakt festgelegt sein. Denn bei einer ungenau entworfenen Komposition besteht die Gefahr, daß die Zeichnung über den Rand des Blattes ›hinausläuft‹. Vermeiden Sie zeitraubende und frustrierende Detailarbeit beim Schattieren der einzelnen Tonformen. Skizzieren Sie alle geometrischen Grundstrukturen der Volumina, bis die Gesamtkomposition deutlich zu erkennen ist. Beginnen Sie dann mit dem Schattieren (Abb. 27.3, 27.4 und 27.5).

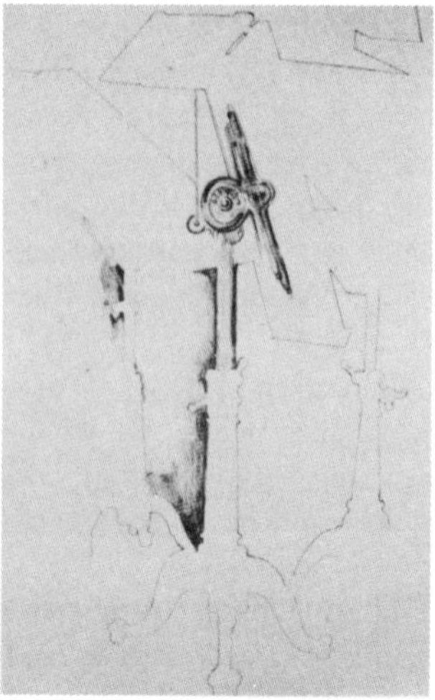

27.3 Komposition mit mehrfach gesetzten, gleichen Formen, Schülerzeichnung mit Bleistift auf weißem Zeichenpapier

27.4 Komposition mit mehrfach gesetzten, gleichen Formen, Schülerzeichnung mit Holzkohle und Kreide auf Kohlepapier

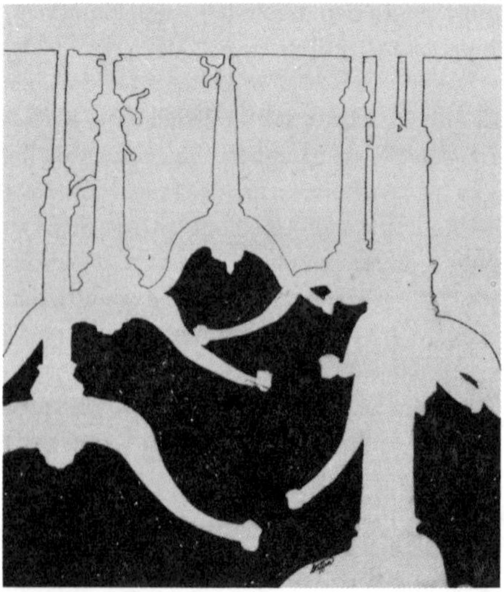

27.5 Komposition mit mehrfach gesetzten, gleichen Formen, Schülerzeichnung mit Tinte auf weißem Zeichenpapier

28 Kompositionen mit ausgewählten Formen

Arbeitsmaterialien

Bleistifte 2B und 3B – mehrere Bogen Zeitungspapier DIN A5 – helles Kohlepapier – Kohlestifte – Papierröllchen – Raum mit Objekten

Stellen Sie eine Auswahl einzelner einander unähnlicher Objekte und Formen zusammen. Verwenden Sie z. B. einen Rollschuh, eine Weinflasche, eine Kartoffelquetsche, ein Buch, den Kopf einer Puppe, Reflexionen und Schattenformen in ein und derselben Darstellung, so erhalten Sie weitere Möglichkeiten, Kompositionen zu gestalten. Doch arrangieren Sie kein Stilleben. Es ist allerdings nicht auszuschließen, daß die fertige Zeichnung ein Stilleben wiedergibt. Diese Übung zeigt deutlich, wie wichtig es ist, die verwendeten Formen – positive wie negative, helle und dunkle – sorgfältig auszuwählen, um zu einer einheitlichen Gestaltung des Raumes in der Komposition zu gelangen. Wahlmöglichkeit und tatsächliche Auswahl von Objekten, Einheitlichkeit, Harmonie und Schwerpunkte einer Komposition sowie die Organisation des Raumes sind Beurteilungs- und Gestaltungskriterien des Künstlers, über die die Natur nicht verfügt. Bei der Gestaltung einer Komposition, die aus nicht miteinander zusammenhängenden Formen besteht, muß das ›Hintergrundproblem‹ gelöst werden. Es ist zu fragen, worauf sich die einzelnen Formen beziehen.

Tasten Sie mit den Augen einen Raum ab, und wählen Sie die Ihnen geeignet erscheinenden Formen für Ihre Komposition aus. Studieren Sie sorgfältig die positiven und negativen Formen der Objekte. Achten Sie auch auf Reflexionen und Schatten. Skizzieren Sie die einzelnen Formen der Komposition auf einem Bogen Zeitungspapier, während Sie dabei gleichzeitig durch den Raum gehen. Zeichnen Sie die Objekte in schneller und beliebiger Reihenfolge. Experimentieren Sie mit dem Raum und den ausgewählten Formen. Sie werden bald feststellen, daß Sie die Objekte nicht nur in ihrer

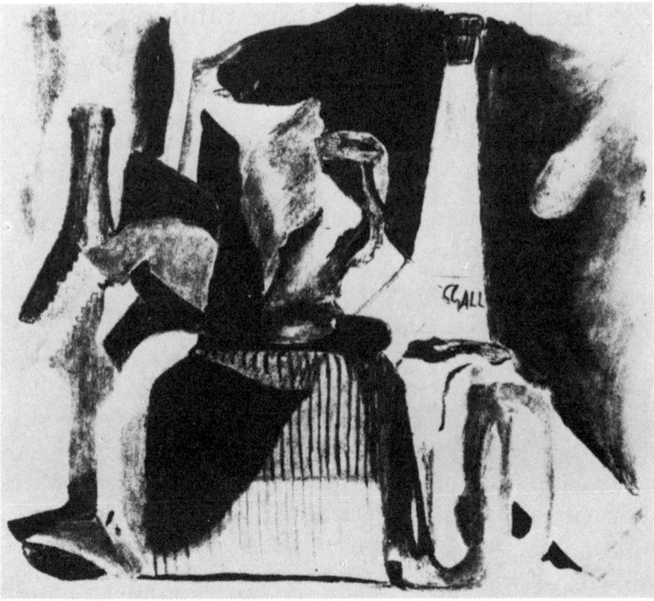

28.1 Komposition mit ausgewählten Formen und Gegenständen, Schülerzeichnung in Kohle auf Kohlepapier

›natürlichen‹ Anordnung wiedergeben müssen. So können Sie z. B. einige Formen umgekehrt oder auf einer Kante stehend darstellen, wenn Sie auf diese Weise zu einer ausdrucksvollen Komposition gelangen. Zeichnen Sie verschiedene Skizzen der Gesamtkomposition auf mehreren Bogen Zeitungspapier, und wählen Sie die für die weitere Arbeit interessanteste Skizze aus.

Verwenden Sie diese Kompositionsskizze als Vorlage für eine Studie der Tonwertformen. Benutzen Sie dazu einen weiteren Bogen Zeitungspapier. Lassen Sie sich etwa fünf bis zehn Minuten Zeit. Prüfen Sie anhand der Studie, ob die Tonwertformen eine ebenso wirkungsvolle Komposition ergeben, wie sie die Skizze andeutet. Hier können Sie experimentieren, indem Sie lediglich Teilbereiche einzelner Formen sozusagen im ›Gegentakt‹ modulieren, so daß Sie einen Überblick über die Gesamtkomposition erhalten. Geben die schattierten Formen wie die Skizze eine in sich geschlossene Komposition wieder, so können Sie die Arbeit auf dem Kohlepapier fortsetzen.

Skizzieren Sie mit gestrichelter Linie die Umrisse und Hauptlinien der Komposition. Zeichnen Sie leicht Volumen und geometrische Strukturen vor. Beginnen Sie dann mit dem Schattieren.

Sollte Ihre auf Zeitungspapier angefertigte Tonwertkomposition optisch ›auseinanderfallen‹, prüfen Sie, wie Sie sie verbessern können. Versuchen Sie andere Reflexionen, Schatten oder Formen zu integrieren. Betrachten Sie die bereits gezeichneten Objekte und Formen noch einmal aus unterschiedlichen Positionen, und verändern Sie die Darstellung so lange, bis Ihre Komposition eine in sich geschlossene Anordnung von Formen aufweist.

Die Zeichnung sollte keine separaten schattierten Einzelformen wiedergeben. Eine ideale Zeichnung zeigt eine im Aufbau klare und einheitliche Komposition, die sowohl künstlerische Vielseitigkeit wie Ihren persönlichen Stil ausdrückt.

Die Darstellung sollte Ihren individuellen künstlerischen Ausdruck deutlich erkennen lassen. Denn Sie sehen, was kein anderer sieht (Abb. 28.1 und 28.2).

28.2 Komposition mit ausgewählten Formen und Gegenständen, Schülerzeichnung in Kohle auf Kohlepapier

29 Collage und Mischtechnik

Arbeitsmaterialien

weißes Zeichenpapier – Zeitungspapier oder braune Papiertüte – Papierleim – Bleistifte, Buntstifte, Holzkohle, Tusche, Kreide, Kohlestifte (alle bisher benutzten Mittel) – Stilleben oder Modell

Im Verlauf unserer Übungen haben wir jetzt einen Stand erreicht, der es uns gestattet, auf eine umwälzende Entwicklung in der modernen Geschichte der Kunst einzugehen. Bisher arbeiteten wir mit der Raumvorstellung, die von den Künstlern der Renaissance entwickelt wurde. Dabei erzeugt die Linearperspektive auf der Grundlage einer festen, unveränderten Ansicht das Abbild eines Tiefenraumes, das auf einer imaginären, gewöhnlich rechteckigen Bildebene entsteht.

Doch was geschieht, wenn wir keinen festen Betrachtungswinkel haben, wenn wir alle Seiten eines Objekts gleichzeitig sehen können? Da unser Auge jeweils nur eine perspektivische Ansicht eines Objekts wahrnimmt, zeigt eine Darstellung, die einen Gegenstand gleichzeitig aus verschiedenen Ansichten wiedergibt, ein Bild, in dem das betreffende Objekt wie in einem zerbrochenen Spiegel erscheint. Dabei werden Hintergrund und Objekt zueinander überlappenden Flächen- und Würfelformen. So entsteht eine neue geometrische Ordnung, die die gesehenen natürlichen Formen in ein abstraktes System verwandelt und einen Raum wiedergibt, der vertikale Strukturen einem Flachrelief vergleichbar betont.

Obgleich es sich bei Picassos Bildnis *Ambroise Vollard* (Abb. 29.1) nicht um ein naturalistisches Porträt handelt – es werden auch keine natürlichen Lichtverhältnisse wiedergegeben –, lassen sich die ursprünglichen Formen zweifellos rekonstruieren. Picasso gehörte neben Braque zu den Begründern und führenden Vertretern des analytischen Kubismus, einer Stilrichtung und Kunsttheorie der modernen Malerei, die bestrebt war, durch eine beschränkte Auswahl von Farben und Themen und unter Ausschließung der natürli-

29.1 Pablo Picasso (1881–1973). *Ambroise Vollard,* 1909–10. Öl auf Leinwand, 91,4 × 67,3 cm, Puschkin-Museum, Moskau

chen Lichtverhältnisse sowie der konventionellen Perspektive die Objekte über ihre Erscheinungsform hinaus zu analysieren und darzustellen. Die Kubisten entwickelten sich zunehmend in die Richtung der abstrakten Kunst, bis die Darstellung der Wirklichkeit schließlich auf das Bild selbst reduziert war. Der an die Wiedergabe der Raumillusion gewohnte Betrachter wurde zum Umdenken gezwungen.

Mit seinem Werk *Der Portugiese* schuf Braque 1911 ein Gemälde, in das er Zahlen und Wörter integrierte (Abb. 29.2). Die Buchstaben und Zahlen befinden sich auf der Bildebene, während die restlichen Formen in der Raumtiefe des Bildes verzerrt erscheinen.

Die nächste Entwicklungsstufe der modernen Kunst zeigt ein vor die Bildebene plaziertes Raumgefüge. Dieses Phänomen nennen wir Collage. Die Collagetechnik beschwor wieder einmal das alte

29.2 Georges Braque (1882–1963), *Der Portugiese,* 1911, Öl auf Leinwand, 117 × 81 cm, Öffentliche Kunstsammlung, Basel

29.3 Pablo Picasso (1881–1973), *Stilleben mit Rohrgeflecht eines Stuhls,* ▷ 1911–12, Farbe und geklebte Ölleinwand, 26,7 × 35 cm, Nachlaß des Künstlers

sokratische Wahrheitsproblem: ›Was ist wirklich?‹. Wenn ein real existierender Stuhl auf Papier gezeichnet oder auf einer Leinwand gemalt wird oder wenn der abgesägte Teil einer Stuhllehne mit einer Bildfläche verbunden wird – welche der drei Illusionsformen vermittelt mehr Wirklichkeit? Bei einem ›realen Bild‹ handelt es sich strenggenommen um ein Paradoxon, da Illusion und Wirklichkeit nicht gleichzeitig sein können. Doch bildeten solche Widersprüche einen wesentlichen Bestandteil der kubistischen Kunst, deren Ziel es war, neue optische Reize zu entwickeln.

In Picassos *Stilleben mit Rohrgeflecht eines Stuhls* (Abb. 29.3) finden wir ein gewundenes Seil und ein auf einer Ölleinwand angedeutetes Rohrgeflecht eines Stuhls, ein ungewöhnliches Arrangement von Materialien, das auf eine ovale Form geklebt und anschließend bemalt wurde. Stücke der realen Welt sind einerseits Bestandteile der bildhaften Vorstellung der Komposition und stellen sich andererseits selbst dar. Diese Elemente bilden zusammen mit dem Thema der Collage ein neues begriffliches Konstrukt.

29.4 Komposition in Mischtechnik (braunes Packpapier, Kohle und Tinte), Schülerarbeit

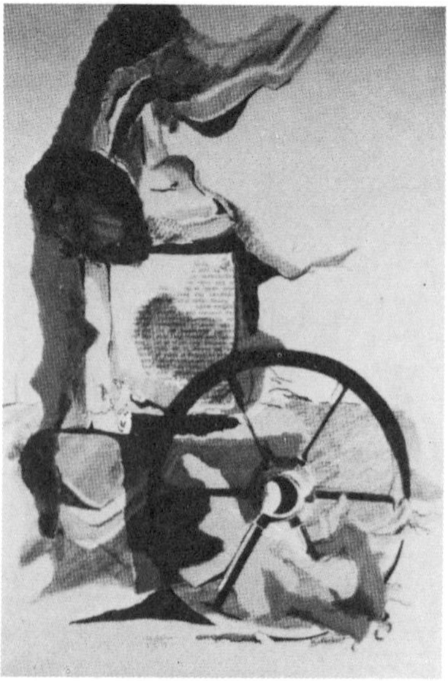

29.5 Komposition in Mischtechnik (braunes Packpapier, Zeitung und Kohle), Schülerarbeit

Dieser kurze Überblick über die Collagetechnik verfolgt zwei Ziele: (1) es soll gezeigt werden, daß es eine Reihe von Möglichkeiten gibt, den optischen Raum künstlerisch zu gestalten, von denen sich die meisten durch geschicktes Experimentieren ergeben, und (2) sollen Sie darüber hinaus dazu angeregt werden, die Bedeutung Ihrer eigenen Arbeit zu erkennen und in Frage zu stellen.

Allerdings stellt die Collagetechnik der Kubisten für den Anfänger, der eben erst mit den Möglichkeiten der perspektivischen Wiedergabe der Wirklichkeit vertraut gemacht wurde, ein einigermaßen schwer zu durchschauendes Problem dar. Daher wollen wir uns in der folgenden Übung nicht mit der Collage, sondern mit einer ihr verwandten Arbeitsweise, der Mischtechnik, auseinandersetzen. Auch hier handelt es sich um einen Klebevorgang, indem Papierschnitzel auf eine Bildfläche geklebt werden. Doch haben diese Papierschnitzel keine ›eigene Identität‹, sondern sie werden dazu verwendet, einen konventionellen Tiefenraum wiederzugeben. Sie können die Papierformen als lineares Gerüst verwenden, über das Sie die übrigen Teile der Komposition zeichnen. Die Papierschnitzel können Ihnen auch als geometrische Strukturen, Tonwert- oder Farbformen dienen, die Sie in die Darstellung integrieren.

Zu den Materialien, die Sie benutzen, sollte auch eine Zeitung oder eine braune Papiertüte gehören. Die Arbeit mit mehreren unterschiedlichen Materialien ist sehr reizvoll, da jedes Material anders wirkt. So erzeugt z. B. das intensive Schwarz der Zeichentusche, neben Holzkohle verwendet, einen disharmonischen Kontrast.

Stellen Sie fest, ob die Materialien, die Sie für die Komposition verwenden wollen, miteinander harmonieren. Sollte das nicht der Fall sein, tauschen Sie die unbrauchbaren aus, so daß Sie Mittel verwenden, die eine räumlich-plastische Darstellung ermöglichen.

Es empfiehlt sich, die Zeitung oder Tüte zu zerreißen statt zu zerschneiden, da so die Möglichkeit besteht, daß Sie zu wirkungsvollen Zufallsformen gelangen. Abgerissene Randformen sind oft ausdrucksvoller als die unpersönlichen geraden Kanten, die durch Schneiden mit der Schere entstehen. So könnte es geschehen, daß eine Form, die Sie reißen, Sie zu einer Idee für Ihre Komposition führt.

29.6 Komposition in Mischtechnik (braunes Packpapier, Kreide und Tinte), Schülerarbeit

29.7 Komposition in Mischtechnik (braunes Packpapier, Zeitung, Bleistift und Tinte), Schülerarbeit

Wollen Sie zu einer aussagekräftigen Darstellung gelangen, so gilt auch für die Arbeit mit gerissenen Papierformen, daß Sie die Strukturen der gesehenen ›wirklichen‹ Formen von Flaschen, Vasen und Figuren nicht lediglich kopieren. Da Sie mit den von der Tüte abgerissenen Papierschnitzeln ein ›Stück eines Raumes‹ in der Hand halten, sollten Sie besonders darauf achtgeben, daß Sie die Objekte nicht kopieren. In dieser Übung geht es im wahrsten Sinne des Wortes darum, ›Stücke eines Raumes‹ auszureißen und zusammenzukleben. Dabei mag es für Sie verwirrend sein, Zeichnen und Kleben miteinander zu verbinden.

Wägen Sie beim Gestalten der Komposition Ihre spontanen Einfälle gegen die Informationen, die Sie aus Ihrer Erfahrung beziehen, ab. Sorgfältiges Abstimmen der Formelemente kann viel bewirken. Lernen Sie, mit Raum und Formen umzugehen. Verteilen und variieren Sie Formen, Linien, Schattierungen und Gewichte in allen Bereichen der Gesamtkomposition, bis Sie zu einer optimalen Darstellung gelangen (Abb. 29.4, 29.5, 29.6 und 29.7). Kurz gesagt: Beschäftigen Sie sich so eingehend mit Ihrem Werk, bis von ihm selbst Impulse für Ihre Arbeit ausgehen.

30 Weitere Übungen

Um Ihnen Gelegenheit zu geben, Ihre zeichnerischen Erfahrungen zu erweitern, werden in diesem Kapitel noch einmal Übungen zu Problemen aufgegriffen, mit denen Sie bereits an anderer Stelle des Buches vertraut gemacht worden sind. In Ihrem gegenwärtigen zeichnerischen Entwicklungsstadium befinden Sie sich in einer Übergangsphase vom Anfänger zum fortgeschrittenen Zeichner. Sie verfügen damit über fast alle Grundkenntnisse, die Ihnen vermittelt werden können. Im Verlauf Ihrer weiteren zeichnerischen Praxis werden Sie Ihre bisherigen Lernerfahrungen erweitern und verfeinern. Im folgenden finden Sie Variationsvorschläge zu einigen Grundproblemen, die Sie bereits in vorangegangenen Übungen gelöst haben.

Variationen

(1) In der Auseinandersetzung mit den Problemen der *Perspektive* ergeben sich interessante zeichnerische Möglichkeiten, wenn in einer Zeichnung gleichzeitig mit mehreren Horizontlinien und Fluchtpunkten gearbeitet wird. Doch achten Sie darauf, daß Ihre Darstellung keine zufällige, sondern eine systematisch geplante Verzerrung des Raumes wiedergibt. Halten Sie sich dabei an die Grundregeln der Linearperspektive. Denken Sie daran, zunächst die Gesamtkomposition zu entwerfen, so daß die fertige Zeichnung die unterschiedlichen Perspektiven zu einer einheitlichen Darstellung vereinigt. Hogarths Werk (Abb. 30.1) zeigt eine satirische Darstellung, in der sich der Künstler über die falsche Perspektive lustig macht, während Dali auf seine unvergleichliche Weise eine einheitliche Komposition gestaltete, indem er uns die Christusfigur gleichzeitig von oben wie von unten betrachten läßt (Abb. 30.2).

30.1 W. Woolett nach William Hogarth (1697–1764), *Satire auf die falsche Perspektive,* Titelbild zu Kirbys *Perspektive der Architektur,* 1761, Kupferstich, Museum of Fine Arts, Boston

(2) Ein genaueres linearperspektivisches Darstellungsverfahren gründet sich auf den von Brunelleschi und Alberti unabhängig voneinander entwickelten Regeln, die zu einem System mit der Bezeichnung ›Allgemeine Methode‹ oder ›Bürromethode‹ zusammengefaßt wurden. Bei diesem Verfahren, das wir zunächst bei der Wiedergabe einer Zwei-Punkte-Perspektive anwenden wollen, handelt es sich um die gebräuchlichste perspektivische Zeichenme-

thode, deren Regeln auch für die Einpunkt- bzw. Drei-Punkt-Perspektive gelten.

Die Zwei-Punkte-Perspektive: Allgemeine Methode
Es werden zwei Ansichten eines Gebäudes wiedergegeben. Die eine zeigt wie eine Blaupause die *Draufsicht*, den Grundriß, aus dem Länge und Breite des Hauses hervorgehen. Die andere Ansicht gibt das gleiche Gebäude aus *perspektivischer Sicht* wieder. Die Zeichnung zeigt Höhe, Breite und Tiefe des Gebäudes. Dabei ist der Blick auf eine Hausecke gerichtet, so daß gleichzeitig zwei Seiten sichtbar werden.

Die Länge und Breite des Hauses wiedergebende Draufsicht zeigt die Grundfläche des Gebäudes. Zur Wiedergabe der Raumtiefe werden von der Grundfläche aus Projektionslinien zur perspektivischen Ansicht gezogen (Abb. 30.3).

Ihre Aufgabe steht darin, die Zeichnungen des hier beschriebenen Beispiels auf Millimeterpapier Schritt für Schritt nachzuzeichnen. Dazu benötigen Sie ein Lineal, einen Winkelmesser und einen gut gespitzten Bleistift.

Zur Draufsicht
Geben Sie die Oberkante der Bildebene (BE) mit einer horizontalen Linie wieder.

Zeichnen Sie die Grundfläche des Gebäudes oberhalb der Linie. Eine Ecke der Grundfläche berührt die Bildebene. (Im Gegensatz zu Architekten, die auf diese Weise den Maßstab für die Höhe angeben, plazieren Künstler Gebäudekanten selten auf der Bildebene.)

Markieren Sie den Standpunkt (SP) unterhalb der Bildebene. Der Standpunkt gibt Ihren Standort an. Bedenken Sie, daß der Standpunkt von zwei Faktoren bestimmt wird:

◁ 30.2 Salvador Dali (geb. 1904), *Der Christ vom hl. Johannes vom Kreuz,* 1951, Öl auf Leinwand, 205 × 116 cm, Art Gallery und Museum, Glasgow

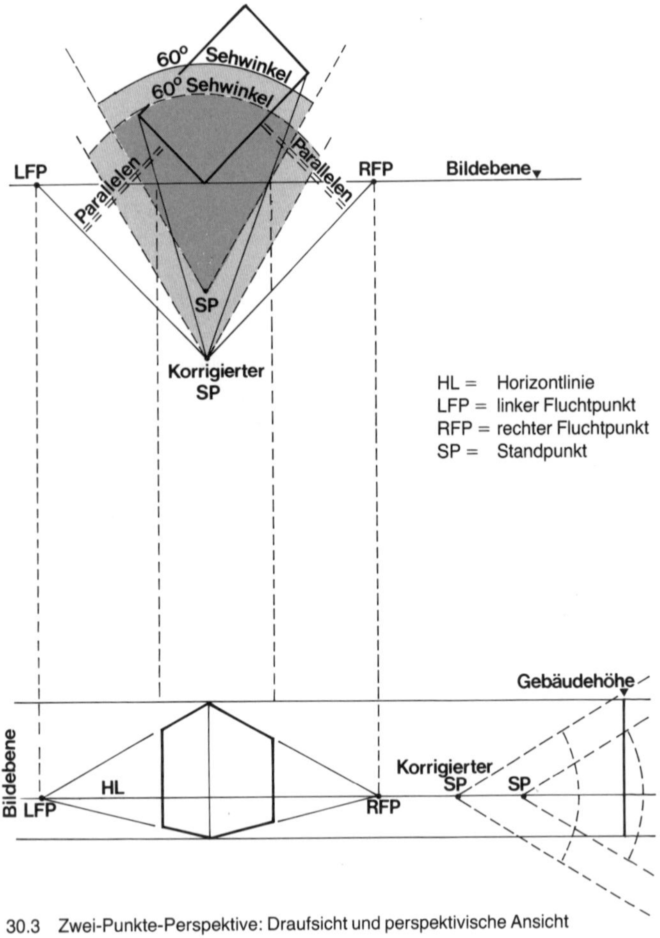

30.3 Zwei-Punkte-Perspektive: Draufsicht und perspektivische Ansicht

1. durch Ihren *Betrachtungswinkel* zum Gebäude (links, Mitte, rechts) und
2. durch Ihren Abstand vom Gebäude, der sowohl vom Sehwinkel wie von der Bildebene, die die Höhe und Breite des Gebäudes einschließt, festgelegt wird.

Bestimmen Sie zunächst die seitliche Position des Standpunkts.

Ziehen Sie von diesem Punkt eine Linie (die zentrale Sehlinie), die vertikal zur Bildebene durch das Gebäude verläuft. Diese Linie wird zur Mittellinie Ihrer Darstellung, obwohl sie nicht zwangsläufig den Schwerpunkt der Zeichnung bilden muß.

Um den Abstand zum Gebäude zu ermitteln, verlängern Sie die zentrale Sehlinie unterhalb der Linie der Bildebene bis zu dem Punkt, von dem aus der Sehwinkel die Breite des Gebäudes einschließt. Bestimmen Sie den Sehwinkel mit einem Winkelmesser. Der Winkel beträgt üblicherweise zwischen 30 und 60 Grad. Der so entstandene Abstand sollte mit dem Markierungspunkt der seitlichen Position des Standpunkts übereinstimmen. Beide zusammen ergeben den Standpunkt. (In einer der folgenden Darstellungsphasen dieser Übung werden wir Standpunkt und Sehwinkel in Relation zur Höhe des Gebäudes untersuchen.)

Die Fluchtpunkte auf der Bildebene bestimmen Sie, indem Sie im Standpunkt einen rechten Winkel so einrichten, daß seine Schenkel parallel zu den Seiten des Gebäudes verlaufen. Die Schnittpunkte der Schenkel des rechten Winkels mit der Bildebene ergeben den linken (LFP) und den rechten Fluchtpunkt (RFP).

Verbinden Sie die beiden Eckpunkte des Gebäudes durch jeweils dünne Linien mit dem Standort. Von den *Schnittpunkten* dieser Linien mit der Bildebene wird später jeweils eine Linie zur perspektivischen Ansicht gezogen, um die Ecken des Gebäudes in der Perspektive zu bestimmen.

Zur perspektivischen Ansicht
Zeichnen Sie in geringem Abstand unterhalb des Standpunkts die Oberkante der Bildebene ein. Dabei spielt der genaue Abstand keine Rolle. Doch sollten Sie darauf achten, daß Sie für die perspektivische Ansicht ausreichend Platz lassen. (Da der höchste Punkt des Gebäudes die Bildebene berührt, muß diese der Höhe des Gebäudes entsprechen. Nehmen Sie eine Höhe von 20 Quadrateinheiten an.)

Zeichnen Sie die Grundlinie der Bildebene ein.

Wählen Sie für die Horizontlinie einen Abstand von 6 Quadrateinheiten zur Grundlinie der Bildebene.

Bei Betrachtung der vertikalen Abmessungen mag sich herausstellen, daß Sie den Standpunkt in der *Draufsicht* nicht genau plaziert haben. Korrigieren Sie dann seine Position, indem Sie seinen Abstand zum Gebäude entweder vergrößern oder verringern. Überprüfen Sie mit Hilfe der ›Höhen‹- oder Seitenansicht die Position des Standpunkts in seinem Verhältnis zur Höhe des Gebäudes. Am rechten Rand der perspektivischen Ansicht stellt eine vertikale Linie, die der Höhe der Bildebene entspricht, eine Wand des Gebäudes dar. Tragen Sie von dieser Wand ausgehend den Abstand des Standpunkts zum Gebäude, den Sie vorher für die *Draufsicht* ermittelt hatten, auf der Horizontlinie ab. Sollte der Sehwinkel an diesem Punkt die Höhe der Gebäudewand nicht einschließen, so muß er entsprechend korrigiert werden. Korrigieren Sie desgleichen anschließend den Standpunkt in der *Draufsicht*, und zeichnen Sie die Linien, die von ihm zu den Gebäudeecken führen, neu ein.

In der *Draufsicht* berührt die untere Gebäudeecke die Bildebene. Ziehen Sie von diesem Schnittpunkt eine vertikale Verbindungslinie zur *perspektivischen Darstellung*, die durch die Bildebene verläuft, so erhalten Sie die vordere Ecke sowie die Höhe des Gebäudes für die perspektivische Ansicht.

Projizieren Sie den linken (LFP) und rechten Fluchtpunkt (RFP) der *Draufsicht* in die perspektivische Darstellung.

Die Dach- und Grundlinien des Gebäudes (die Fluchtlinien) erhalten Sie, indem Sie die Fluchtpunkte mit den Endpunkten der Höhe verbinden.

Um die linken und rechten Ecken des Gebäudes zu ermitteln, ziehen Sie von den entsprechenden Schnittpunkten auf der Bildebene der *Draufsicht* vertikale Verbindungslinien zur perspektivischen Darstellung. Die Schnittpunkte mit den Fluchtlinien ergeben die Eckpunkte des Gebäudes.

Die Darstellung zeigt ein würfelförmiges Gebilde. Radieren Sie die Hilfslinien der Konstruktion aus.

Sie können die Darstellung vervollständigen, indem Sie zusätzlich Türen und Fenster einzeichnen. Das ist bereits eine gute Vorübung für die folgende Aufgabe, in der wir es mit der Wiedergabe eines Raumes und seines Inventars zu tun haben.

Die Ein-Punkt-Perspektive: Allgemeine Methode
Bei der Ein-Punkt-Perspektive (Normalperspektive) konvergieren die parallelen Fluchtlinien in einem Fluchtpunkt in der Mitte des Sehfeldes. Raum und Inventar müssen sich parallel zur Bildebene erstrecken. Es werden wieder zwei Ansichten dargestellt, die den Raum von oben und aus perspektivischer Sicht zeigen. Die Draufsicht gibt zunächst den Grundriß des Raumes mit den Abmessungen der Länge und Breite wieder. Die folgende *perspektivische Ansicht* zeigt Höhe, Breite und Tiefe des Raumes. Dabei zeigt die Darstellung den Raum aus einer geringen Entfernung, so als blicke man durch die Wand, die in diesem Fall der Bildebene entspricht.

Die *Draufsicht,* die die Längen- und Breitenmaße sowie das Inventar des Raumes wiedergibt, bildet auch jetzt die Grundlage der *perspektivischen Ansicht,* mit der der Tiefenraum dargestellt wird.

Bei dieser Raumdarstellung werden in verschiedenen Phasen *Grundriß* und *perspektivische Ansicht* verwendet. In der ersten Phase werden die Positionen von Wänden und gleichen Einheiten in der Raumtiefe wiedergegeben (Abb. 30.4). In der zweiten Phase werden die Höhenmaße in der Perspektive sowie die Positionen des Inventars gezeichnet (Abb. 30.5). Zeichnen Sie wieder Schritt für Schritt die Zeichnungen nach. Verwenden Sie dazu Millimeterpapier, Lineal, Winkelmesser und einen gut gespitzten Bleistift.

Zur Draufsicht (A)
Verwenden Sie für die Darstellungen einen Maßstab von 1:100, das heißt 10 Millimeter auf dem Papier entsprechen 1 Meter in der Wirklichkeit.

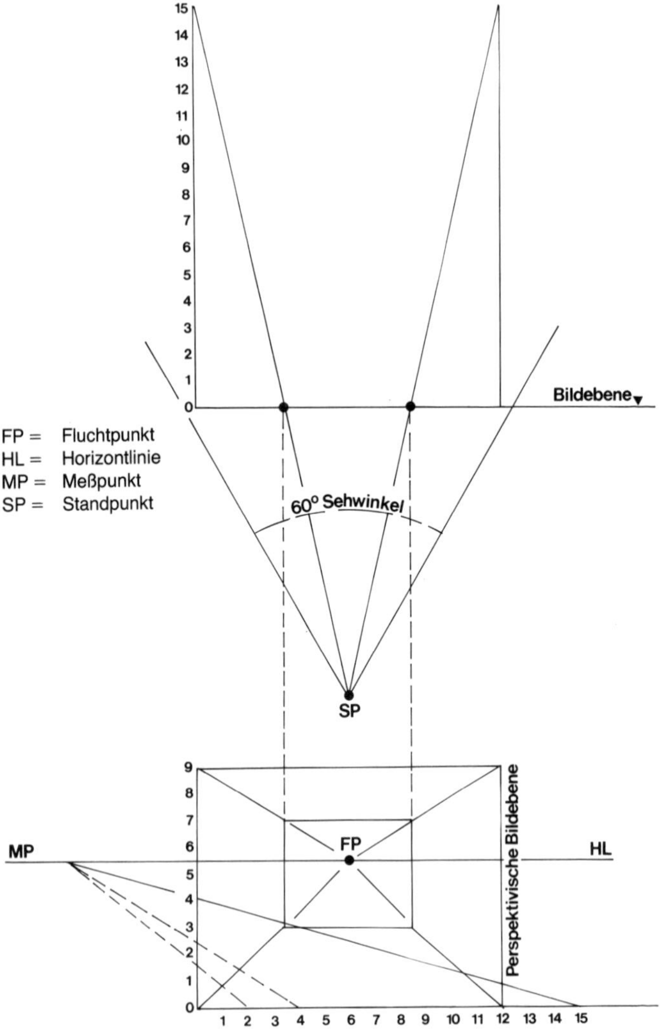

30.4 Ein-Punkt-Perspektive: Draufsicht und perspektivische Ansicht (A)

Zeichnen Sie in der Mitte des oberen Drittels Ihres Zeichenblattes einen Raum von 3,6 m Breite (36 mm) und 4,5 m Länge (45 mm). Die untere 3,6-m-Linie entspricht der Oberkante der Bildebene in der *Draufsicht.*

Plazieren Sie den Standpunkt (SP) unterhalb der Bildebene (BE) in einem Abstand von 1,8 m zu den Seitenwänden (in der Mitte), in einer ausreichenden Entfernung, so daß der Sehwinkel die Breite des Raumes einschließt.

Ziehen Sie vom Standpunkt aus die durch den Raum verlaufende zentrale Sehlinie.

Verbinden Sie die Eckpunkte der Rückwand durch jeweils dünne Linien mit dem Standpunkt.

Zur perspektivischen Ansicht (A)
Projizieren Sie von den Seitenwänden der *Draufsicht* ausgehend die Linien, die in der *perspektivischen Ansicht* unterhalb des Standpunkts (in 10 mm Abstand) die Wände der Darstellung bilden sollen, indem Sie ein Rechteck zu zeichnen beginnen, das 2,7 m hoch und 3,6 m breit ist (27 × 36 mm). Vervollständigen Sie das Rechteck, so erhalten Sie die Bildebene der *perspektivischen Darstellung.* (Da der durch den gewählten Standpunkt gegebene Sehwinkel bereits die Breite des Raumes erfaßt, schließt er auch seine Höhe ein, die leicht zu markieren ist.)

Teilen Sie den linken Rand der Bildebene in 9 gleiche Einheiten à 0,3 m ein, die Sie von 0 bis 9 durchnumerieren. Teilen Sie die Grundlinie in 12 gleiche Einheiten ein, und numerieren Sie sie fortlaufend von 0 bis 12 (Abb. 30.4). Von diesen Abschnitten ausgehend werden später die Fluchtgeraden gezeichnet, die den unterschiedlichen Grad der Raumtiefe erkennen lassen.

Zeichnen Sie die durch die Seitenwände der Bildebene verlaufende Horizontlinie (HL) in einem Abstand von 1,6 m über der Grundlinie.

Projizieren Sie vom Standpunkt eine Linie auf die Horizontlinie. Der dabei entstehende Schnittpunkt ist mit dem Fluchtpunkt (FP) identisch.

Zeichnen Sie als nächstes die Seitenwände des Raumes. Die Fluchtlinien der Seitenwände beginnen an den Ecken der Bildebene und verlaufen zum Fluchtpunkt. Werden die vertikalen Ecklinien der Raumrückwand auf die Fluchtlinien projiziert, so sind damit die Seitenwände bestimmt.

Verbinden Sie die Ecken der Bildebene mit dem Fluchtpunkt.

Projizieren Sie von der Bildebene der *Draufsicht* die Ecklinien der Raumrückwand in die perspektivische Ansicht, so daß sie die bereits gezeichneten Fluchtlinien der Seitenwände schneiden. Damit sind die Seitenwände zu erkennen.

Vervollständigen Sie die Rückwand, indem Sie die Schnittpunkte der Decke und des Bodens jeweils mit horizontalen Linien verbinden. Radieren Sie die nicht benötigten Hilfslinien aus. Die Entfernung zwischen der Rückwand des Raumes und der Bildebene beträgt genau 4,5 m (45 mm).

Bevor Sie Tür, Fenster und Tisch einzeichnen können, muß als letztes der Meßpunkt (MP), ein auf der Horizontlinie gelegener Fixpunkt, bestimmt werden. Mit Hilfe dieses Fixpunktes läßt sich die Raumtiefe mit den 0,3-m-Einheiten darstellen. Um den Meßpunkt zu ermitteln, wird die der Raumtiefe entsprechende Meterzahl – in diesem Fall 4,5 m – verwendet.

Verlängern Sie die Grundlinie um drei Einheiten nach rechts (von 12 bis 15), um die Meterzahl für die Raumtiefe zu erhalten. Ziehen Sie vom Maßpunkt 15 eine Linie, die *durch die linke untere Ecke der*

30.5 Ein-Punkt-Perspektive: Draufsicht und perspektivische Ansicht (B) ▷

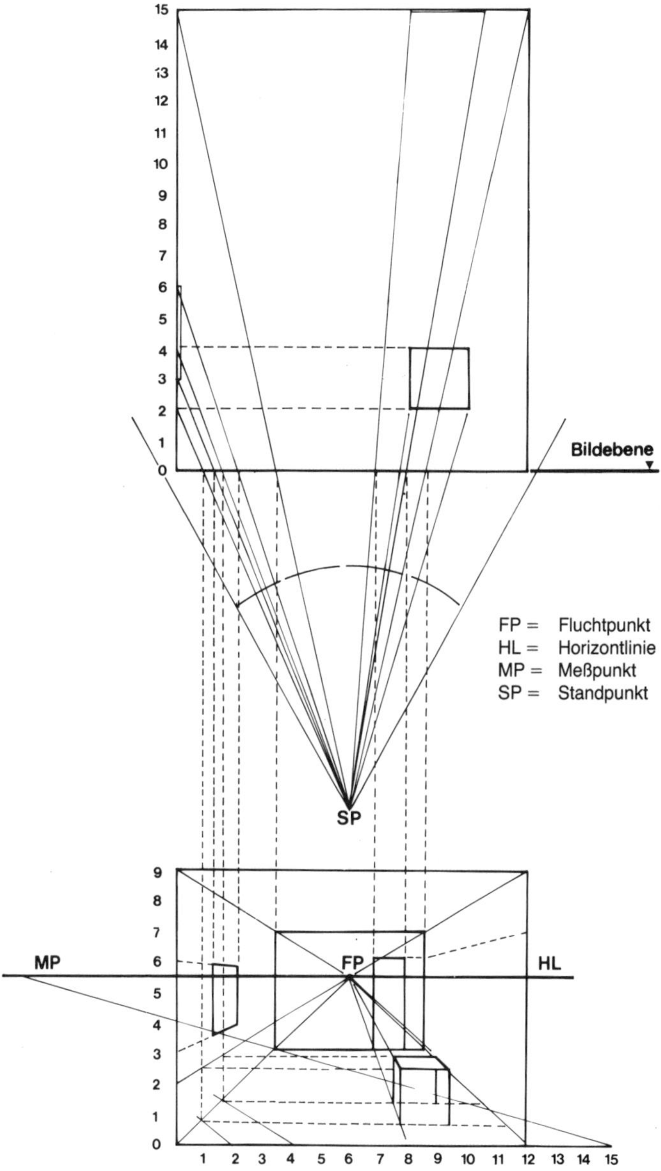
Bildebene
SP
MP
FP
HL
FP = Fluchtpunkt
HL = Horizontlinie
MP = Meßpunkt
SP = Standpunkt

Raumrückwand führt und in ihrer Verlängerung die Horizontlinie schneidet. Der Punkt, in dem die Linie auf die Horizontlinie trifft, ergibt den Meßpunkt. Markieren Sie diesen. (Sie können den Meßpunkt auch auf der anderen Seite der Horizontlinie festlegen.)

Fluchten Sie mit dem Lineal den Meßpunkt mit den Maßpunkten (1–15) auf der Grundlinie der Bildebene aus. Markieren Sie dabei lediglich die jeweiligen Schnittpunkte auf der linken unteren Wand- bzw. Bodenlinie. Auf diese Weise erhalten Sie die Maßeinheiten der Raumtiefe.

Sie haben nun die 15 Maßeinheiten des Tiefenraumes bestimmt und verfügen damit über die wichtigsten Angaben, um die Darstellung in den Details zu vervollständigen.

Draufsicht (B)
Vervollständigen Sie den Grundriß, indem Sie Tür, Fenster und Tisch hinzuzeichnen. (Denken Sie daran, daß die Längen- und Breitenmaße den Einheiten Ihrer Maßstabszeichnung entsprechen müssen. Die eigentlichen Maße erhalten Sie später.)

Verbinden Sie jeweils jeden Eckpunkt der drei zu zeichnenden Objekte durch eine dünne Linie mit dem Standpunkt.

Perspektivische Ansicht (B)
Die Tür in der rückwärtigen Wand. Die Tür ist 2,1 m hoch. Markieren Sie den Punkt für die Höhe auf der Bildebene. Beginnen Sie die Zeichnung, indem Sie den Maßpunkt (2,1 m = 21 mm) für die Höhe der Tür auf der rechten vertikalen Begrenzungslinie der Bildebene abtragen. Eine von dieser Markierung zum Fluchtpunkt gezogene Linie schneidet die linke hintere Ecke der rechten Seitenwand in der perspektivischen Höhe von 2,1 m (21 mm). (Die Höhe erscheint auf der hinteren Wand kürzer als auf der Bildebene.) Die Türhöhe ergibt sich aus einer durch diesen Schnittpunkt über die Rückwand gezogenen horizontalen Verbindungslinie.

Projizieren Sie von der Bildebene der *Draufsicht* in die *perspektivische Darstellung* die Seitenlinien der Tür, die die bereits gezeichnete horizontale Linie schneiden und damit die Tür vervollständigen. Radieren Sie die bei der Konstruktion verwendeten Hilfslinien aus.

Das Fenster an der linken Wand. Das Fenster befindet sich in einem Abstand von 0,9 m (9 mm) hinter der Bildebene. Es ist 0,9 m vom Boden entfernt und hat die Abmessungen 0,9 × 0,9 m. Ziehen Sie von den in der Höhe von 0,9 und 1,8 m auf der linken vertikalen Begrenzungslinie gelegenen Maßpunkten die jeweiligen Fluchtlinien zum Fluchtpunkt. Damit erhalten Sie die obere und untere Begrenzungslinie des Fensters.

Projizieren Sie von der Bildebene der *Draufsicht* die Seitenlinien des Fensters, die die bereits eingezeichneten Fluchtlinien schneiden und auf diese Weise das Fenster vervollständigen.

Radieren Sie die Konstruktionshilfslinien aus.

Der Tisch im Raum. Die einzelnen Teile des Tisches werden phasenweise gezeichnet, bevor der Tisch in seiner Gesamtheit entsteht. In unserem Beispiel beginnt jede Konstruktionsphase auf der Bildebene der *Draufsicht,* wobei mit Hilfe von horizontalen und vertikalen Projektionen in die *perspektivische Ansicht* jeweils ein Teil des Tisches dargestellt wird (Abb. 30.5).

Die Position der vorderen und hinteren Tischbeine. Der Tisch befindet sich in einem Abstand von 0,6 m (6 mm) hinter der Bildebene. Er steht 0,6 m von der rechten Wand entfernt und hat die Abmessungen von 0,6 × 0,6 × 0,6 m. Zählen Sie zwei Maßeinheiten auf der linken Bodenlinie in Richtung Fluchtpunkt ab. Ziehen Sie von diesem Markierungspunkt eine horizontale Linie durch den Raum. Auf dieser Linie befinden sich die vorderen Tischbeine.

Zählen Sie vier Maßeinheiten auf der linken Bodenlinie in Richtung Fluchtpunkt ab (der Tisch ist 0,6 m lang). Ziehen Sie von diesem Markierungspunkt wieder eine horizontale Linie durch den Raum. Auf dieser Linie befinden sich die hinteren Tischbeine.

Projizieren Sie die vertikalen Begrenzungslinien des Tisches von der Bildebene der *Draufsicht* auf die bereits gezogenen horizontalen Linien. Sie erhalten die Positionen der vier Tischbeine.

Die vordere und hintere Begrenzung der Tischplatte. Ziehen Sie von Maßpunkt 2 der *perspektivischen Ansicht* (der Tisch ist 0,6 m hoch) die Höhenfluchtlinie entlang der Wand zum Fluchtpunkt. Da sich der Tisch in einem Abstand von 0,6 m hinter der Bildebene befindet, zählen Sie wieder zwei Maßeinheiten auf der Bodenlinie in den Raum hinein. Markieren Sie diesen Punkt, und ziehen Sie den Bleistift senkrecht hoch, bis er die bereits gezogene Fluchtlinie trifft. Dadurch erhalten Sie die Tischhöhe an der Wand.

Ziehen Sie nun von diesem Schnittpunkt an der Wand eine horizontale Linie nach rechts, die die Schnittpunkte für die vorderen Tischbeine ergibt und gleichzeitig die Vorderkante der Tischplatte bildet.

Wiederholen Sie die Konstruktion für die Hinterkante der Tischplatte. Beginnen Sie mit Maßeinheit 4 auf der Bodenlinie (der Tisch ist 0,6 m lang).

Vervollständigen Sie die Darstellung des Tisches, indem Sie die vorderen mit den hinteren Ecken durch Fluchtlinien verbinden. Die verlängerten Fluchtlinien sollten sich im Fluchtpunkt treffen.

Radieren Sie die Konstruktionshilfslinien aus.

Es gibt eine Reihe verkürzter perspektivischer Darstellungsmethoden. Doch handelt es sich bei der hier beschriebenen Arbeitstechnik um ein sehr genaues und zuverlässiges Verfahren.

Übungen

1. Benutzen Sie Ihre Phantasie, und statten Sie den Raum mit zusätzlichem Mobiliar und weiteren Fenstern aus. Zeichnen Sie einen Raum, der Sie besonders interessiert. Geben Sie die Abmessungen des Raumes maßstabsgetreu wieder. Arbeiten Sie nach der

Allgemeinen Methode, und zeichnen Sie die Draufsicht und die perspektivische Ansicht des Raumes. Geben Sie dann den Raum aus freier Hand wieder.

2. Geben Sie eine Treppe wieder. Zeichnen Sie beide Ansichten. Stellen Sie die Treppe anschließend aus freier Hand dar.

3. Zeichnen Sie einen großen Blockbuchstaben, z. B. ein ›T‹, ›H‹ oder ›L‹ (in der Perspektive). Geben Sie dann den gleichen Buchstaben aus freier Hand wieder.

Die Drei-Punkte-Perspektive: Allgemeine Methode

Die Drei-Punkte-Perspektive soll hier nur sehr kurz beschrieben und dargestellt werden. Bei der perspektivischen Darstellung mit drei Fluchtpunkten blicken Sie entweder zum darzustellenden Objekt auf oder schauen zu ihm hinunter. Dabei sind Sehwinkel und Bildebene geneigt. Der Betrachter muß sich in ausreichender Entfernung zum Objekt befinden, so daß die Breitenausdehnung des Darzustellenden (– es mag sich um ein Gebäude, einen Berg, einen Baum oder eine Statue handeln –) nicht verzerrt wird.

Nachdem Standpunkt und zentrale Sehlinie festgelegt sind, wird die Bildebene im rechten Winkel zur zentralen Sehlinie gezeichnet, dabei erscheint sie schräg geneigt (Abb. 30.6).

In der Seitenansicht befindet sich der vertikale Fluchtpunkt auf (oder hinter) der Bildebene, während eine nach oben verlängerte vertikale Linie (genauer Fluchtpunkt) die zentrale Sehlinie schneidet.

Da die Bildebene schräg zum Boden geneigt ist, muß sie zunächst in die Vertikale geschwenkt werden, damit die genaue Höhenposition des Fluchtpunkts ermittelt werden kann. Erst jetzt kann die Darstellung vollendet werden.

Weitere Variationen

3. Arbeiten Sie in der Binnenkonturtechnik, so können Sie – wenn es die Formen des Stillebens erfordern – in der gleichen Zeichnung horizontale, vertikale und diagonale Linien verwenden. Doch ach-

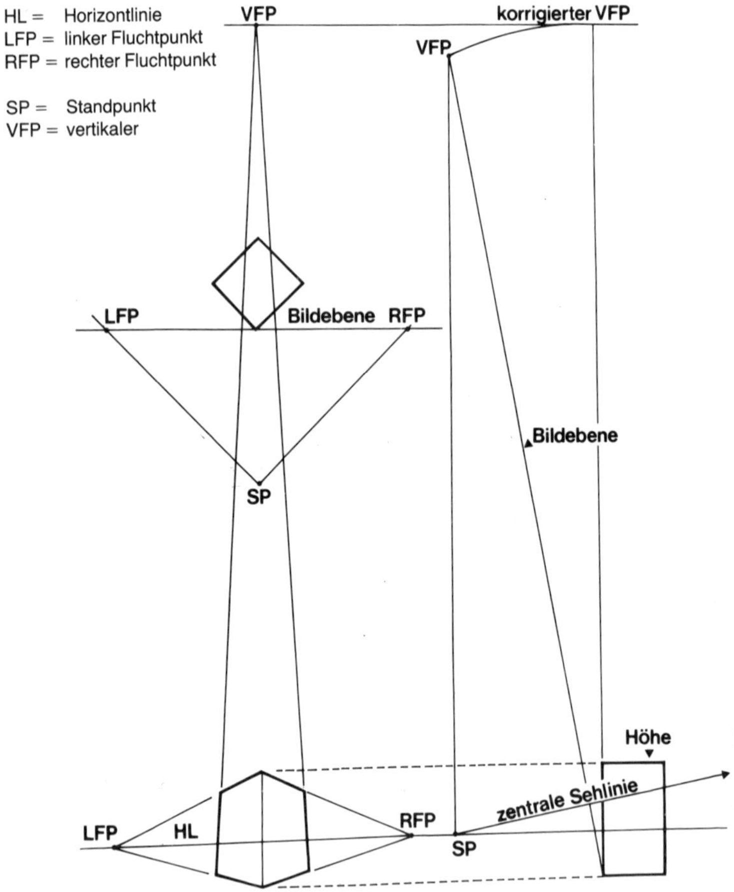

30.6 Drei-Punkte-Perspektive: Draufsicht, perspektivische Ansicht und Seitenansicht

ten Sie auf die korrekte Wiedergabe der Formen, so daß Sie nicht lediglich ›Objekte‹ mit Linien ›ausfüllen‹ (Abb. 30.7).

4. Auch die *Geste* bietet eine Reihe von Variationsmöglichkeiten. Eine gute Gelegenheit für weitere Übungen besteht hier im Zeichnen aus dem Gedächtnis. Dazu betrachten Sie etwa 20 Sekunden

lang Ihr Modell und merken sich die Pose. Schließen Sie dann die Augen, und zeichnen Sie die Pose innerhalb von 20 Sekunden. Betonen Sie in Ihrer Darstellung die Bereiche des Körpers, die besondere Anspannung und Belastung zeigen. Lassen Sie Ihr Modell die Position beibehalten, so daß Sie, wenn Sie die Augen öffnen, Zeichnung und Erinnerung mit dem Original vergleichen können.

Vergessen Sie dabei nicht, den Hintergrund zu berücksichtigen. Selbst bei geschlossenen Augen sollten Sie in der Lage sein, die Figur im richtigen Größenverhältnis zum Zeichenblatt wiederzugeben. Diese Übung kostet Sie Mühe, doch wird sie Sie in Ihrer zeichnerischen Entwicklung voranbringen.

5. Eine weitere Darstellungsvariante ermöglicht Ihnen ein abgedunkelter Raum, in dem Sie das von einem Scheinwerfer angestrahlte Modell zeichnen. Für diese Aufgabe stehen Ihnen zwei Stunden Zeit zur Verfügung, für jede Skizze 60 Sekunden. Legen Sie nach jeweils fünfundzwanzig Minuten Arbeit eine fünfminütige

30.7 Darstellung in Binnenkontur, Schülerzeichnung

Pause ein, in der sich Ihr Modell erholen kann. Diese Übung erfordert viel Aufmerksamkeit und bietet Ihnen ausreichend Gelegenheit, neue Erfahrungen zu sammeln, da Sie sich auf das Zeichnen konzentrieren müssen, ohne dabei auf das Papier zu blicken. Wenn Sie anfangs zu oft auf das Blatt sehen, konzentrieren Sie sich zu sehr auf die Wirkung der Zeichnung, statt Ihr Gedächtnis zu trainieren.

6. Versuchen Sie Ihr Modell *gestisch* wiederzugeben, wobei Sie die Skizze mit der anderen Hand anfertigen. Ihnen steht für 60 Zeichnungen eine Stunde Zeit zur Verfügung. Sind Sie Rechtshänder, so zeichnen Sie mit der linken, sind Sie Linkshänder, so zeichnen Sie mit der rechten Hand. Der Zweck dieser Übung besteht darin, die normalerweise weniger belastete, unterentwikkelte Hälfte Ihres Gehirns sowie die andere, seltener benutzte Hand zeichnerisch zu schulen. So wie zum Modellieren zwei Hände erforderlich sind, so sollten Sie auch mit beiden Händen zeichnen können.

7. Wenn Sie in der *Drei-Ton-Technik* arbeiten, können Sie drei beliebige aneinandergrenzende Tonwerte der Skala für Ihre Zeichnung verwenden. Benutzen Sie entweder die Töne des hellen, mittleren oder dunklen Bereichs. Diese Variationsübung ermöglicht es Ihnen, mit einander sehr ähnlichen Tonwerten jeweils unterschiedlicher Bereiche der Tonskala zu arbeiten und sie harmonisch aufeinander abzustimmen.

8. Sollten Sie besonders an dieser ›Ton-in-Ton-Technik‹ interessiert sein, so können Sie das Drei-Ton-Schema um eine Reihe zusätzlicher Tonwerte erweitern, was sich bis zur Verwendung von zehn Tönen ausdehnen läßt. Beim Überlappen von Tonwerten erhalten Sie Zwischenwerte, die die Zeichnung reizvoller gestalten und ihr mehr Ausdruck verleihen. Achten Sie allerdings darauf, daß Sie nicht zu viele Tonwerte miteinander mischen, da sich sonst unklare oder schmutzige Töne bilden.

9. Bei der Arbeit mit Holzkohle lassen sich die Feinheiten der *Schattierung* mit einem Radiergummi besonders gut gestalten. Bestäuben Sie ein Blatt Kohlepapier heller Tönung mit Holzkohlepulver. Entfernen Sie Kohlereste durch sorgfältiges Blasen. Das bestäubte Papier bildet den mittleren Tonwert Ihrer Zeichnung. Legen Sie die Umrisse und Hauptlinien der Komposition fest.

30.8 Schülerzeichnung, ausgeführt mit Kohle und Radiergummi

Arbeiten Sie mit der Radierknete die hellen Tonformen heraus. Gestalten Sie die dunklen Tonformen mit dem Kohlestift. Modellieren Sie die Formen der Komposition wechselweise mit dem Radiergummi und dem Kohlestift (Abb. 30.8).

10. Versuchen Sie mit möglichst wenigen Linien und Schattierungen die Formen einer Komposition wiederzugeben. Mit wie

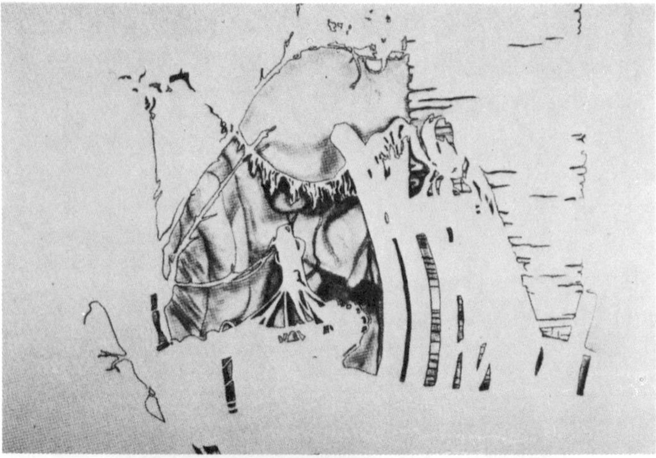

30.9 Schülerzeichnung mit möglichst wenigen Linien und Formen (Arrangement mit Stuhl, Schilfrohr, Vogelkäfig, Draperie und Bambusvorhang)

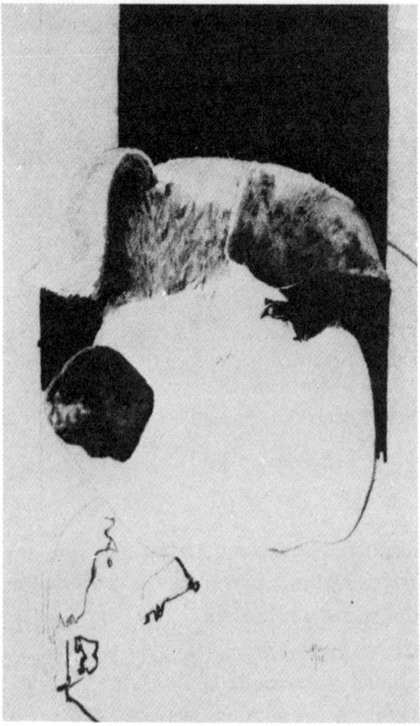

30.10 Schülerzeichnung mit möglichst wenigen Linien und Formen (Schweinekopf)

vielen Strichen kann man eine Figur, eine Landschaft oder ein Stilleben darstellen? Versuchen Sie mit wenigen Strichen so viel wie möglich auszusagen (Abb. 30.9 – 30.12).

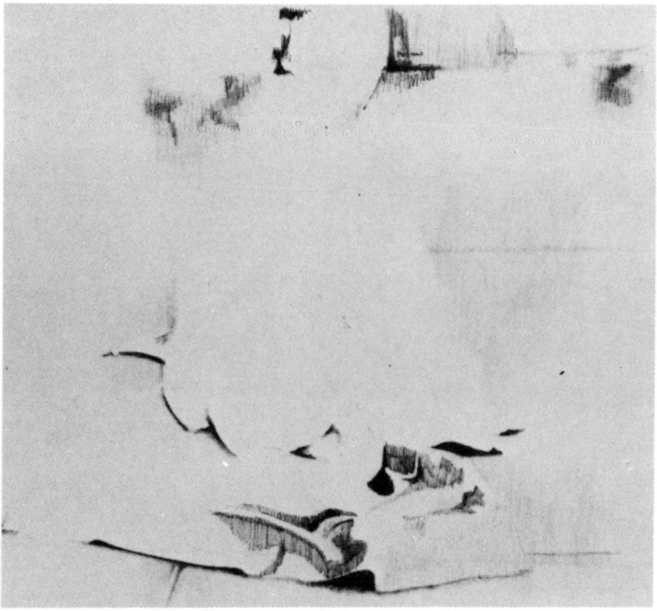

30.11 Schülerzeichnung mit möglichst wenigen Linien und Formen (weiblicher Akt in Rückenansicht)

30.12 Schülerzeichnung mit möglichst wenigen Linien und Formen (Mädchen, an einen Stuhl gelehnt)

VIII Das Rahmen von Zeichnungen und Bildern

31 Das Rahmen: Einfaches und Standardverfahren

Arbeitsmaterialien

5 Zeichenunterlagen – 1–2 Bogen Zeichenkarton – Wellpappe – Bleistift – Schneidemesser – Lineal – Reißschiene und Dreieck – durchsichtige Folie – Textilklebeband oder braunes gummiertes Papierklebeband – selbstklebendes Kreppband – Tesa-Film

Es soll darauf hingewiesen werden, daß mit den hier beschriebenen Rahmungsverfahren, die ich ›einfache Methode‹ und ›Standardmethode‹ nenne, lediglich provisorische Rahmen hergestellt werden, die ein halbes bis ein Jahr halten. Danach sollte die Zeichnung in einen ›professionellen‹, das heißt in einen handelsüblichen Rahmen eingesetzt werden, der aus einem Pappboden, einer Glasscheibe und einer Schutzfolie besteht, wobei die Schutzfolie die Aufgabe hat, die Zeichnung vor dem Vergilben zu schützen. Ferner sollte der Rahmen eine Styropor-Rückwand haben sowie mit Haken und Hängedrähten versehen sein.

Wird eine Zeichnung oder ein Bild in einem Holz-, Metall-, Fiberglas- oder in einem stabilen Kunststoffrahmen unter Glas fachgerecht gerahmt, so ist das Werk für einen längeren Zeitraum wesentlich besser geschützt als eine Zeichnung, die lediglich unter einer Folie aufbewahrt wird. Ein handelsüblicher Rahmen schützt die Zeichnung vor Schäden: vor Feuchtigkeit (durch die Verwendung verschiedener Papiersorten mit unterschiedlichem Ausdehnungsvermögen), vor dem Zerkratzen (durch die Glasscheibe) sowie vor vorzeitigem Vergilben (durch die Schutzfolie).

Der gewerbsmäßige Bilderrahmer verwendet für den Rahmen einen Karton und ein Passepartout, einen Papperahmen oder eine Klarsichtfolie (von 0,002–0,003 mm Stärke). Dabei kann ein weiteres Passepartout zwischen Zeichnung bzw. Bild und Rückwand gelegt werden.

Die auf reinem Hadernpapier angefertigten Zeichnungen und Bilder können vor Feuchtigkeit und Hitze geschützt werden, indem sie im Rahmen hermetisch abgeschlossen werden, ein Vorgang, bei dem die gesamte Luft aus dem Rahmen entfernt wird. Auf diese Weise wird ein Verblassen der Farben sowie Schrumpfen oder Quellen des Papiers verhindert. Bei dieser Vakuumrahmung handelt es sich um die einzig sichere, wenn auch kostspielige Methode, Kunstwerke langfristig zu schützen. Dieses Verfahren wird zur Erhaltung wertvoller Bilder in Museen angewandt, die in besonders luftverschmutzten Gebieten liegen. Wir wollen uns allerdings hier nur mit der einfachen sowie mit der Standardmethode beschäftigen. Es gibt eine Vielzahl verschiedener Kartons, die gewöhnlich auf beiden Seiten unterschiedlich getönt sind, z. B. weiß/gelbweiß oder weiß/grau. Manche sind auf der Rückseite mit Stoff – meistens mit Leinen – bezogen oder haben eine rauhe Oberfläche. Sie sind in verschiedenen Stärken erhältlich – von relativ dick bis dünn.

Es empfiehlt sich, für erste Rahmungen glatte oder rauhe gelbweiße Kartons in der Stärke von 1,6 mm zu kaufen. Sie sind billig, vielseitig verwendbar und lassen sich am besten schneiden. Die stoffbezogenen Kartons bereiten Anfängern Schwierigkeiten, da sich Leinen mit dem Messer schlecht durchtrennen läßt. Stärkere Kartons lassen sich nur mit einem Kartonschneider sauber bearbeiten.

Das Schneidemesser soll eine feststehende Klinge haben. Kaufen Sie ein Messer mit auswechselbaren, nachschleifbaren Klingen.

Für unsere Zwecke ist eine Reißschiene sehr geeignet, aber sie ist auch teuer. Reißschienen aus Kunststoff können beim Schneiden leicht beschädigt werden. Daher ist es eventuell empfehlenswert, ein Metallineal zu benutzen, das allerdings während des Schneidevorgangs festgehalten werden muß.

Durchsichtige Klebefolien gibt es in verschiedenen Stärken. Probieren Sie mehrere Stärken aus, um herauszufinden, welche sich am besten eignet. Dünnere Folie ist zweckmäßiger, da stärkere Folien leicht brechen und einreißen. Der Kunststoff, aus dem Folien und Styropor hergestellt werden, verhält sich neutral. Daher können Sie sie verwenden, ohne befürchten zu müssen, daß die Farbe von Papier und Karton beeinträchtigt wird.

Sie sollten beim Befestigen der Zeichnung auf der Kartonrückwand grundsätzlich *mit säurefreiem Klebeband arbeiten,* das auf der

Rückseite mit Maulbeer- oder Reisstärkeleim beschichtet ist und in angefeuchtetem Zustand klebt, ohne die Zeichnung zu beschädigen. Säurefreies Textilklebeband ist in den meisten Fachgeschäften für Künstlerbedarf erhältlich.

Sie können auch ein braunes Papierklebeband guter Qualität verwenden. Doch sollten Sie mit Papierklebeband vorsichtig umgehen. Verwenden Sie zum Anfeuchten möglichst wenig Wasser, damit die Zeichnung nicht wellig wird.

Selbstklebendes Klebeband sollte aus zwei Gründen für Zeichnungen nicht benutzt werden:

1. weil die Zeichnung durch die Säure der Klebeschicht zerstört wird;
2. weil Hitze und Feuchtigkeit im Laufe der Zeit das Band ablösen. Doch kann es zum Kleben von Folien verwendet werden.

Die einfache Rahmung

Beim einfachen Verfahren wird für die Zeichnung ein Passepartout angefertigt, das ausgemessen, geschnitten und angepaßt wird. Hier gibt es unterschiedliche Methoden. Die im folgenden beschriebenen Verfahren sollen Ihnen als Anregung dienen.

Schneiden Sie einen Bogen Zeitungspapier des Formats DIN A 3 in vier 12 cm breite Streifen. Legen Sie die Streifen jeweils einzeln an die Ränder der Zeichnung, um den Abstand für das Passepartout zu bestimmen. Engen Sie die Zeichnung nicht zu sehr ein. Zeigt Ihre Darstellung zum Beispiel eine sitzende, nach links blickende Figur, so müssen Sie eventuell den linken Streifen weiter nach außen plazieren, um genügend Platz für den durch die Blicklinie angedeuteten Raum zu lassen. Ist der Rand zu schmal, so besteht die Gefahr, daß der Raum gedrängt und abgeschnitten wirkt. Es gibt keine festen vorgeschriebenen Regeln, wie eine Komposition am besten zu rahmen ist. Lassen Sie soviel Rand, wie Sie es für richtig halten.

Wenn Sie den Abstand zum Rahmen bestimmt haben, legen Sie mit der Reißschiene oder dem Dreieck die Eckpunkte des inneren Rahmens fest. Markieren Sie jede Ecke mit einem leichten Bleistiftpunkt (Abb. 31.1).

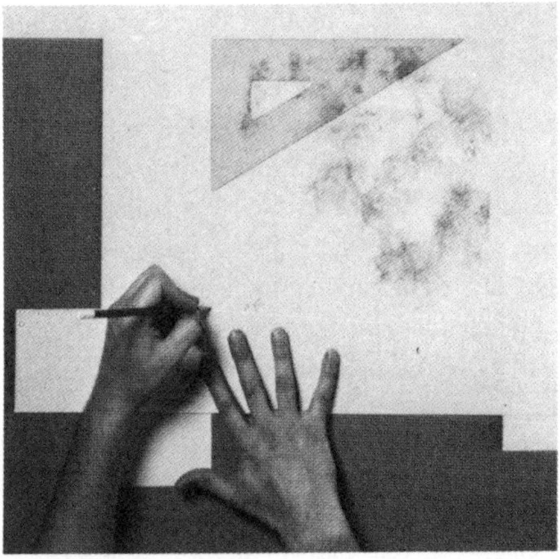

31.1 Das Rahmen: Plastikdreieck, Bleistift, Markierungspunkt

Entfernen Sie die Zeitungspapierstreifen. Ist die Darstellung auf dem Papier zu hoch, zu tief, schräg oder nicht genau in der Mitte angelegt, sollte der Rahmen so plaziert werden, daß er diese Mängel ausgleicht.

Mit den auf der Zeichnung markierten Eckpunkten haben Sie Höhe und Breite der *Innenkante Ihres Rahmens* bestimmt. Die *Außenkante* gibt seine *äußeren Abmessungen* wieder.

Die Breite des Rahmens, das heißt der Abstand zwischen Innen- und Außenkante, hängt vom Format der zu rahmenden Zeichnung ab. Hier können zwei Proportionssysteme verwendet werden:

1. entweder nehmen Sie für alle vier Seiten des Rahmens die gleichen Abmessungen – was einem Verhältnis von 8 : 8 : 8 : 8 entspricht;
   oder
2. Sie verwenden für drei Seiten jeweils das gleiche Maß und verbreitern den unteren Rand des Rahmens – was einem Verhältnis von 8 : 8 : 8 : 10 entspricht.

Für großformatige Zeichnungen ist ein 5 cm breiter Rahmen zu schmal.

Wählen Sie das für Ihre Zeichnung geeignete Rahmenbreitenverhältnis.

In unserem Beispiel verwenden wir eine Rahmenbreite von 8 cm. Messen Sie den vertikalen Abstand zwischen den Eckpunkten der Zeichnung. Addieren Sie 16 cm zur ermittelten Höhe hinzu. Messen Sie nun den horizontalen Abstand der Eckpunkte und zählen Sie wieder 16 cm hinzu. (Wenn Sie sich für eine verbreiterte Unterkante entschieden haben, addieren Sie statt 16 cm 19 cm.) Auf diese Weise haben Sie die äußeren Abmessungen des Passepartouts bestimmt.

Setzen Sie Ihre Markierungen mit Bleistift auf der helleren Seite des Kartons als Punkte oder Linien.

Decken Sie vor dem Schneiden Ihren Arbeitsplatz (Tischplatte oder Fußboden) mit alten Zeitungen ab, um Schnittschäden zu vermeiden. Arbeiten Sie an einem rechtwinkligen Tisch, so legen Sie Karton und Reißschiene an die Außenkante der Tischplatte und schneiden mit dem Messer an der Schiene entlang. Schneiden Sie mit festem Druck. Arbeiten Sie sorgfältig und vorsichtig. Halten Sie mit der anderen Hand Schiene und Karton fest, und achten Sie darauf, daß sich *die Hand stets hinter der Klinge befindet.*

Arbeiten Sie auf dem Fußboden, so legen Sie das Metallineal an den Markierungspunkten des Kartons an und schneiden an der Linealkante entlang. Achten Sie darauf, daß sich die Hand, die das Lineal hält, *hinter der Klinge befindet.*

Sowie die Außenkante des Passepartouts geschnitten ist, messen Sie vom Rand 8 cm nach innen und markieren die vier Seiten des Rahmens mit je zwei Punkten. Vergewissern Sie sich, daß die Maße stimmen. Legen Sie die rechten Winkel der inneren Ecken mit der Reißschiene fest, und markieren Sie sie leicht mit dem Bleistift (┐), so daß Sie nicht über die Eckpunkte hinausschneiden (Abb. 31.2).

Schneiden Sie die Innenkanten des Passepartouts wie seine Außenkanten, indem Sie die Reißschiene oder das Metallineal an die angezeichneten Markierungspunkte legen, den Karton durchtrennen und die haltende Hand hinter der Klinge lassen.

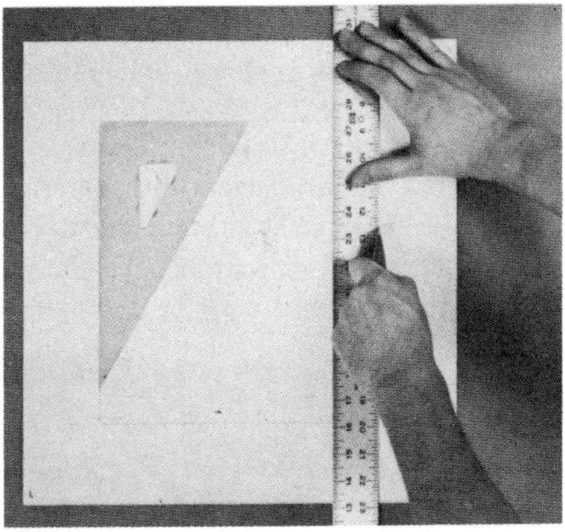

31.2 Das Rahmen: das Schneiden des Kartons

Wenn Sie Innen- und Außenkanten geschnitten haben, erhalten Sie ein Passepartout, dessen vier Seiten jeweils 8 cm breit sind.

Achten Sie darauf, daß Ihre Signatur über der unteren Innenkante des Passepartouts zu sehen ist, bevor Sie die Zeichnung mit dem Klebeband auf der Rückseite des Passepartouts befestigen.

Im folgenden wird beschrieben, wie Sie Zeichnung und Passepartout zusammenheften können, bis beide schließlich auf der Kartonrückwand befestigt werden.

Kleben Sie auf die Rückseite der Zeichnung oben und unten je einen Streifen Tesa-Film, so daß die Hälfte des Streifens über den Rand steht. Legen Sie das Passepartout auf die Zeichnung, und bringen Sie seine Ecken mit den Bleistiftmarkierungen der Zeichnung zur Deckung. Drücken Sie dann den Rahmen auf die Tesa-Streifen. Drehen Sie das Ganze um. Kleben Sie auf die Rückseite der Zeichnung je einen 5 cm langen Streifen Textilklebeband an die oberen Ecken sowie in die Mitte. Entfernen Sie die Tesa-Streifen. Die Zeichnung sollte jetzt lose am Passepartout befestigt sein. Verwenden Sie keine weiteren Klebestreifen.

Schneiden Sie einen Bogen Zeichenkarton zurecht, dessen äußere Kanten jeweils 2 cm schmaler sind als die des Passepartouts. Legen Sie den Bogen über die mit dem Passepartout verbundene Zeichnung, und befestigen Sie ihn mit Textil- oder braunem Papierklebeband. Wenn Sie mit Papierklebeband arbeiten, sollten Sie darauf achten, daß Sie es nicht zu stark anfeuchten, damit die Zeichnung nicht wellig wird. Den Kartonbogen können Sie auch durch selbstklebendes Klebeband mit der Zeichnung verbinden (Abb. 31.3).

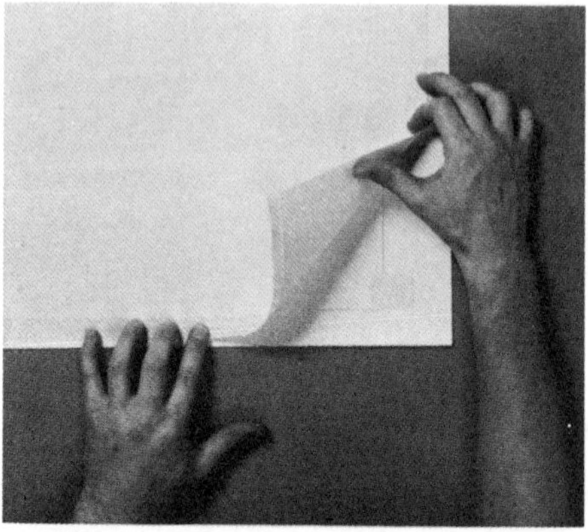

31.3 Das Rahmen: Klebeband, Zeichnung, Zeichenkarton

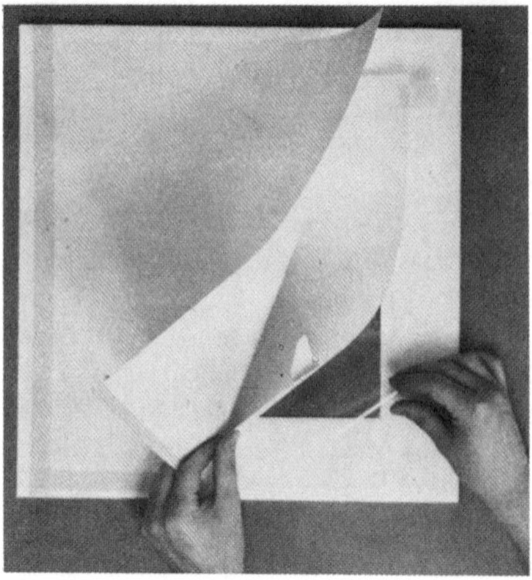

31.4 Das Rahmen: Passepartout, Folie, Zeichnung, Zeichenkarton

Das oben beschriebene Verfahren stellt die einfachste aller Rahmungsmethoden dar. Im folgenden finden Sie die Beschreibung eines weiteren einfachen Rahmungsverfahrens.

Schneiden Sie ein Stück Transparentfolie, das 2,5 cm über den inneren Rand des Passepartouts hinausgeht. Befestigen Sie die Folie oben auf der Rückseite des Passepartouts mit Tesa-Film. Legen und kleben Sie die Zeichnung in die Mitte des Passepartouts, wie bereits beschrieben. Plazieren Sie dann einen Bogen Zeichenkarton auf die Rückseite der Zeichnung, und kleben Sie ihn rundherum auf den Rahmen (Abb. 31.4). Der Zeichenkarton mißt 2 cm weniger als die Außenkante des Passepartouts. (Auf diese Weise schützen Sie gleichzeitig Vorder- und Rückseite der Zeichnung.)

Die Standard-Rahmung

Hier handelt es sich um ein Verfahren, bei dem Passepartout, Zeichnung und Kartonrückwand in Folie eingeschlossen und mit Klebeband verklebt werden.

Es gibt noch ein weiteres Standard-Verfahren, bei dem lediglich die Vorderseite mit Folie bespannt und verklebt wird. Bei der Herstellung dieses Rahmens muß mit großer Genauigkeit gearbeitet werden. Hier wird der Rahmen von innen mit ›Scharnieren‹ (zwei Klebestreifen an der Oberkante) versehen.

Wenn Ihnen daran gelegen ist, Ihre Arbeiten sicher vor Beschädigung zu schützen, sollten Sie die Rahmen nach der zuerst erwähnten Standardmethode anfertigen. Halten Sie sich dabei an die bereits beschriebene Arbeitsanleitung für die Herstellung eines Passepartouts.

Schneiden Sie eine Rückwand zurecht (vorzugsweise aus Wellpappe), die in ihren Maßen den Abmessungen des Passepartouts entspricht. Bedenken Sie, daß Wellpappe einen hohen Säuregehalt hat. Daher ist es ratsam, die Pappe mit einem Bogen Hadernpapier oder kunststoffbeschichtetem Papier abzudecken.

Legen Sie die Zeichnung auf die Papprückwand, und plazieren Sie das Passepartout so darüber, daß seine Ecken mit den Markierungen auf der Zeichnung übereinstimmen. Achten Sie darauf, daß Ihre Signatur sichtbar bleibt.

Entfernen Sie das Passepartout, nachdem Sie die Zeichnung auf der Rückwand in Position gebracht haben.

Da das Klebeband mit der Vorderseite der Zeichnung nicht in Berührung kommen sollte, markieren Sie zur genauen Plazierung die oberen Eckpunkte des Blattes auf der Wellpappe.

Schneiden Sie vier etwa 5 cm lange Streifen Textilklebeband zurecht. Kleben Sie auf der Rückseite der Zeichnung je einen Streifen der Länge nach an die oberen Ecken, und lassen Sie sie etwas über den Rand des Blattes stehen.

Wenden Sie die Zeichnung, und passen Sie die Ecken den Markierungen auf der Wellpappe an. Befeuchten Sie die letzten beiden Streifen, und kleben Sie sie quer über die unteren Klebestreifen der Zeichnung. Pressen Sie sie auf die Rückwand. Damit sind die Klebearbeiten an der Zeichnung abgeschlossen.

Die Zeichnung ist jetzt lose an die Rückwand geheftet (Abb. 31.5). Legen Sie das Passepartout über die Zeichnung. Schneiden Sie nun ein Stück Folie zurecht, das an allen Seiten über den Rand des Rahmens hinausgeht.

Plazieren Sie den Rahmen so auf der Folie, daß er an allen Seiten den gleichen Abstand zum Rand der Folie aufweist.

Schrägen Sie die Ecken der Folie mit einem Lineal ab. Dabei müssen beide Kanten der jeweiligen Ecke gleich lang sein. Schneiden Sie die Ecken ab, und schlagen Sie die verbleibenden Ränder der Folie auf der Rückseite des Rahmens um (Abb. 31.6).

Schrägen Sie alle vier Ecken der Folie ab.

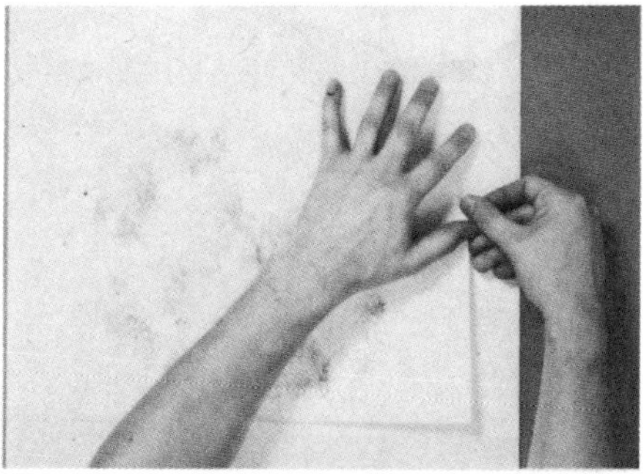

31.5 Das Rahmen: Textilklebestreifen, Zeichnung, Rückwand

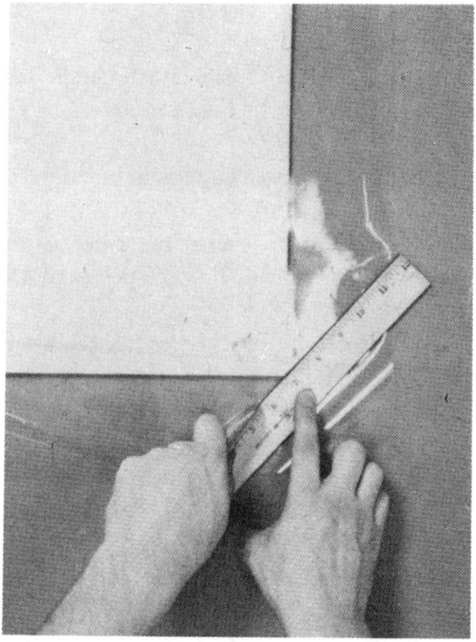

31.6 Das Rahmen: Abschrägen der Folie mit dem Lineal

Für die abschließende Klebearbeit können Sie selbstklebendes Klebeband verwenden. Schneiden Sie mehrere Klebestreifen von einigen Zentimetern Länge zurecht. Befestigen Sie die Streifen jeweils parallel zum Folienrand, so daß die eine Hälfte des Streifens auf der Rückwand und die andere auf der Folie klebt.

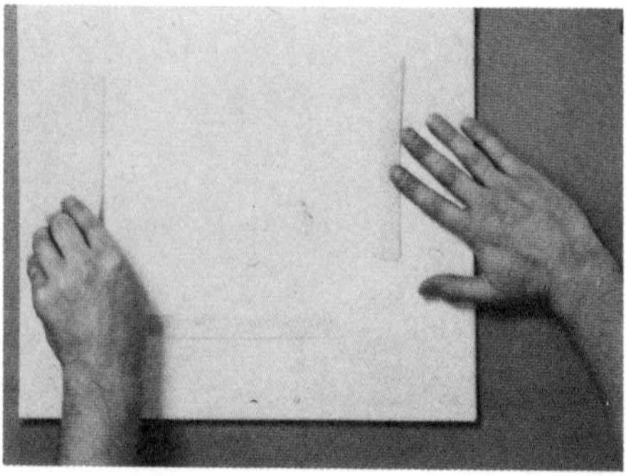

31.7 Das Rahmen: auf der Rückwand befestigte Folie

Schlagen Sie den oberen und unteren Rand der Folie ein, und überprüfen Sie, ob die Ecken rechtwinklig sind (Abb. 31.7).

Kleben Sie Ober- und Unterkante auf der Rückwand fest.

Befestigen Sie nun Klebestreifen an den Seitenrändern der Folie, und kleben Sie sie ebenfalls auf der Rückwand fest.

Verstärken Sie die Folienecken der Rückwand mit je einem Klebestreifen, und führen Sie einen durchgehenden Streifen Klebeband an den Rändern der Folie entlang. Damit ist der Rahmen fertiggestellt.

Zum Abschluß noch ein weiteres ›Standard‹-Verfahren:
Schneiden Sie Passepartout und Rückwand nach der bereits beschriebenen Anleitung zurecht.

Plazieren Sie das Passepartout auf die Rückwand des Rahmens.

Legen Sie die Oberkante des Passepartouts (aufgeklappt) an die Oberkante der Rückwand (Abb. 31.8).

Halten Sie die beiden Rahmenteile aneinander, und verbinden Sie sie links und rechts mit je einem Streifen Textilklebeband von 8 cm Länge. Verstärken Sie das ›Scharnier‹, indem Sie beide Klebestreifen mit einem weiteren Streifen überkleben.

Handelt es sich um einen größeren Rahmen, so empfiehlt es sich, noch einen oder zwei zusätzliche Klebestreifen in der Mitte anzubringen.

Klappen Sie das Passepartout über die Rückwand. Legen Sie die Zeichnung in den Rahmen, und achten Sie darauf, daß die inneren Ecken des Passepartouts mit den Markierungspunkten auf der Zeichnung übereinstimmen. Dabei sollte Ihre Signatur sichtbar bleiben.

Klappen Sie das Passepartout zurück, ohne dabei die Lage der Zeichnung zu verändern.

Markieren Sie zum Plazieren der Zeichnung die oberen Eckpunkte auf der Rückwand des Rahmens. Nehmen Sie die Zeichnung aus

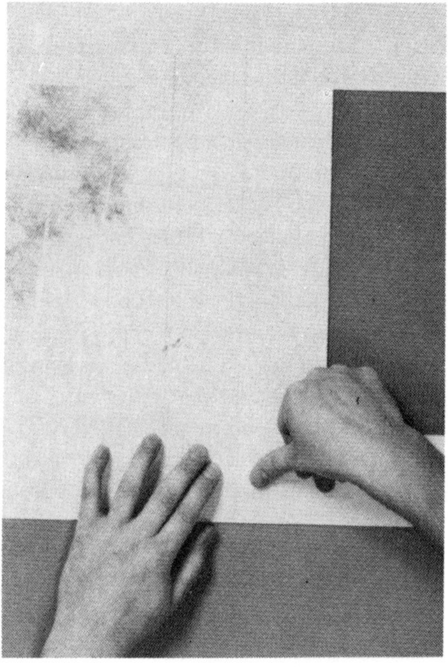

31.8 Das Rahmen: ›Scharnier‹ aus Klebeband (8 cm lang)

dem Rahmen. Schneiden Sie vier 5 cm lange Textilklebestreifen zurecht. Kleben Sie auf der Rückseite der Zeichnung je einen Streifen der Länge nach an die oberen Ecken, und lassen Sie sie etwas über den Rand des Blattes hinausstehen. Wenden Sie die Zeichnung, und passen Sie die Ecken den Markierungen auf der Rückwand an. Befeuchten Sie die anderen beiden Streifen, kleben Sie sie quer über die unteren Klebestreifen der Zeichnung und pressen Sie sie auf der Rahmenrückseite an. Die Zeichnung ist jetzt wieder lose an der Rückwand befestigt.

Schneiden Sie die Folie so, daß sie über die vier Seiten des inneren Passepartout-Rahmens 2,5 cm hinaussteht.

Legen Sie die Folie über die auf der Rückwand plazierte Zeichnung. Heften Sie sie lediglich an die Oberkante der Zeichnung. Damit ist die Folie lose befestigt.

Klappen Sie zum Schluß das Passepartout über die Folie. Jetzt ist der Klapprahmen fertiggestellt.

Abschließend noch einige Vorschläge:
Sollten Sie ein Passepartout im Verhältnis von 8 : 8 : 8 : 10 hergestellt haben, obgleich Sie einen Rahmen im Verhältnis 8 : 8 : 8 : 8 benötigen, können Sie diesen Fehler korrigieren, indem Sie die breitere Seite den anderen angleichen. Haben Sie die innere Rahmenkante ungenau vermessen, so versuchen Sie das Passepartout dem Format der Zeichnung anzupassen. Wenn es Ihnen gelingt, den Rahmen mit der Zeichnung optisch befriedigend abzustimmen, so ist das Problem gelöst. In den meisten Fällen ist es jedoch nicht möglich, das Verhältnis von Rahmen zu Bild vorteilhaft zu korrigieren. So müssen Sie einen neuen Rahmen anfertigen.

Es ist äußerst schwierig, zerknitterte oder zerrissene Zeichnungen zu rahmen. Doch gelegentlich entstehen die besten Arbeiten von Anfängern auf einem zerknüllten Stück Papier. Papierfetzen zu rahmen verrät eine dilettantische Einstellung zur Kunst. Daher ist es ratsam, solche ›Arbeiten‹ in einer Mappe zu sammeln und sie als Dokumente Ihrer zeichnerischen Entwicklung aufzubewahren.

31.9 Rembrandt Harmensz. van Rijn (1606–1669), *Selbstbildnis,* 1659, Öl auf Leinwand, 75 × 65 cm, National Gallery of Art, Washington, Andrew W. Mellon Collection

Literaturhinweise

H. H. Arnason, History of Modern Art, Prentice-Hall, New York, 1969

Louise Bowen Ballinger, Perspective/Space and Design, Van Nostrand Reinhold, New York, 1969

Bernard Berenson, The Florentine Painters of the Renaissance, Putnam, New York und London, 1896

Oscar G. Brockett, The Theater, an Introduction, Holt, Rinehart and Winston, New York und Chicago, 1964

John Canaday, Keys to Art, Tudor, New York, 1962

Joseph D'Amelio, Perspective Drawing Handbook, Tudor, New York, 1964

Pierre Demargne, The Birth of Greek Art, Golden Press, New York, 1964

Samuel Y. Edgerton, The Renaissance Rediscovery of Linear Perspective, Basic Books, New York, 1975

Frank Elgar, Cézanne, Abrams, New York, 1969

Nathan Goldstein, The Art of Responsive Drawing, Prentice-Hall, Englewood Cliffs, N. J., 1973

Ernst H. Gombrich, Kunst und Illusion, Stuttgart und Zürich, 1978

German Hafner, Art of Crete, Mycenae, and Greece, Abrams, New York, 1968

Werner Haftmann, Malerei im 20. Jahrhundert, Prestel, München, 1954

Arnold Hauser, The Philosophy of Art History, World, New York, 1965

H. W. Janson, Kunstgeschichte unserer Welt, DuMont, Köln, 1962

W. T. Jones, A. History of Western Philosophy, Harcourt, Brace & World, New York, 1952

Francis Kelly, A Restoration, McGraw-Hill, New York, 1972

Richard Knight/Thomas Wright, Sexual Symbolism, Julian Press, New York, 1957

Max Kozloff, Cubism, Futurism, Charterhouse, New York, 1972

Susanne K. Langer, Philosophy in a New Key, Mentor, New York, 1953

Susanne K. Langer, Feeling and Form, Scribners, New York, 1953

Edward Laning, Perspective for Artists, Pitman, London, 1967

Edward Lucie-Smith, Thinking about Art, Calder and Boyars, London, 1968

Caroline Macgillavry, Symmetry Aspects of M. C. Escher's Periodic Drawings, A. Oosthoek's Uitgeversmaatschappjj, Utrecht, 1965
Antonio di Tuccio Manetti, The Life of Brunelleschi, Catherine Enggass (Übersetzung), Pennsylvania State University Press, University Park, Pa., 1970
Ralph W. Mayer, The Artist's Handbook of Materials and Techniques, überarbeitete Ausgabe, Viking, New York, 1970
Daniel M. Mendelowitz, Drawing, Holt, Rinchart and Winston, New York, 1967
Kimon Nicolaides, The Natural Way to Draw, Houghton Mifflin, Boston, 1941
Harold Osborne (Hg.), Oxford Companion to Art, Clarendon Press, Oxford (England), 1970
Erwin Panofsky, The Life and Art of Albrecht Dürer, Princeton University Press, Princeton N. J., 1955
Lawton M. Patten/Milton L. Rogness, Architectural Drawing, Brown, Dubuque, Iowa, 1962
Plinius Secundus, Naturalis historiae libri 37, L. Jan/K. Mayhoff (Hg.), 6 Bde., Leipzig 1864–1909, Neudruck Stuttgart 1967–70
Henry Rankin Poore, Composition in Art, Sterling, New York, 1967
Stuart Purser, The Drawing Handbook, Davis, Worcester, Mass., 1976
John Rewald, Paul Cézanne: A Biography, Shocken, New York, 1968
Bernice Rose, Drawing Now, The Museum of Modern Art, New York, 1976
Frank Seiberling, Looking into Art, Holt Rinehart and Winston, New York, 1959
James Watrous, The Craft of Old-Master Drawings, University of Wisconsin Press, Madison, Wis., 1957
Ernest W. Watson, Perspective for Sketchers, Reinhold, New York, 1964
Heinrich Wölfflin, Kunstgeschichtliche Grundbegriffe, 1915; englisch, New York, 1932
Eddie Wolfram, History of Collage, Macmillan, New York, 1975
Richard Wollheim (Hg.), The Image in Form, Harper & Row, New York, 1972

Nachweis der Schülerzeichnungen

Kathy Ambrose, Lee Britkrentz, Colleen Clark, Shirley Couture, John Coverdale, Denise Donaldson, Roger Erby, Nikki Finsand, Sue Fisher, Ann Gibbs, Pat Green, David Haberger, Heidi Hart, Lynn Heller, Pat Hertema, Terry Hilbert, Blaine Houmes, Dori James, Lee Ann Jefferson, Debra Jennings, David Jensen, Gaylen Johannsen, Janice Johnson, Robert Johnson, Kathy Kuster, Mark Mabry, Norman McInnes, Jon Martin, Berdina Mills, Wendy Mulligan, Margo Mumma, David Olson, Carol Passman, Anthony Pazos, Lisa Porter, Ann Howber Rowley, Carol Rueber, G. Ruiz, Teresa Russell, Donald Steffan, Joe Stein, Ed Stewart, Greg Thoennes, Robert Timberlake, Deb Underberg, Barbara Varnum, Cheri Watson, Doug Wilke, Nancy Williwams, Deb Wright.

Fotonachweis

The Albright-Knox Art Gallery, Buffalo Abb. 10.1
Art Abras Inc., New York Farbt. 8
Art Institute of Chicago, Chicago Abb. 2.3, 2.4, 2.6, 2.24, 6.6, 9.4, 10.6, 10.7, 10.8, 10.9, 10.10, 18.4, 18.5, 18.6, 18.9, 18.10, 22.2, 22.5, 23.5
Baltimore Museum of Art, Baltimore Abb. 22.1
Bavaria-Verlag, Gauting Farbt. 3
Bayerische Staatsbibliothek, München Abb. 8.1
Bayerische Staatsgemäldesammlung, Alte Pinakothek Abb. 2.23, 2.31, 8.13f.
The Bettmann Archive Inc., New York Abb. 9.3
Bibliothèque Nationale, Paris 17.2
British Museum, London Farbt. 7; Abb. 2.10, 8.13d, 9.1, 10.5, 18.1, 20.4
Sterling and Francine Clark Art Institute, Williamstown Farbt. 6
Des Moines Art Center, Des Moines Abb. 2.26, 6.5, 14.4, 15.1, 18.3, 18.7, 22.3, 22.4, 27.1
DuMont Buchverlag, Köln Farbt. 4
Ektodike Athenon, Athen Abb. 4.8
George Fletcher Abb. 2.7
Fogg Art Museum, Harvard University, Cambridge Abb. 10.2
Fratelli Alinari Abb. 8.9, 8.11, 8.31, 8.41, 9.2, 9.8, 20.6
Gallery Allan Frumkin, New York Farbt. 5
Gemeentemuseum, Den Haag Abb. 18.12
Glasgow Art Gallery and Museum, Glasgow Abb. 30.2
Hamburger Kunsthalle, Hamburg Abb. 2.2
Hirmer Verlag, München Abb. 8.10
Koninglijk Museum voor Schone Kunsten, Antwerpen Abb. 26.3
Kunsthistorisches Museum, Wien Abb. 7.1, 20.7
MAS, Barcelona Farbt. 1
Metropolitan Museum of Art, New York Abb. 2.30, 8.13g, 8.13i, 17.1, 18.8, 20.5
Musée de l'Armée, Paris Abb. 20.8
Musée de Picardie, Amiens Abb. 8.13h

Museum Boymans-van Beuningen, Rotterdam Abb. 9.5
Museum of Fine Arts, Boston Abb. 2.25, 25.1, 30.1
The Museum of Modern Art, New York Abb. 2.11, 16.1, 27.2
Nationalgalerie, Prag Abb. 23.4
National Gallery, London Abb. 7.5
National Gallery of Art, Washington Abb. 31.9
Nelson Gallery – Atkins Museum of Fine Arts, Kansas City Abb. 2.29
New York Public Library, New York Abb. 8.4, 8.7, 8.8, 9.6, 26.1
Öffentliche Kunstsammlung, Basel Abb. 2.1, 2.8, 29.2
Puschkin-Museum, Moskau Abb. 8.32, 29.1
Rheinisches Bildarchiv, Köln Abb. 10.4
Rijksmuseum, Amsterdam Abb. 4.1
Royal Library, Windsor Castle, London Frontispiz; Abb. 11.1
Service de documentation photographique de la Réunion des musées nationaux Abb. 2.5, 2.9, 2.28, 8.33, 10.3, 17.3, 20.1
Sotheby Park Bernet, London Abb. 18.2
Staatliche Antikensammlung und Glyptothek, München Abb. 8.2
University Museum, Philadelphia Abb. 8.3
Victoria and Albert Museum, London Farbt. 2
Yale University Art Gallery, New Haven Abb. 8.13e, 8.34

Copyright-Nachweis

Register

Personenregister

Sachregister

Werkstattbuch:

Zeichnen

96 Seiten, Format 13,6 x 22,7 cm,
gebunden, durchgehend Farbabbildungen
Best.-Nr. 347 518
ISBN 3-86047-445-6
Deutsche Erstausgabe nur DM 9,95

Werkstattbuch:

Aquarellmalerei

96 Seiten, Format 13,6 x 22,7 cm,
gebunden, durchgehend Farbabbildungen
Best.-Nr. 347 526
ISBN 3-86047-446-4
Deutsche Erstausgabe nur DM 9,95

Werkstattbuch:

Landschaftsmalerei

96 Seiten, Format 13,6 x 22,7 cm,
gebunden, durchgehend Farbabbildungen
Best.-Nr. 347 492
ISBN 3-86047-444-8
Deutsche Erstausgabe nur DM 9,95

Werkstattbuch:

Blumenmalerei

96 Seiten, Format 13,6 x 22,7 cm,
gebunden, durchgehend Farbabbildungen
Best.-Nr. 347 500
ISBN 3-86047-443-X
Deutsche Erstausgabe nur DM 9,95